Joaquín Gallegos Lara

LAS CRUCES SOBRE EL AGUA

ARIEL

CLÁSICOS
ECUATORIANOS

Título original:
Las cruces sobre el agua
Joaquín Gallegos Lara

Texto original:
© 1971-1973 • **ARIEL** • **CLÁSICOS ARIEL** •

Segunda edición © 2019 • **ARIEL** • **CLÁSICOS ECUATORIANOS** •
Calle Nueva Ventura N58-102 y Juan Molineros
Telf: 328 4494 / 328 1868
e-mail: editorial@radmandi.com
www.radmandi.com
Quito - Ecuador

Coordinación general: Lucas Marcelo Tayupanta
Dirección del proyecto: Jonathan Tayupanta Cárdenas
Actividades de mediación lectora: Sandra Araya
Diseño y diagramación: Viviana Vizuete Añasco
Ilustraciones: Paola y Gabriel Karolys Torres
Corrección de estilo: Roberto Giler

ISBN: 978-9978-18-147-8

ARIEL

CLÁSICOS
ECUATORIANOS

CONSEJO EDITORIAL DE HONOR

PUBLICACIONES EDUCATIVAS ARIEL rinde homenaje a la Cultura Nacional con lo que creemos, sinceramente, constituye el mayor esfuerzo editorial ecuatoriano de todos los tiempos: la Biblioteca de Autores Ecuatorianos de Clásicos Ariel.

Cien libros cuidadosamente seleccionados, bajo la asesoría invalorable de nuestro Consejo Editorial de Honor, a cuyos miembros reiteramos nuestra imponderable gratitud, dan la visión más completa de la Cultura Ecuatoriana, desde la Colonia hasta nuestros días.

Esta biblioteca viene a responder a la necesidad imperiosa del pueblo ecuatoriano de poder conocer las grandes obras de sus mejores autores.

COMO ALMAS QUE SE LLEVÓ EL RÍO

Bolívar Lucio Naranjo

LOS RELATORES QUE (SE) FUERON

Es inevitable que los hombres que experimenten la necesidad de contar una historia descubran, al volver la vista al pasado, que no hay historia. Estos hombres, aunque vivan circunstancias cuya irrupción produzca un acontecimiento del que se forjan una imagen, averiguan que el mismo momento en que algo ocurre, ya se les ha escapado; cuando atrapan lo ocurrido en papel y palabras, ya es distinto, no lo que buscaban. Ninguna historia y, desde luego, tampoco los relatos de la Literatura provienen de un espíritu iluminado por una comprensión omnisciente, capaz de juntar los hechos en una cadena de consecuencias. El escritor trabaja no con el hecho visto, sino con el que recuerda; no el real, más bien el que se representa en la imaginación.

En 1930, tres autores muy jóvenes: Joaquín Gallegos Lara, Enrique Gil Gilbert y Demetrio Aguilera Malta, publicaron un libro de cuentos, *Los que se van*. Los tres vivían en Guayaquil que, en el Ecuador de ese tiempo, era núcleo de transformaciones significativas. Historias que necesitaban contarse tenían lugar frente a sus ojos; el mundo estaba cambiando y desde la Revolución liberal (1895) cambiaba más rápido, y hacia la década de los 30 dichos cambios evidenciaban la consolidación de sus efectos: el número de habitantes de Guayaquil aumentó de 60 483 a 89 771 en veintiún años (1899-1920).[1] Gente de poblaciones andinas llegaba para atrapar las oportunidades de las que se hablaban; el puerto se llenó de aventureros: unos fueron afortunados, otros fracasaron, todos vivieron una existencia que

5

avanzaba, paso a paso, entre la gloria y la miseria.

La publicación de *Los que se van* no dejó indiferente a la crítica ni al público. Fue el libro que afianzó el **realismo social** en Ecuador e influyó sobre la tendencia literaria de varios autores en las décadas siguientes. El comienzo del siglo XX estuvo determinado por hechos como la Primera Guerra Mundial (1914-1918), las revoluciones en México (1910) y Rusia (1917); los imperios del siglo XIX empiezan a decaer mientras que el capitalismo comienza a adquirir rasgos contemporáneos. De ahí que se ensayaran varias teorías para aproximarse a nuevos fenómenos; la Literatura no fue la excepción y el realismo social fue un movimiento artístico que pretendió ponderar la realidad de los campesinos y los obreros.

Debe considerarse que, con los bolcheviques en el poder, las teorías marxistas cobraron importancia, y se pensaba que la historia seguiría un rumbo determinado y un curso de acción específico eliminaría las diferencias de clases y las injusticias del capitalismo. No obstante, ni la historia se hace en un día, ni la «inventa» ninguna revolución; tampoco puede ser sometida a leyes que le impongan un curso de acción. Por eso, a pesar de haber sido el concepto predominante para explicar la literatura ecuatoriana de los años 30, el realismo social fue una forma, una posibilidad de entre muchas, que sirvió para explicar ese momento que asombraba a los hombres que cuentan historias.

Es obvio que la historia de la Costa no irrumpe con un vistazo a las andanzas del montuvio en una tierra que apenas empezaba a tener nombre, ni la de la Sierra con la socorrida evocación de la nostalgia de los indios; el realismo social no descubrió nada nuevo, lo que hizo fue señalar una realidad que pesaba por su notoriedad, pero también por su anonimato.

La Costa vivió un proceso de colonización distinto; hasta principios del siglo XIX, el comercio no tenía una afluencia tan significativa como para que la presencia de un puerto bien equipado fuese necesaria. Todo empieza a fraguarse ya entrado el siglo y se consolida en el XX.[2] Según Agustín Cueva, al principio de 1800 no se habían establecido relaciones de propiedad en estricto sentido, sino que coexistían la nueva burguesía y los caciques que ya habitaban esas tierras. Este es un detalle importante porque solo la burguesía instauró la idea de propiedad en torno del principio de la plantación, trabajo asalariado y explotación; mientras que el cacique era, en un sentido mitológico si se quiere, el fundador de la vida y origen de la ley. Este encuentro y no cualquier intento de conceptualización es lo que le da vida y trascendencia a la literatura ecuatoriana del **Grupo de Guayaquil**.[3]

Es novedoso, pero no es extraño que hayan sido esos hombres que contaban historias, quienes asumieran ser los espectadores de esos acontecimientos que despertaban una curiosidad original y encarnaran la intención de transformar el espacio público. Considero que, en términos de creación literaria, su adhesión a formas de «acción política» importa menos que su perspicacia, la mirada atenta en los cambios que ellos vivían en la ciudad y los pueblos de los alrededores. Ningún hombre puede anticiparse a la vida o la historia, porque es algo que le ocurre mientras camina e inventa; el tono de denuncia de un libro como *Los que se van* importa menos por su intento de reivindicar una sociedad que por su capacidad de contar un mundo que empezaba a desaparecer, el mundo del cacique, el ámbito de unos personajes que *se fueron*.[4]

Con el siglo XX, el mundo del cacique queda reducido, no se anula, pero pervive en tradiciones que no serían lo que son sin una literatura que hubiese rescatado la «tragedia» de ese cambio. A lo que me refiero con tragedia no es, de nuevo, al repaso de la miseria de los desposeídos, porque eso llevaría a pensar que los personajes que retrataron los escritores del Grupo de Guayaquil valían por lo que *no* tuvieron, sino que, más allá de sus necesidades de subsistencia, fueron seres humanos con la suficiente entereza de enfrentar el azar de los cambios para los que de ninguna manera podían estar preparados y que es, precisamente, esa imprevisión los que los hace grandes. Su intervención, la de los personajes y la de los escritores del Grupo de Guayaquil, es la de los héroes de las tragedias: admirable, aun cuando pierdan.

EL GRUPO DE GUAYAQUIL: «TRISTES LAS ARMAS, SI NO SON LAS PALABRAS»[5]

El mundo de los hombres que contaron las historias que hicieron la literatura de los 30 tampoco existe. Se cuenta que el Grupo de Guayaquil se reunía en el 208 de las calles Manabí y Eloy Alfaro,[6] en la bohardilla de Gallegos Lara. En la actualidad, en esa intersección hay un paso elevado, no hay tráfico sobre la calle Manabí y unas vallas impiden el tránsito de peatones hacia la Eloy Alfaro. En el 208 hay un edificio opaco de cinco pisos, ventanas oscuras; y hacia la calle un negocio que tiene una puerta enrollable. El barrio del Astillero ya no es suburbio «de calles herbosas, pocas casas y covachas» que se describe en *Las cruces sobre el agua*.

Una cuadra hacia el río, todavía se ve el Mercado Sur, pero hoy es el restaurado Palacio de Cristal que alberga exposiciones temporales. El mundo que se dibuja en los cuentos y novelas del Grupo de Guayaquil fue catalogado de verista, pero no era ni real ni concreto, y tampoco lo fue hace 75 años. Es más acertado decir que es un retrato, el relato de un tesoro antiguo, que apareció abrupto e inesperado, para desaparecer luego.[7]

Alfredo Pareja Diezcanseco, hacia 1989 el único sobreviviente del Grupo de Guayaquil, en su discurso de adhesión a la Academia Ecuatoriana de la Lengua, hablando de sus compañeros dijo que fueron «más allá de la función subjetiva de la representación imaginaria». Tiene razón, pero porque no fue solo la realidad social lo que les impulsó a escribir, sino su experiencia personal en ese entorno; fue la magnitud de un cambio sin precedentes que los llevó a tomar una iniciativa sobre ellos mismos y el espacio público, o como dice Miguel Donoso: «[lo que importa] es que [fueron] individuos, seres humanos que [actuaron] y [sintieron], no títeres de ese contexto. Su toma de conciencia no [fue] idílica ni automática, menos aún metafísica [...]».[8]

La Literatura fue un medio para canalizar una inquietud que, en primera instancia, fue personal. No podían mantenerse incólumes ante la necesidad de contar una historia que provino del asombro frente al mundo que se impuso para colapsar cuando, los objetivos de fondo de la Revolución liberal se frustraron; Eloy Alfaro fue asesinado; la guerrilla de Carlos Concha, reprimida. A lo que debe agregarse el asesinato de trabajadores guayaquileños en 1922, la caída de la bolsa en 1929 y las plagas que afectaron las exportaciones de cacao. Solo que debe entenderse que su inquietud no podía convertirse en «certeza», tal vez «conciencia»; pero tomar conciencia es distinto, porque su comprensión sobre esos acontecimientos llegaría demasiado tarde, los libros del Grupo de Guayaquil son como el búho de Minerva que despliega sus alas al atardecer que comprende la vida cuando esta ha pasado.

Puede devenir un ejercicio estéril la curiosidad por la acción política si es que esta se entiende como la adhesión a un partido, la participación en un mitin callejero o las simples formas de gobierno. La política existe donde quiera que los seres humanos que comparten un espacio plural tienen la intención de distinguir y ser distinguidos. Por eso también es inoficioso pensar que *un* tipo de literatura (la del realismo social o cualquier otra) sea política por esencia. La necesidad de contar historias o el apremio de decir lo que se piensa implica que se utilicen palabras, sin que ello quiera decir «comunicar una realidad», ni de imponer palabras por la fuerza; porque la realidad no pertenece a un solo hombre, ni siquiera al «pueblo», sino a los actores que viven la historia y a los espectadores que la cuentan. La literatura del Grupo de Guayaquil no llega a nosotros solo por su valor social y político (si esas fueran sus armas, ni siquiera sería recordada). Sus armas son las palabras, las que utilizaron hombres en circunstancias que motivaron la acción política.

Lo que se ha mencionado, de ninguna manera resta importancia al Grupo de Guayaquil. Fernando Alegría, en un artículo publicado en México en 1959, dice que los escritores de la generación de los 30[9] dieron a «Ecuador una nueva novela estructurada sobre bases modernas, más variada, más humana, menos rígida y cuyo objetivo fundamental fue el interpretar la realidad del país [...] con un arte esencialmente dinámico y social».[10] El haber sido espectadores de esa realidad provocó en los escritores del Grupo de Guayaquil, en palabras de Alfredo Pareja, «la resolución íntima de crear una literatura de denuncia y protesta; lo cual [les] condujo a poner una *excesiva* atención en el mundo exterior de las relaciones, porque, además, [carecían] de una ascendencia narrativa que hubiese puesto los ojos en los problemas de la Tierra».[11]

No es posible asegurar que, en efecto, esa atención haya sido excesiva. Como escritores, los miembros del Grupo de Guayaquil, aun cuando hayan buscado la transformación y el cambio de la sociedad, debieron empeñarse en recordar, imaginarse y representar una realidad que ya no existía, para significarla de nuevo. Sí, es verdad, no se puede desconocer el contenido político de su trabajo, pero antes de productores de una literatura panfletaria, su producción evidencia el deseo de desafiar al tiempo y el olvido, escribiendo sobre un tiempo que fue, para que sea todavía.

Lo que sucede, en su caso, es que el retrato de la sociedad invita y, más que eso, insinúa la necesidad de una identificación. Si un proceso creativo responde solo a sí mismo y por ende es libre, este no puede provocar una familiaridad como si fuese necesaria, pues «cualquier identificación es accidental, queda a criterio del lector, cuyos criterios de identidad le son propios»;[12] al igual que el autor, aun proponiéndoselo, no puede permanecer circunscrito a lo que fue su plan original.

Son tantas las facetas que puede presentar la «realidad» que es una empresa infructuosa llevar a cabo observaciones que defiendan o critiquen el realismo social del Grupo de Guayaquil. Cuando en 1930 se publicó *Los que se van*, «se acusó a la obra de excesiva crudeza, lenguaje brutal y de exageración en la pintura de caracteres y pasiones»[13] y más tarde la crítica asumiría un postura «despectiva y paternalista»[14] al juzgar la calidad literaria de esos textos. En el otro lado, está la crítica que encuentra en esta literatura una descripción veraz y necesaria de una realidad oculta, que le reconoce un valor de protesta y denuncia, e identifica a sus personajes como representantes auténticos de la identidad nacional.

Sin embargo, lo que debería considerarse es que ni la realidad es significativa sin pensarla, ni es posible estructurar cualquier pensamiento si lo que se enfoca es una pared en blanco. No se le puede pedir al Grupo de Guayaquil lo que no buscó, ni suponer que llevó a cabo un desarrollo ineficiente de los personajes que retrataba debido a ciertas cualidades estereotípicas que, en ese contexto histórico, debían ponderarse de esa manera, y que se desarrollaron en desmedro de cualidades que podrían catalogarse como profundidad sicológica o universalidad.

El problema no es el retrato a momentos localista, sino que la coyuntura social, hizo de sus componentes creativos un telescopio que apuntaba no al montuvio o al indio, sino a su fotografía. De nuevo, interesa poco que la fotografía sea más o menos real, presente una realidad que deba denunciarse o no; sino que los autores del Grupo de Guayaquil no se sentaron a escribir por escribir, y si ellos guiaban el telescopio es porque habían sido afectados no solo por su instrumento sino, además, por la *realidad* a la que apuntaban; en otras palabras, intuían de dónde pendía esa fotografía y conocían, siempre desde sí mismos, a quién se había fotografiado.

JOAQUÍN GALLEGOS LARA, DESDE UNA HAMACA

Joaquín Gallegos Lara nació en Guayaquil en abril de 1909,

casi un año después de que el ferrocarril «más difícil del mundo» llegara a Quito. Las reformas liberales que, en resumen, buscaron abrir la economía al comercio exterior e instaurar un Estado laico no se materializaron en forma definitiva, pero trajeron una secuela de cambios y enfrentamientos entre los sectores que perseguían afirmarse en el poder. Gallegos Lara vivió en carne propia estos enfrentamientos: su padre, un liberal, murió asesinado el mismo año que Eloy Alfaro, 1912. Desde 1925, vivió con su madre y un tío, en la casa donde se reuniría con sus camaradas del Grupo de Guayaquil.

Debido, probablemente, a una debilidad inmunológica que devino en tuberculosis en la médula espinal (también se supone que pudo haber sufrido Pott toraxcolumbar),[15] Gallegos Lara desarrolló una malformación en sus piernas desde el nacimiento. Nunca pudo caminar y la dificultad de no relacionarse con el exterior lo empujó a conocer el mundo a través de los libros. Tuvo tutores que le enseñaron francés e italiano, aprendió ruso y leyó a autores clásicos y contemporáneos. Esta formación intelectual hizo que su bohardilla se convirtiera en sitio de peregrinaje para personalidades de la cultura de su tiempo.

Su personalidad e inteligencia sin duda fueron imponentes. Las anécdotas cuentan que, desde la hamaca colgada en la alta habitación en la que trabajó, hablaba con sus amigos, discutía y aconsejaba. A pesar de que estaba obligado a pasar mucho tiempo retirado en su habitación, parecía que había estado en todas partes y que lo sabía todo; pero era como si un muro de palabras lo separara de la sociedad que él interpretaba con profundidad y agudeza. Su trabajada introspección cultivó una fuerza de carácter que hizo que pocos interpusieran la visión de «los raigones flotantes [que tenía] en vez de piernas»,[16] porque «vivía solamente para su fe, porque era lo único que le poblaba su soledad».[17]

Se desempeñó en distintos empleos. Llevó a cabo una actividad administrativa en un camión que transportaba cascajo desde las canteras del cerro del Carmen a los barrios del sur de Guayaquil. La experiencia de este trabajo se refleja en su cuento «La fauce» en el que se describe un accidente, la explosión que mató al barretero Llorel, y también en otro relato, «Una extraña pareja», que cuenta la historia de dos picapedreros, Benito y Juana, que comparten el desasosiego de una vida sin cambios cuyo escenario es un trabajo agotador, mientras tras bastidores comparten una vida en secreto, lejos de las miradas que los juzguen.

En 1930, como se ha mencionado, publicó *Los que se van* junto con Enrique Gil Gilbert y Demetrio Aguilera Malta. Entre 1933 y 1935 visita Cuenca y Ambato. En esta última ciudad, se casó con Nela Martínez, pero el matrimonio no duró. Luego de su separación, se instala en Quito y obtiene un trabajo burocrático en el Ministerio de Educación, que se dice perdió por sus inclinaciones políticas. Sus opiniones eran mordaces y vehementes, elaboradas con inteligencia, y en un clima generalizado de intolerancia hacia el pensamiento político de izquierda (Gallegos Lara llegó a ser jefe del Comité Regional del Partido Comunista), no es difícil imaginarlo exponiendo su punto de vista sin otro miramiento que la importancia de aclararlo.

Por lo que representa, es célebre su discrepancia al publicarse *La vida del ahorcado* (1934), novela de un contemporáneo suyo: Pablo Palacio. Palacio, aunque socialista y por ende inclinado a tomar parte en iniciativas que transformen el entorno social, escribía de un modo que enfocaba más en la individualidad que en el retrato de personajes en un marco social agitado. Gallegos Lara, en texto que publicara el diario *El telégrafo*, sostuvo: «Es muy frecuente, en este tiempo, decir que está superado el realismo. Habría que averiguar qué es lo que se cree superado con ese nombre...».[18] Gallegos Lara estaba convencido de las posibilidades expresivas de la literatura y por eso no admitía que esta «aludiera y eludiera» la realidad, porque consideraba que el realismo era «ya no la escuela literaria, sino [una] manera de interpretar la vida, el realismo social, que se plantea en todos los sectores de la cultura, entre ellos el literario, por

13

medio de una teoría marxista-leninista».[19]

En 1936, Gallegos Lara regresa a Guayaquil y continúa ejerciendo un empleo burocrático que abandonará para escribir. Entre enero y abril de 1941, completa *Las cruces sobre el agua*, su única novela publicada. Según el testimonio que rescata Miguel Donoso, Gallegos Lara madrugaba y escribía en su bohardilla desde las siete, con lápiz y en las hojas que metía en su máquina de escribir cuando redactaba otro tipo de documento. Trabajaba hasta el mediodía, después almorzaba y tomaba una siesta. Luego salía para participar en reuniones o pasear en su ciudad; había trabado amistad con Juan Falcón quien, durante algunos años, lo llevó cargado en la espalda. En la noche, recibía a sus amigos en la bohardilla.

Hacia el final de su vida, en 1944, trabaja en la boletería de la Piscina Municipal Nº 1. Continúa escribiendo artículos, ensayos y cuentos. Revisa *Las cruces sobre el agua*, que publicará en 1946. Esta novela y *Los que se van* fueron sus únicas publicaciones en vida. Después de su desaparición, fueron publicadas dos obras: un ensayo, *Biografía del pueblo indio* y sus *Cuentos completos*. Su estado de salud decae y muere; como a uno de sus personajes, lo velaron sus amigos de lucha e ideas en la Sociedad de Carpinteros. La voz que solían escuchar en la bohardilla ahora solo estaba en la memoria y sus escritos «como el último ojo de claridad en la cara negra del pueblo en sueños». Era noviembre de 1947.

ENTRE LAS BALAS Y EL RÍO

Una que vez que se han expuesto algunas nociones del contexto histórico, las aproximaciones más difundidas de la crítica y la vida del autor, es posible reseñar la novela *Las cruces sobre el agua* partiendo de que las posibilidades interpretativas no se agotan en un solo concepto. En arreglo a su propio proceso creativo, los temas de Gallegos Lara demuestran que no consiguen ser explicados a cabalidad por el realismo social u otra teoría que, en busca de otra salida, se le oponga.

Temas como la violencia, la sexualidad descarnada y la aventura presente en el intento de buscar y anticiparse a lo que se desea ser, se repiten a lo largo de su obra, de una manera que rebasa lo que pudo haber sido el espíritu de denuncia en la literatura del Grupo de Guayaquil. Al respecto, Yanko Molina resalta que en la obra de Gallegos Lara es recurrente la presencia de protagonistas *monstruosos*.[20] La malformación que resultara de la tuberculosis medular, habrá sido tan determinante en su carácter como la realidad exterior que pretendía revivir; por ello sus personajes, en ocasiones, reflejan más allá del confinamiento en una realidad adversa, la turbulencia de un mundo interior.

La trama de *Las cruces sobre el agua* gira alrededor de la masacre de obreros ocurrida el 15 de noviembre de 1922 en Guayaquil. Un numeroso grupo de trabajadores que reclamaba una reducción en las horas de trabajo, mejoras salariales y protestaban por la devaluación de la moneda; se movilizó el 14 de noviembre. Al día siguiente, se convocó a un levantamiento y huelga general que paralizó la ciudad. La multitud intentó llegar a edificios de gobierno para presentar un pliego de peticiones, pero fue repelida por militares y policías que los acorralaron entre las balas y el río. Hubo muchas víctimas; las cifras varían según la fuente, pero se supone que fueron entre 1 200 y 1 500.[21] Gallegos dio ese título a su novela porque los uniformados desaparecieron los cuerpos hundiéndolos en el río, y *alguien que se acordaba*, que no quería dejar que el tiempo borrase este suceso, echaba al agua cruces negras que flotaban sobre boyas de balsa.

Este fue el hecho real. Paralelamente, Gallegos Lara «... advirtió que era indispensable reproducir... la atmósfera»[22] de la ciudad de Guayaquil, los suburbios del Astillero y el Arsenal, zonas pantanosas, sin servicios, expuestas a enfermedades. La imagen del ambiente que nos llega en las páginas de la novela también evoca la ciudad que, en 1906, experimentó un intento de renovación urbana y ahora casi ha desaparecido: sus habitantes viven en casas de madera, caminan al abrigo de soportales, viajan en tranvía y van al cinematógrafo. La ciudad aún se encuentra rodeada de una sabana inhóspita; las arboledas cerradas de cacao son como un universo equivocado, heroico o diabólico y, lejos, al norte, está la selva esmeraldeña de los guerrilleros al mando de Carlos Concha.

La novela está dividida en doce partes. La narración, clara y ágil, determina paso a paso el carácter de los principales personajes; los distintos fragmentos son una mirada a historias personales y a la cotidianidad de la ciudad, aspectos que confluyen el día de la masacre, en el enfrentamiento con el azar y la tragedia. En este sentido, es una novela que supera la falacia psicológica del presente puro, la realidad real y la necesidad de un cambio. *Las cruces sobre el agua* aparece al lector como lo que es: un relato de ficción bien acabado que lleva la marca de la fuerza del mundo y la del alma del autor.

Gallegos Lara no había publicado nada desde que apareciera el libro de relatos *Los que se van*.[23] Ángel F. Rojas dijo de él: «escribe, rescribe, rompe originales, discute y polemiza»,[24] de lo que se concluye de que no es un accidente que *Las cruces sobre el agua*, sin descuidar su espíritu de protesta, sea una obra cabal de las que dan la impresión de presentarse de un solo golpe, como un vistazo a un ámbito en el que los hombres se reflejan; no porque lo dicte el narcisismo, sino porque se percibe el trabajo del autor en el confinamiento y la liberación de sus fantasmas.

La primera parte, «La Artillería», se refiere a sucesos que ocurren a comienzos del siglo XX. La Artillería es un suburbio del sur de la ciudad a la altura del actual barrio del Astillero; en él se ambienta la infancia de Alfredo Baldeón, quien es abandonado por su madre y debe aprender a valérselas por sí mismo. Se narra también el encuentro de Alfredo Baldeón con Alfonso Cortés. Son dos personajes que se complementan: Baldeón personifica el espíritu del hombre volcado al deber y la aventura; mientras Cortés se interesa por una empresa solo en parte menos riesgosa, pues comprometerse con el retiro que implica el pensamiento y el descubrimiento del alma a través de la creación impone otros riesgos, es otro tipo de aventura.

Los habitantes de la Artillería enfrentan la pobreza y la insalubridad; Juan, el padre de Alfredo, estuvo a punto de morir cuando enfermó de peste bubónica. Su hijo, desafía las supersticiones y consigue que internen a su padre en el hospital y así salva su vida. Estos capítulos introductorios se desenvuelven en el vaivén de un tiempo que aún está por definirse, pero que avanza como si se alimentara de veneno sin ser consciente de ello todavía. En el pasaje que narra el viaje que Alfredo hace al hospital para preguntar por la salud de Juan Baldeón, se lee:

> Fue solitario a través de las calles calcinadas por el verano de fuego, azotadas por las raspantes polvaredas. Lo asombró cómo el terror deformaba en gestos de pesadilla las caras de la gente.

Más adelante, cuando se encuentra con Alfonso y este decide acompañarlo al hospital:

> Sudando, Alfonso y Alfredo dieron la vuelta al cerro del Carmen. Con las ventanas tapadas con tela metálica, lo que le imprimía el aspecto de un ciego; pintado de color aceituna, se levantaba a la vera de la calzada rojiza de cascajo ardido de sol, el temido lazareto. En el caballete del techo de zinc, se paraban gallinazos. Un gran silencio inundaba la sabana inmediata, con la hierba atacada de sequía.

En la segunda parte, Alfredo hace un viaje, a bordo del crucero *Cotopaxi*, nave que apoyaría la insurrección de Carlos Concha. Baldeón es adolescente y la novelística de Gallegos sigue un camino preciso, pues el levantamiento de Concha duró entre 1913 y 1916. Los capítulos en esta parte muestran que Alfredo Baldeón madura como ser humano cuando se aleja de su familia y, gracias a una mirada retrospectiva, se llega saber más de su pasado, al señalarse cuál había sido la vida de Juan Baldeón antes de llegar a Guayaquil: vivía en la Sierra y vino a probar suerte atraído por el auge agrícola y comercial de principios de siglo.

En las siguientes partes (tres a seis), toma cuerpo el ámbito novelado de Guayaquil y sus habitantes. Alfredo regresa cambiado de su tiempo en la guerrilla de Concha y empieza a trabajar en el taller de Mano de Cabra. Este último encarna al empleador autoritario e irreflexivo; mientras Alfredo participa en una reunión de trabajadores, en la que se discute sobre las acciones que podrían llevar a cabo para modificar sus circunstancias. En la parte cinco, dado que el tema del incesto es recurrente en el Grupo de Guayaquil, resalta la versión de Gallegos Lara respecto de este tema en un pasaje en el que Malpuntazo, un joven lascivo y contrahecho, viola a su hermana. La parte seis cuenta del viaje de Alfredo a Lima.

Con Alfredo ausente, la parte siete del libro se dedica a Alfonso Cortés. Es una irrupción interesante porque muestra la habilidad de profundizar en el personaje, sin que la participación política sea lo que determine su proceder. Es el capítulo más largo del libro y trata de la imposibilidad de Alfonso de dar salida a su espíritu creativo porque las condiciones de subsistencia son adversas; Alfonso se siente inclinado hacia la música, pero el piano que tenía en casa tuvo que venderse para que él y sus hermanas tuviesen algo que comer.

Respecto de Cortés, habla de «su cara tosca, tallada por dentro por sentimientos silenciosos». Gallegos Lara representa a un artista, desarraigado y especulando en torno de sí que no consigue enfocar su mente en algo que no sea el desasosiego. Está enamorado y al mismo tiempo lejos de poder concretar ese sentimiento. Conoce a Violeta, una mujer no del pueblo sino de condición acomodada con quien sostiene el siguiente diálogo:

—Usted no ama su destino. ¿No escribe poesía o música?

—¿Cómo lo sabe? Para usted la escribiré —notó que ella temblaba.

—Calle.

La brisa mecía las cortinas de encajes de las puertas y los finos helechos de las macetas.

La parte ocho, «Los barrios silenciosos», resume el verdadero sentido de espera en la novela. Varios personajes son introducidos, pero no se desarrollan porque la intención del novelista parece ser la del relator que echa una mirada final sobre sus criaturas antes de que sobre ellos se precipite el vendaval. El dibujo de los personajes regresa a un cause típico del Grupo de Guayaquil;[25] antes de desarrollar un tipo que los distinga, los personajes ayudan a configurar el escenario de las partes que vienen a continuación.

Así, por ejemplo: Tubo Bajo es un chofer; Gabriel Basantes es el militar que, aunque alcohólico e incapaz de sobrellevar en paz su matrimonio, cobra conciencia de los hechos en el último minuto y quiere oponerse a la matanza; Cuero Duro es un estibador. En otras palabras, Gallegos Lara muestra, a través de personajes de los que no se sabe mucho más, el reflejo del mundo que está a punto de cambiar para siempre; porque si bien el pensamiento político o social no puede prever el aparecimiento de un acontecimiento ni sus consecuencias, a los seres humanos les es concedida la posibilidad de inmortalizarse en un hecho que no comprenden, pero luego demuestra su importancia cuando es recordado.

Hacia el final de *Las cruces sobre el agua* (partes nueve, diez y once), los personajes empiezan a notar el clima de creciente incertidumbre. Su deseo de buscar mejores oportunidades revela que, a pesar de haber seguido un proceso que consideraban verdadero y necesario, ha desembocado en un callejón sin salida. En Alfredo Baldeón, que ha regresado de Lima y ha encontrado su ciudad más extraña que nunca, se reconoce el peso de una vida sosegada frente a la insoportable nimiedad de su destino. Al regresar, se reencuentra con

19

Leonor, que lo ha esperado para formar una familia y vivir una vida normal; no obstante, desde que arriesgara todo lo que tenía en la guerrilla de Concha, Alfredo ha escogido un destino particular que debe cumplir para convertirse en uno de esos héroes que se admiran no por lo que consiguen, sino por lo que arriesgan. El relato de su historia prevalece, aunque la adversidad haya borrado a su estirpe de la faz de la tierra.

A continuación, reproduzco un pasaje del enfrentamiento entre trabajadores y uniformados. Justo antes, Alfredo había estado descansando en casa con Leonor, quien está embarazada; sin embargo, Baldeón decidió marcharse movido por un impulso, no por una convicción.

> En la entrada del parque Montalvo, con balas en el pecho, se doblaron dos de los panaderos. Frente a la Vienesa cayó Mosquera, sin soltar una queja. Ordóñez, agotados sus cartuchos, tiró el rifle, mas no se resolvía a correr abandonando al amigo.
>
> Alfredo comprendía que era inútil huir y seguía disparándoles, locamente, uno contra treinta. ¡Fue una locura venir, pero así es la vida del hombre! Los proyectiles le zumbaban, raspantes a todos lados. Encima de su cabeza, uno arrancó astillas del tronco del fico en que se parapetaba: gotas pegajosas le llovieron, le llenaron de un sabor dulzón los labios. Si escapaba, sabía que, en lo sucesivo el pueblo, el pueblo debe armarse. ¡Pero qué iba a escapar!

Las aptitudes de narrador de Joaquín Gallegos Lara no se pueden discutir. El 15 de noviembre de 1922 es revivido en el apremio y la angustia del grupo de seres humanos que esa tarde estuvo en las calles. El pasaje que describe la huida de Tubo Bajo es intenso, se lee de corrido y cautiva porque Gallegos Lara no se contenta con una narración lineal. En vilo, el lector acompaña la carrera del chofer entre descargas y *azulados fogonazos*. Cuando se espera un desenlace, la acción se traslada a otro plano y no se sabe si Tubo Bajo está vivo o muerto o ambas cosas, si lo que ve pertenece a este mundo o al infierno.

La boca se le inundó tibia, salada. Las fogatas en las que cocinaban las tortillas de maíz le hacían parecer que todas las noches de su niñez hubiera sido de año viejo, con caras de muñecos llameantes. Oyó decir que los patos cuervos, que son de mal agüero, volaban en puerto. No vería más a su vieja. ¿Por qué se había acostado?

Tubo Bajo se encuentra perdido, reconoce los lugares por los que hasta hace poco caminaba, pero solo ve como se ven las cosas oscuras; con la cara pegada a las tablas del muelle, cree que va en un costal lleno de víveres podridos. «¡Dios mío! ¿Muertos?», dice Tubo Bajo mientras las voces de los soldados discuten lo que van a hacer para que los cuerpos de las víctimas no floten.

El desenlace es crudo y fatal. Algunos años transcurren entre los acontecimientos que acaban de relatarse y el regreso de Alfonso Cortés a Guayaquil. La ciudad es otra ciudad para sí misma y para los ojos de Cortés. El día es gris y lluvioso; el agua del río no «era de oro sucio, ni la hería la luz solar partiéndose en millares y millares de espejos de cobre pulido». Cortés se acoda sobre la barandilla del malecón y recibe la lluvia de frente; junto con troncos podridos y bancos de yerbas parsimoniosas ve cruces negras flotando sobre el agua, cabeceando bajo la lluvia. La imagen, no le hace buscar la ciudad, ni los rostros que no verá, no le hace falta hurgar muy hondo para acordarse de las almas que se llevó el río ni para abrigar la esperanza de los días que vendrán y todavía no conoce.

NOTAS

[1] Enrique Ayala, *Historia de la revolución liberal ecuatoriana*, pág. 34.

[2] Agustín Cueva, *Lecturas y rupturas*, 1986.

[3] El *Grupo de Guayaquil* estaba conformado por: Joaquín Gallegos Lara, Enrique Gil Gilbert, Demetrio Aguilera Malta, José de la Cuadra y Alfredo Pareja Diezcanseco.

[4] Agustín Cueva, *Lecturas y rupturas*, 1986.

[5] Miguel Hernández del libro *Cancionero y romancero de ausencias*.

[6] Yanko Molina, «*Los monstruos de Joaquín Gallegos*», en *Joaquín Gallegos, Obra selecta*, 2006.

[7] Hannah Arendt, *Between past and future*, pág. 5.

[8] Miguel Donoso, «*Estudio Introductorio*», *Las cruces sobre el agua*, pág 26. (Los corchetes son míos.)

[9] En el que se incluye el *Grupo de Guayaquil*.

[10] Fernando Alegría, en el discurso de adhesión a la Academia Ecuatoriana de la Lengua de Alfredo Pareja Diezcanseco, 1989.

[11] Alfredo Pareja Diezcanseco, discurso de adhesión a la Academia Ecuatoriana de la Lengua, 1989. (El subrayado es mío).

[12] Ibíd.

[13] Ángel F. Rojas, en *Los grandes de la literatura del 30*, Miguel Donoso, 1985.

[14] Jorge E. Adoum, «*La gran literatura ecuatoriana de los 30*», en *Obras (In)Completas*, Casa de la Cultura Ecuatoriana, Quito, 2005.

[15] Galo Mora Witt, en Joaquín Gallegos Lara, *Obra Selecta*, 2006.

[16] Galo René Pérez, «*Introducción*», en *Las cruces sobre el agua*, Casa de la Cultura, Quito, 1975. (Los corchetes son míos.)

[17] Alejandro Carrión, *Joaquín Gallegos Lara, el caminante inmóvil*, en *Galería de retratos*, Banco Central del Ecuador, Quito, 1983.

[18] Joaquín Gallegos Lara, «*Hechos, ideas y palabras: La vida del ahorcado*», en *Obra selecta*, pág. 499.

[19] Ibíd. (Los corchetes y el subrayado son míos.)

[20] Yanko Molina, «*Los monstruos de Joaquín Gallegos*», en *Joa-*

quín Gallegos, Obra selecta, 2006.

[21] Es la cifra que proporciona Alfredo Pareja Diezcanseco, en su discurso de adhesión a la Academia Ecuatoriana Galo René Pérez.

[22] Galo René Pérez, La literatura del Ecuador 44 años, 2001.

[23] Esto se refiere a libros; sí publicó varios artículos.

[24] Ángel Felicísimo Rojas, La novela ecuatoriana, 1985.

[25] Por eso el largo capítulo sobre las tribulaciones de Alfredo Cortés es significativo.

BIBLIOGRAFÍA

ADOUM, Jorge Enrique, «*La gran literatura ecuatoriana del 30*», en *Obras (In)Completas*, Casa de la Cultura Ecuatoriana, Quito, 2005.

ARENDT, Hannah, *Between past and future*, Penguin, New York, 1993.

AYALA, Enrique, *Historia de la revolución liberal ecuatoriana*, Corporación Editora Nacional, Quito, 1994.

CARRIÓN, Alejandro, «*Joaquín Gallegos Lara*», en *Galería de retratos*, Banco Central del Ecuador, Quito, 1983.

CUEVA, Agustín, *Lecturas y rupturas*, Planeta, Quito, 1986.

CUEVA, Agustín, *El proceso de dominación política en Ecuador*, Planeta, Quito, 1997.

DONOSO, Miguel, *Los grandes de la literatura del 30*, Editorial El Conejo, Quito, 1985.

GALLEGOS LARA, Joaquín, *La última erranza —todos los cuentos—*, Editorial el Conejo, Quito, 1985.

GALLEGOS LARA, Joaquín, *Obra Selecta*, Publicaciones de la Muy Ilustre Municipalidad de Guayaquil, Guayaquil, 2006.

PÉREZ, Galo René, *Literatura del Ecuador 400 años*, Abya-Yala, Quito, 2001.

ROJAS, Ángel Felicísimo, *La novela ecuatoriana*, Ariel, Quito, 1995.

Joaquín Gallegos Lara (1909-1947)

LAS CRUCES SOBRE EL AGUA

Joaquín Gallegos Lara

A la sociedad de panaderos de Guayaquil,
cuyos hombres vertieron su sangre por un nuevo Ecuador,
el 15 de noviembre de 1922.

LA ARTILLERÍA

I

La calle herbosa, de pocas casas y covachas, y de solares[1] vacios, no era casi más que un entrante de la sabana. Alfredo Baldeón corría, rodando un zuncho. El sol se ocultaba tras los cerros de Chongón. ¿Qué habría dentro del sol? La señora Petita, la dueña de la covacha, decía que el sol era una tierra, la primera que creó el Niño Dios, donde hasta vivirían gentes si no hiciera tanto calor.

—¡Alfredo! ¡Alfredo! ¿A qué horas entras, chico?

Desde el boquerón sin puertas de en medio de la cerca, su madre lo llamaba. Divisaba su traje blanco, pero no su cara, a ver si de veras estaba molesta. Adivinaba las cejas muy juntas, la frente morena, por la que siempre se le revelaba un mechón.

—Ya vengo, Trinidá —le contestó, acercándose.

—¿Por qué te demoras tanto? ¡Solo vos eres el que queda vejetreando íngrimo!

—Solo no estoy, sino con mi zuncho.

—¿Acaso el zuncho es gente?

Y Trinidad puso la mano en la erguida cabeza de su pequeño zambo, de mirada viva y pies descalzos, reidor, con la camisa fuera del pantalón de sempiterno largo al tobillo, y en la muñeca un jebe. A Alfredo el patio le olía a tierra hú-

....

[1] Terreno libre; parcela. En el Guayaquil suburbano de aquella época, a gran cantidad de estos espacios se los utilizaba como botaderos —incluso muchas personas realizaban sus necesidades biológicas—, por lo tanto, estos lugares descuidados eran fuente de contaminación y enfermedades.

meda y la mano de su madre a jabón prieto. Por las rendijas filtraban palúdicos candiles.

—¡Correr da hambre!

Ella le respondió blanqueando sonriente la boca.

La habitación era en la planta baja de uno de los covachines. Apenas sobraba espacio entre las cabezas de los grandes y el tumbado sin pintar; a Alfredo le parecía que iba a caerle encima. En la hamaca de deshilachada mocora, se mecía su padre, quien le palmeó el hombro:

—¿Qué húbole, zambo?

—Oye, Juan, yo corro como un perro.

—¡Eres un fregado! ¿Los perros corren bien?

—¡Agárrate a correr pareja con uno y verás!

Empezó a comer a cucharadas el cocolón de arroz. En todo momento ansiaba ser mayor, pero a las horas de comida le provocaba seguir siendo chico, para que Trinidad le diera los bocados con su mano, como antes. Se preguntaba si Juan saldría a la calle. Habitualmente, como en la panadería no hacía turno de noche, se quedaba en casa y venía a la hamaca, donde la madre hacía dormir a su lado a Alfredo. Él habría permanecido con ambos, a pesar de que no le gustaba abrazarla, pero enseguida el taita exigía:

—Anda acuéstalo, Trini.

Ella obedecía, quizás con su gusto, quizás recelosa de que si no, le pegara. Desde el catre inmediato, bajo el toldo, Alfredo, oyéndolos cuchichear, reír, odiaba a Juan un largo instante, sin dormirse. Ocurría así desde que se acordaba. Más chico, era peor. No toleraba mirarlo junto a Trinidad, sin gritar lo golpeaba con sus menudos puños. El padre reía:

—¡Pero qué celoso el cangrejo este; parece hombre mayor!

—Todo chico es enmadrado, Baldeón, y más este que, por culpa de vos mismo, se creía tan consentido.

Él los oía y se volvió más arrimado a Trinidad. Pasaba el día a su lado. Desde lo más remoto, se sentía en sus brazos. Ella le daba de comer, lo bañaba, lo acariciaba. Cuando lavaba, en la vieja tina de pechiche, cerca de la llave de agua, en las mañanas rumorosas del solar, lo tenía junto a sí o merodeando alrededor, alegre de respirar el acre burbujeo de la espuma escurridiza.

También jugaba en su cercanía mientras ella cocinaba. El fogón, al lado de la puerta, al abrigo del alero, era un cajón con ladrillos, tan bajo que Alfredo alcanzaba a punzar con un palo las brasas, que chisporroteaban antes de llamear. Sentada en un banco, Trinidad pelaba yucas o escogía las madres del arroz. Entornaba los ojos y sacaba la punta de la lengua. Él quería, quería a Trinidad, y quería a la candela.

—¡Ábrete, ábrete! ¡Un día vas a quemarte, condenado!

—¡Soy panadero como mi taita, déjame atizar el horno! —contestaba él.

Pues en los últimos tiempos, jugar y vagar más remontado lo hacía olvidar su rabia contra el viejo. ¡Más bien comenzó a admirar sus puños y su genio! Nadie en la covacha era más bravo que él y Baldeón chico, anheló, cuando creciera, ser igual a su padre. En las riñas más recientes de los dos, seguía interponiéndose entre las cuatro rodillas, pero ya sin pegarle a Juan.

Peleaban mucho: Trinidad vivía rabiosa. Se quejaba del mercado caro, de las blancas angurrientas a las que lavaba la ropa, de las vecinas perras y del marido, que le daba una miseria del jornal y correteaba detrás de otras.

Separando el plato vacío, Alfredo esperó ver si el taita le negaba algo de la plata de este sábado a Trinidad. Si disputaban, Juan se iría a dejar pasar el mal rato. Mas, al contrario, dando una mecida a la hamaca, él, riendo, llamó:

—¿Y qué milagro todavía no me has venido a bolsiquear? Toma, Trini. Solo con una peseta para el zambo y un sucre para una Pílsener me quedo.

—¿Por dónde va a asomar el sol mañana? ¡Ajá, pero ya huelo por qué es: vos has andado chupando trago, bandido!

Juan la cogió por el brazo atrayéndola.

—Ven, siéntate aquí al lado.

—Aguarda, hombre. Todavía tengo que lavar los platos de lo que ha comido Alfredito.

—Déjalos, los lavas mañana.

—¿Para que amanezcan cundidos de cucarachas? Como vos no eres el que tiene que refregar las lavazas.

Alfredo ya no miró. Ni un ratito siquiera podría hallarse tranquilo, puesta la cabeza en la falda de Trinidad, sintiendo sus dedos travesear entre sus cabellos. Aunque continuaba diciendo que no, ella estaba ya sentada junto a Juan. ¿Por qué no irse de nuevo a correr? Nunca lo habían dejado salir de noche. Cierto que no había porfiado: él mismo temía; pero ya era de empezar.

—Trini, déjame ir un momento a jugar.

Ella abría la boca, negando, cuando el padre intervino:

—Déjalo no más. ¡No es una chica, que desde huambra se haga hombre!

—Bueno, pero no te vas a alejar ni a demorar, Alfredo.

—Enseguida vuelvo.

Se suponía todavía un poco de miedo. Afuera todo le infundió seguridad. La calle no era tenebrosa como el patio: clareaba de gas. No era solitaria: las mujeres conversaban a las puertas y los muchachos jugaban. Vio a los de donde él vivía, en el portal de La Florencia, en cuyos mosaicos lisos habían trazado con carbón una rayuela. Junto a la pared de zinc, pintada color chocolate, olía cálidamente a galletas.

—Ah, Baldeón, ¿y cómo así te dejaron salir?

—¿Qué fue? ¿Juego?

Con el costado del pie, hacía avanzar la pieza de barro, Segundo, al que apodaban Chupo, por ser hijo de un policía alemán, de los de la misión que instruía a los pacos criollos. Su pelo era más crespo que el de Alfredo, pimienta, pero rubio. En su cara oscura —la madre era zamba— contrastaban los ojos, azules como las bolas de las botellas de Soda Water.

—Tablita de descanso... Pasadita de zorro... Llegué al solcito...

—¡Ahora conmigo! —propuso Alfredo.

Segundo era una especie de jefe de los más chicos. Formaban grupo separado. Los mayores no los admitían en sus juegos. A Alfredo le encantaría ganarle. Los presentes, Nelson, el ombligón, que se paseaba por el patio sin pantalones; Aníbal, el que comía tierra; Lorenzo, el que era dueño de una caja de soldados de plomo; los Morán y los Pizarro, que no eran de su misma covacha, sino de la vecina; todos aprenderían que él, aunque menor, podía contra Segundo. Pero no hubo lugar; los interrumpió llegando a carrera un cholo pelado a mate, que se llamaba Carlos Vaca, y era de los mayores.

—¿Quieren ver? Vengan. Voy a ponerle una docena de torpedos en los rieles al eléctrico.

—¡No vayan! —rechazó Segundo—. Se friega el carro y vienen los pacos. Él es grande y corre, pero a nosotros nos agarran.

—¡Chiquitines zonzos! Si no quieren ver, bueno; pero va a ser lindísimo.

Alfredo tenía que contradecir a Segundo.

—Yo sí voy, no tengo miedo. Además, podemos ver la reventada escondidos en la zanja, delante del chalet de Falconí.

—¡Este es macho! —aprobó Vaca—. Si sigues desarrollando así, te dejaremos jugar con nosotros.

Entre dientes, aseguró Segundo que, si todos iban, él iría; que él no tenía miedo de nada. Alfredo pateaba de alegría. ¿Cómo pudo antes temer la noche? Solo en la noche se hacen cosas así. Parapetado junto a los demás, aguardó, en la zanja, apretando un puñado de briznas resecas. Le parecía que fuera él y no Vaca quien colocara los torpedos en la canal del riel. El rodar del carro se acercaba. Vislumbraron el ojo tuerto del fanal. Sentían el corazón en el pescuezo.

Un fogonazo azulado abaniqueó bajo las ruedas, acompañado de un estampido hueco. Ni se conmovió la trompa del tranvía verdusco, todo iluminado y lleno de pasajeros. El que hizo la fiesta fue el motorista. Soltando el breque, saltó, con la tiesura de uno de esos títeres templados en trapecio, que bailan al ajustar los palitroques. A decir de los chicos, la voz se le amariconó:

—¡Me volaron, desgraciados!

Frenó redondo, y descendió, tanteando con los brazos abiertos: semejaba jugar a la gallina ciega. Los muchachos no pudieron contenerse en la zanja, donde, acaso, no los habría visto; escaparon en todas direcciones, por las sombras.

—¡Ajá, maldecido! ¡Ahora te entrego a los pacos! ¡Sube, sube al carro, so vago!

Alfredo había sido el que logró trincar el motorista por la oreja. Se la apretaba. Casi lo suspendía. Le dolía como cuando le cayó en los dedos la tapa del baúl.

—Déjelo, mire. Ya no lo volverá a hacer. ¿Verdad, zambito?

La que lo defendía era una mujer joven, vestida de rojo.

También había bajado del carro, en compañía de un veterano.

—Pero señorita, si estos mataperros no dejan vida... Cada esquina tengo que estarme bajando a quitar las porquerías que ponen: palos, piedras, hasta ratas muertas... ¡Tengo que escarmentar siquiera a alguno!

—Por esta vez, suéltelo a este zambito... Es chico... Yo salgo de madrina. Lo suelta, ¿no?

Alfredo había olvidado el susto. Miraba fijamente a su defensora. Jamás había conocido una persona igual. No sabía que existieran. Era una mujer blanca, era como si su madre fuera blanca. Se parecía a la estampa de la Virgen que había colgada, junto a un pequeño espejo, en las cañas de la pared de un rincón de su cuarto. Chispeaba luz en sus ojos claros. La mano que le había puesto sobre la cabeza era rosada y su olor, de suave, lo atontaba.

II

Caminaba junto a Trinidad, cuyos hombros envolvían una manta de seda negra y que calzaba zapatos de tacos altos. Re-

gresaban a la covacha. Ante la entrada estaba parada una carreta, y una voz pesada se quebró en anuncio malhumorado:

—El cambioooo...

La hediondez se esparció en entradora ola, que apresuró a Alfredo y a su madre. Cesó el cuchareteo en los cuartos donde se merendaba, y se cerraron todas las puertas. Una mujer ordenó a gritos:

—¡Cleme, Cleme! Anda a recoger la ropa almidonada que dejé tendida. ¿No ves que cierran y afuera queda solo el bacinero y se la puede agarrar?

Cada semana renovaban el barril del rincón del patio. El carretero trasladaba al hombro los abrómicos[2], tapadas las narices con un pañuelo atado a modo de bufanda. Con frecuencia iba chorreado, fétidamente. Oyéndose vejar, replicó:

—¡Bacinero! ¡Bacinero! ¡Si no hubiera quien la cargue, tendrían que comérsela, so fatales!

Trinidad había venido enojada todo el camino. Alfredo no sabía porqué. Al entrar al cuarto, renegó, haciéndose oír de Juan, que ya aguardaba:

—¡Maldita covacha! ¡Si es peor que un chiquero! ¡Apúrate!

—En Daule dejaste palacios, princesa morena, ¿no?

Enseguida se cogieron a disputar.

Calladamente, Alfredo se fue a sentar al filo de la entrada. El patio ya no hedía. Ella se mecía en la hamaca, impulsándose con un movimiento inquieto del pie. Él se paseaba en tres zancadas, que se repetían, aumentando en pesadez. Filtrándose por las rendijas, el viento desgarraba despacito el empapelado. De espaldas a ellos, Alfredo escuchaba.

....

[2] A lo largo del siglo XIX, las pestes relacionadas con la insalubridad eran muy frecuentes, sin embargo, a partir de la Revolución liberal, se hacen los primeros esfuerzos para mejorar las condiciones sanitarias de las urbes. No obstante, este cambio fue largo para las ciudades y, peor aún, para los suburbios, donde reside la clase baja y obrera, como en este caso. Es por esto por lo que una persona se encargaba de recoger en un barril los «abrómicos» (aguas negras o excrementos).

—Vos sabes que no soy de las que aguantan. ¿Te crees que no te vi con la cholita esa?

—¿Celosa?

—Peor: te estoy agarrando tirria. ¡Ya nada me importan tus perradas, nada me importa de vos!

Los pasos se detuvieron. El puntazo fino del pie y el ahogado gemido de la soga en la viga, proseguían. Alfredo oyó tronar una carcajada en el amplio pecho de su padre.

—¿Entonces?

—Solo por mi hijo no me he ido hasta ahora.

La voz de Trinidad tembló un punto. Añadió, más bajo:

—Pero todo está en vos.

—¿Te querrás largar con alguno?

—¡Desgraciado! Donde mi madre, a Daule.

Alfredo la había oído varias veces anunciar que se iría. Uno de los motivos frecuentes de sus disgustos era que no se acostumbraba en Guayaquil. Extrañaba su tierra. Aun cuando fuera muy humilde, querría casucha aparte y no solar de vecindad.

—¡Cambiémonos, Baldeón! No aguanto aquí. ¡Qué no ha de ser esta covacha que la llaman la Artillería!

—¿Por qué le dicen la Artillería? —había preguntado Alfredo.

—Esto es como cuartel: ¡los cañones son las bocas de estas gallas!

Le hizo gracia. Y era cierto: todo el mundo se insultaba y se pegaba allí. Hasta entonces, sus padres solo habían reñido a voces. Ahora, Alfredo se alarmó. Las injurias engrosaban y se las escupían ya a gritos.

De pronto Juan barbotó la palabra por repetir la cual, una vez, la madre le pegó a Alfredo en la boca.

El chico Baldeón se volvió y de un salto entró. Juan se abalanzaba contra Trinidad que, desafiante, retrocedía, apoyando la espalda en la hamaca, con los zambos alborotados y mordiéndose los labios. Al recular, tropezó el mosquitero: el nudo se desató silenciosamente y las cortinas flamearon claras.

—Me largaré.

Alfredo surgió en medio y se enfrentó al padre. Ansió crecer en un segundo hasta ser de su mismo alto.

—¡No le pegues! ¡Si le pegas, cuando sea grande, yo te pegaré!

El padre detuvo el brazo. Calló un rato largo y lentamente lo bajó. El ceño le partía la frente. Los párpados le cubrieron el brillo de los ojos. Le fue asomando casi una sonrisa.

III

Fingiendo jugar entre los estantes, esperaba ver pasar a la blanca. Zumbaban millares de moscas, en nubes que entraban y salían con los compradores, de las puertas pringosas de la tercena de Yulán, hedionda a cuero podrido. Todas las mañanas, la blanca tomaba el tranvía en esa esquina. Todas las mañanas, Alfredo se apostaba a contemplarla escondido.

Lo asombraba lo que le sucedía. Desde que la conoció y ella lo defendió de la represalia del motorista del eléctrico, se le había vuelto una atracción extraña, una brujería como esas de las que conversaban las lavanderas del patio. La noche aquella no durmió. Se revolvía bajo las sábanas tibias. ¿Volvería a verla? Trinidad lo sintió.

—¿Todavía estás recuerdo?

—No tengo sueño.

—Es la agitación. No te debía haber dejado correr tanto, tarde y noche.

Alfredo sabía que era la blanca.

Tres días después, cuando ya creía perdida la esperanza de hallarla, en su misma calle se tropezó con ella cara a cara: y ella lo reconoció.

—Hola, zambito, ¿eres de por aquí?

Bendijo en su alma ser moreno para que ella no le notara lo que coloreaba. Asintió con un gesto de la boca y la cabeza.

—¿Cómo te llamas?

—Alfredo Baldeón —contestó sin alzar los ojos.

—Somos vecinos, yo vivo allá.

Alfredo se encogió: la voz de la blanca le daba calor. Aparentando mirar hacia donde señalaba —era a la casa de dos pisos de la esquina— pudo verla. En sus ojos se quebraba la mañana cegadora.

Sus cabellos le semejaron suave y peinada estopa de coco. Llevaba una boina oscura y un monedero de malla de plata. En la polvorienta avenida Chile, los rieles del eléctrico destellaban a la distancia, hiriendo la vista.

A partir de ese día, nunca faltó a atisbarla, pero sin dejarse ver. Nadie se percató de su raro acecho: ni ella ni tampoco Trinidad, en la casa. Cuando no lograba avizorarla, algo le entristecía los juegos toda la jornada. Muchas ocasiones la acompañaba el señor de bastón y leontina que iba con ella la noche que lo salvó. Suponía que fuera su padre.

Alfredo se acordaba de la blanca a todas horas. Se dormía pensándola. Trasladado al momento que le preguntó su nombre, le respondía: «Y usted, niña, ¿cómo se llama?» Pero ella no estaba delante. Delante estaba la cerca ruinosa, a cuyo pie se pulverizaban las flores de sapo del invierno pasado.

Bien disimulado en su pilar, la vio ahora venir. Su paso ágil apenas tocaba el suelo. Acalorada, las mejillas le despedían fuego. La boina, echada atrás, dejaba al aire el pelo vaporoso. Pero el carro llegó, ella se embarcó en flexible salto, y a Alfredo las calles blancas de calor se le volvieron un desierto.

Al regresar, su padre, envuelto en la penumbra de la habitación, sentado en el catre, con la frente arrugada y los hombros caídos, le tendió la mano diciéndole:

—Hijo, a la cuenta te has quedado guácharo. ¡Tu madre se ha largado!

Alfredo dio un salto atrás. La angustia en su cara preguntaba. Juan completó, opacamente:

—A Daule... Dijo que para siempre, dijo que la perdones, que no puede llevarte, que yo, como padre, te tenga...

Recién ahorita salió...

El padre carraspeó, se sobó las manos, se puso en pie, Alfredo estalló:

—¡Mamacita! ¡Mamacita mía!

Se le enredaron al cuello las telarañas de los rincones; las vigas carcomidas se descoyuntaron y, ahora sí de veras, el tumbado le caía encima. El fogón, la tina, la hamaca, todos los sitios del cuarto y del patio, lo rodearon, lo emparedaron, porque quedaban vacíos. Y la calzada por donde se alejaron sus pies queridos, la calle y el mundo también quedaban vacíos. Y también iban a quedar vacíos sus ojos porque lloraban hasta las últimas lágrimas.

¡No lo llevó! ¡No lo llevó!

IV

El sordo croar poblaba las sombras. Debía haber, tal vez, cientos de sapos, creía Alfredo, en los fangales, en las zanjas, bajo las botijas.

Culebreó un relámpago, en un hueco azulado de las nubes.

Apestaba a lodo abombado. Cerca de la ventana de rejas del departamento donde vivía Alfonso Cortés, todos los ruidos se ahogaron para Alfredo en una música que venía de allí, que le rozó la cara y que consideró mejor que la de cualquier guitarra.

Alfonso, muchacho casi tan moreno como él, pero calzado y con medias largas y pantalón a la rodilla salía ya.

—Vamos —dijo.

Caminaron a brincos en las piedras. La luz de los faroles se rompía en las escamas de las charcas.

Es todo silencio, a Alfredo lo asaltaba el recordar a Trinidad. ¡Cómo había variado su vida! Su partida fue para él un derrumbamiento. Dos días seguidos lloró de bruces en la cama, insultó a Nelson y le pegó a Segundo un cabezazo en la nariz, cuando el padre los hizo entrar, a ver si lo reanimaban y lo atraían a los juegos, a comer, a seguir viviendo.

No quería que lo vieran llorar. De pronto se acordó de la blanca. Deseó ir a mirarla.

Pegada la cara contra la almohada, con un sabor de tinieblas y de lana en los labios, antes de levantarse, juró dos cosas: fugarse a Daule a buscar a la madre y no volver a llorar jamás.

Los meses volaron. Por encima de la sabana del parque municipal, de muy lejos acudían arremolinándose cortinones de negras nubes. Se descolgaban en aguaceros que eran como inundaciones. Conoció a Alfonso Cortés en la panadería. Desde que partió Trinidad, su padre acostumbraba a llevarlo allá, algunas mañanas.

Una mañana, oscura de lluvia y barro, Alfonso, esa ocasión descalzo, metiendo los pies en los baches, llegó a comprar dos reales de molletes. Tras el mostrador, pintado de rojo, Alfredo asomó bruscamente la cabeza, haciéndole muecas y sacando la lengua.

—¡No eres el diablo, porque yo no creo en el diablo! —le gritó Alfonso, riéndose.

Conversaron de las cometas, de las hondas y de los trompos. Más tarde, bajo un sol borroso que hacía humear el lodo, jugaron largo rato. Admitieron al nuevo amigo de Alfredo en la pandilla de los de la Artillería, si bien, al principio, no lo querían por ser blanco. Pero se reveló sangre ligera: supo ganarse voluntades. Su familia se había mudado recién al barrio. Últimamente, ningún juego salía bien sin él.

Un nuevo relámpago azufró el aire.

—¡Si llueve, no lo vamos a ver a Moncada jugar al taitaco!

Los divertía lo que iba a hacer el grupo, aunque ellos no querían participar. Naturalmente tampoco se metían a avisarle a la víctima, chico con el que simpatizaban poco.

Se acercaron a los reunidos frente a la entrada de la covacha. Los principales urdidores de la trampa eran los dos Morán, Aquilino y Vicente, y los dos Pizarro, Fernando y Reinaldo, primos entre sí, nietos de la señora Natalia, dueña del solar del lado de la Artillería. A esta acababa de cambiarse el maestro carpintero, Moncada, con su mujer y con su hijo Jacinto, el cual pronto se había hecho odioso al chiquillerío.

Después de verlo pegarles a los pequeños, saltarle un ojo a un perro, arrancarle de una en una las plumas a un pollo, y meterle un palo en el trasero a una mula, todos se volvieron contra él. Era fuerte, de anchas espaldas y frentón. La barbilla saliente y el gesto daban el aire de un mayor a su cara de niño. Nadie se oponía a que lo hicieran jugar al taitaco.

Al verlo venir, contuvieron la risa, y Aquilino le propuso, llanamente.

—Hola, Moncada, ¿quieres jugar al taitaco?

—Yo no sé ese juego.

—Eso no le hace, te lo podemos enseñar enseguida, es facilísimo.

Le explicaron que representaba la cacería del tigre: no con escopeta, como los blancos, sino como se caza en el monte, con lanza. Luego le dieron a escoger si quería hacer de tigre, de cazador o de taitaco. Enterado de que ser el tigre era escapar, fingiendo rugir e intentar morder, y de que ser taitaco era solo servir de portalanza, pidió ser el cazador.

Aquilino añadió, detallando:

—Pero, fíjate, vos no puedes matar al tigre con la primera lanza. Esto es como la corrida de toros ¿sabes? Con la segunda es la cosa.

—Ya estuvo.

—Yo seré el tigre y Reinaldo que sea taitaco —concluyó Aquilino.

Moncada se alegró: podría aporrearle a su gusto las costillas, con el palo de escoba que era la lanza. Alentándolo más, Aquilino le advirtió:

—Oye, pero no vas a ser tosco al alancear, que todo no es más que juego.

—Pierde cuidado, ñato, te alancearé sobre suave.

Por el centro de la calle y por los portales, hasta el de la Florencia, correteó la cacería. Moncada era robusto y tenía empeño en apalear al tigre. Aquilino era una pluma. Aún alcanzado, sus quimbas evitaban los porrazos. El cazador comenzaba a acezar. Por sus ojos sudorosos, se cruzaban los estantes, enredándose.

—¡Taitaco, pásame la lanza! —gritó, al fin, botando el primer palo.

Simulando esquivar al tigre, Reinaldo le entregó el otro. Alfredo y Alfonso se miraron.

Moncada empuñó el palo con ambas manos, luego con una, tendiendo el brazo a lo lancero, corrió. Ahora sí, según el trato, el tigre se dejaría atrapar. Como de entusiasmo, él se propasaría en rematarlo. Mas, Aquilino seguía huyendo. De repente rompió en carcajadas y Reinaldo también se reía, y Segundo y Baldeón y Cortés y todos. Se paró, cauteloso. Le gritaron:

—¿Qué fue, Jacinto? ¿No te huele?

Moncada los maldijo y les mentó las madres, loco de ira. No arrojaba el palo, embarrado y hediondo. Aquilino lo había sumergido dos veces en el barril; era jueves, los cambios eran los sábados, en la Artillería vivían cincuenta personas y los muchachos tragaban banano el día entero.

La cara de Moncada lividecía, hasta parecer de sebo. Ajustaba las quijadas y le temblaban las aletas de las narices, como a los burros hechores tras las yeguas.

Sin una palabra más y antes de que pudieran preverlo, se echó contra Aquilino y Reinaldo. El primero, rapaz aindiado, de duros huesos y tendones y de ojillos de raposo, se alejó en dos brincos. A Reinaldo lo alcanzó. ¿Cómo impedirlo, tan rápido? Medio golpeando, le refregó el palo sucio contra la cara, el pelo, la boca. Más chico y asustado, Reinaldo trataba de defenderse, balbuceaba:

—¡Suelta, suelta! ¡Modérate, Moncada!

Al sentir que la pandilla se le abalanzaba, tiró el palo y se cuadró en media calle, con los puños cerrados adelantando la cabeza, baja, como toro, la frente.

—¡Con engaño desgraciados! ¡Pero a mí solo fue en las manos y yo se la he hecho comer a este mariconcito!

No lo atacaron. Ya de sus casas los llamaban. Precedida de creciente rumorear en los techos, en la tierra esponjosa, venía la lluvia. Callaban los sapos. Aisladamente, las ranas de enorme voz campanuda aventaron su grito, que se apagaba acolchonándose en los rincones en que se acumulaba el fango.

—Jay. Jay. Jay. Jay.

V

El chorro de agua de la llave, que, gorgoriteando, caía en la botija, era la única frescura. Alfredo, sentado en una piedra, a la sombra de la cerca, volvía los ojos entrecerrados hacia las puertas de los cuartos, a través de las ondeantes ropas tendidas a secar en cordeles.

Hacía más de tres días que Segundo no salía a jugar. Dizque se quemaba de fiebre. No lo dejaban ver. Hasta a la hermana la recomendaron donde una vecina. Para meterse a averiguar de él, era que Alfredo esperaba que el patio se vaciara; siempre a esa hora, las lavanderas, huyendo del solazo, se sotechaban con sus hijos, a echar la siesta.

Cuando desapareció la última, Alfredo se levantó. Un momento antes, había visto irse, sin duda por algún remedio, a Manuela, la madre de Segundo. Al pie de la puerta, una gallina de alas color tabaco, sacudiéndose, se bañaba en el polvo.

El ardiente suelo lo obligaba a avanzar en puntillas. Adentro, al principio, la oscuridad lo cegaba. Después, distinguió a Segundo en la tarima, y se acercó. Gachos los párpados y reseca la boca, se quejaba al son del aliento. Sentía Alfredo que, aunque disputaban tanto, el enfermo era un buen compañero, un buen chico. El viruterio de su cabeza se derramaba en la almohada. Con precaución le tocó la frente: cálida, más cálida que el fondo de la falda de Trinidad; solo la candela podría ser más cálida. Retiró la mano y se apartó. Recelaba que lo sorprendiera Manuela y, además, las mugrosas cobijas apestaban a pezuña, y a ratón muerto.

Al trasponer la salida, se halló cara a cara con Manuela, quien lo cogió de un brazo, sacándolo de un tirón.

—¿Quién te mandó meterte, chico bruto? ¡Cómo andas como perro sin collar! ¿Y si se te pasa?

—¿Qué tiene Segundo, ña Manuela?

—¿No lo viste fregado? ¡No vuelvas a dentrar!

Medio le dio miedo: sería feo caer con semejante calentura y mal olor. ¡Pero qué va! Él era del mismo palo que el algarrobo, que no admite polilla y les rompe los formones a los carpinteros.

Manuela había sacado del cuarto un ladrillo; agachándose, lo puso al rescoldo y empezó a atizar el fogón.

—¿Para qué es, ah?

La zamba alta, gorda, de caderas pesadas y patas costrosas, furiosamente se volteó, gritándole:

—¡Entrometido! ¿Y a vos qué te importa?

Alfredo, sorprendido, de un salto se colocó fuera de su alcance. Ella se calmó inmediatamente. Bajó tanto la voz, que parecía rogar.

—Es un remedio para Segundito... ¿sabes? Para bajarle la hinchazón. Pero, oye, zambo, no le digas a nadie que yo he estado haciendo esto... Vos eres bueno, ¿verdad? Si te callas, de que Segundo esté bien, hago jalea de guayaba y te doy, te doy bastante...

—Bueno, ña Manuela, no digo nada. No soy chismoso.

Por más que no le incumbía, le extrañaba la actitud de Manuela. ¿A qué se debería? La gente mayor vive tejiendo enredos. Se preguntaba Alfredo, a veces, si, cuando él creciera, se volvería estúpido como casi todas las personas grandes que conocía.

Silbó y se fue a la calle: afuera encontró novedades. Un carretón cerrado, de cuatro ruedas, parecido a los de cargar fideos de La Florencia, estaba ante la puerta. Al costado del pescante, de una pértiga, pendía una bandera amarilla. Un poco más atrás, vio un coche, tirado no por mulas, sino por caballos.

—¿Dónde está la dueña de esta covacha?

Del coche había bajado un blanco, de bigote y lentes, vestido de negro. Lo acompañaban otros futres, peones. Al-

45

fredo no supo quién fue a llamar a la señora Petita, pero ella acudió, abrochándose la blusa y alisándose el pelo.

—¿Qué pasa?

—Oiga señora, en su covacha hay un caso de peste bubónica[3]. Venimos a llevárnoslo al lazareto. Es un chico, hijo de la lavandera Manuela García.

—¿Con peste? No, doctor, lo que tiene es tabardillo.

—¡Peste, señora; no me va usted a enseñar a mí!

—¿Acaso usted lo ha visto al chico, blanco?

—¡Bah! —replicó él, frunciendo el ceño.

Le daba risa a Alfredo cómo pestañeaba rapidísimo el médico, y cómo le temblaban las manos, al gesticular. Habían salido varias vecinas. Corrió el revuelo de muchas voces y abrir y cerrar de puertas. La tarde refrescaba: el viento sacudía la bandera del carretón y traqueteaba, por ahí, un alero flojo. Dos de los blancos que habían venido, más jóvenes, conversaban bajo, y riéndose, cerca de donde curioseaba Alfredo.

—¡Fíjate, fíjate, Álvarez ya mismo se trompea con la negra!

—¡Loco es este Cucaracha Eléctrica!

—¡La morfina es la que lo pone así!

Los dientes de la señora Petita relucían a las respuestas que daba, puesta en jarras. Con disimulo cerraba el paso. El médico se impacientaba.

—No se puede dejar a los pestosos en sus casas. Hay que aislarlos, contagian, se les pasa la enfermedad a los demás... ¿Entiende, señora?

—¿Para matarlos es que se los llevan?

—¿Cómo se imagina señora? ¡No sea bruta! Para cu-

....

[3] La tercera pandemia de peste bubónica brotó a finales del siglo XIX en Asia. En el caso del Ecuador, Guayaquil —por ser el mayor puerto del país— fue la primera ciudad en presentar los primeros casos de peste en 1908. Posteriormente, la enfermedad se propagó en otras provincias por vía terrestre —especialmente férrea—, marítima y fluvial; las provincias afectadas fueron: Guayas, Manabí, El Oro, Loja, Cañar, Chimborazo y Tungurahua.

rarlos. Y mañana venimos a vacunar y fumigar. ¡Hay cincuenta casos de peste! ¡Aquí dicen que Guayaquil es la perla del Pacífico; los extranjeros la llaman el hueco pestífero del Pacífico! —seguía su vocecilla.

—¿Quiere decir que me van a quemar mi covacha? ¿Acaso yo tengo la culpa de la peste?

—¿Me está cachorreando? ¡A fumigar, he dicho! Hablo claro.

—Es que no hay humo sin fuego, dice el dicho doctor.

—¡Basta, negra del diablo! ¡Déjame en paz!

Sacaron a Segundo en camilla. Lo cubría hasta el cuello una sábana y abría los ojos inmensos a la luz. Casi aullando, desgreñada la ropa, entreabierto el seno, Manuela trataba de oponerse, se prendía a los enfermeros, suplicaba, pretendía arañar, morder, golpear. Sus amigas la sujetaron. Correteando por el patio, los muchachos escandalizaban:

—¡Segundo! ¡Se lo llevan con bubónica a Segundo!

Sentada en un cajón, Manuela, todavía, a ratos, se levantaba en bruscas sacudidas; deseaba alcanzar a los que se llevaban a su hijo. La señora Petita la contenía, empuñada de un brazo; le pasaba la mano, ligera, por el enmarañado pelo, calmando.

Con el colchón y cobijas y con los trastos del cuarto que se consideraron contagiosos, hicieron en media calle una fogata, prohibiendo brincar sobre ella a los chicos.

Alfredo apretaba los puños. Ansiaba arrebatar a Segundo. Le parecía que Manuela se hubiese vuelto Trinidad. Crujió el carretón, rodando. La madre de Segundo hundió la cara en el hombro de la señora Petita, abrazándola, sollozando.

Se ahogaban, en jirones entrecortados, sus quejas:

—¡Señora Petita! ¡Señora Petita! ¡Si ya estaba mejor mi Segundito! ¡Con los limones soasados y los ladrillos calientes que yo le ponía se estaba curando! ¡Y ahora van a matármelo! ¡Me lo matan a mi zambo!... ¡Solo por él seguí viviendo, cuando el gringo se fue, dejándome preñada! ¡Y ahora para quién voy a vivir? ¡Segundo! ¡Segundito! ¡Mi hijo!

47

Cruzaba su padre el patio, de vuelta del trabajo. Alfredo se fijó que apenas no lo veían de fuera, dejó fallar la pierna como aliviándose, y cojeó abiertamente.

Él pensó, como un rayo: ¡tiene un bubón en la ingle!

—¿Qué te pasa, papá?

—Ya me fregué. Creo que estoy con la peste.

En poquísimos días, habían aprendido a conocerla. El carretón y su bandera se habían vuelto cotidianos. Condujeron decenas de enfermos al lazareto: de esa calle, de las otras, de todo el barrio del Astillero, dizque de todo Guayaquil. Nadie había vuelto, aunque decían que algunos se mejoraban.

De muchos se supo que murieron. El miedo se extendía por las covachas.

Con los dientes apretados, Alfredo dijo al padre:

—¿Por qué va a ser peste? Tal vez sea terciana. ¿Te duele la ingle?

—De los dos lados... Y veo turbio, estoy mareado. Tengo una sed que me quemo. Enciende el candil.

¡Si Trinidad no se hubiera ido! Alfredo se tragaba las lágrimas; tenía que cumplir: juró no llorar. Ella podría cuidarlo. No sería el cuarto este pozo abandonado que era, para los dos, sin mujer y sin madre. Al andar, sus pies tropezaban papeles, cáscaras, puchos de cigarro; nadie barría o exigía barrer. Como Manuela al hijo, Trinidad, a escondidas, habría atendido a Juan.

—¡Ajo, qué sed! Anda, cómprame una Pílsener, toma.

Le dio un sucre, de esos de antigua plata blanca, que ya escaseaban, grandazos, pesados, llamados soles, por su parecido con la moneda peruana. Salió rápido: solo en la avenida Industria alumbraba el gas. Pero Alfredo ya no temía a la oscuridad. Por Chile, caminó, cruzando los pies, por uno de los rieles del eléctrico, hacia la otra cuadra, Balao, a la pulpería del gringo Reinberg, desde la cual una linterna proyectaba su fajo claro calle afuera.

Hileras de tarros de salmón y de frutas al jugo, de latas de sardinas, de botellas de soda y cerveza, repletaban las perchas. De ganchos en el tumbado, colgaban racimos de bananos y de barraganetes de asar. Olía a calor y a manteca rancia. Alfredo pasó por entre altos sacos de arroz, fréjoles y lentejas y, alzando la cabeza, pidió la Pílsener. El gringo probó el sonido del sucre en el mostrador y con su habla regurgitante, comentó:

—Toda noche, tu padre: ¡cerveza, cerveza! ¡Así son los obreros! ¡En mi tierra igual, trabajador no sabe vivir si no emborracha!

Alfredo no temía sus bigotazos ni su calva:

—Mi padre no es borracho, es que está enfermo.

—¿Se sana con cerveza? ¿Está bubónico? ¡Mucha bubónica es!

Cogido de sorpresa, Alfredo calló. Si confesaba, capaz el gringo de denunciar al enfermo. Y para él, como para todos, el lazareto era peor que la peste.

—Si el panadero está bubónico —agregó el gringo—, di a tu mamá que ella no sea bruta como gente de aquí. Con remedios caseros muere el hombre. Mándenlo pronto a curar al hospital bubónico...

—¿Al lazareto? ¿Para que lo maten?

—¡Ve tú, Baldeón: aunque chico, no estar bruto! Piensa con la cabeza, no con el trasero. En casa, el hombre muere, ya está muerto. En el hospital bubónico también, por los médicos pollinos. Pero hay medicinas, inyección, fiebrómetro... Siempre hacen algo: muere, pero no tan seguro...

—Se lo diré a mi mamá —contestó Alfredo, conmovido por la preocupación que le demostraban.

Salió con la cerveza, confuso por todo lo que acababa de oír. Que aunque chico no fuera bruto... Lo contrario de lo que él opinaba, que la gente mayor es estúpida.

Se asustaba de la resolución que dependía de él. Si Juan se moría, siempre se sentiría culpable: por no haberlo mandado o por haberlo mandado al lazareto.

49

¿Qué haría?

¡Maldita sea! ¿Cómo lo agarraría la bubónica al viejo? ¡Si estaba vacunado, lo mismo que él y todos! ¡Querría decir que la vacuna no servía para nada! Mejor: le daría peste a él también y no quedaría solo en el mundo.

Juan bebió la cerveza. Tenía los ojos sanguinolentos. Alfredo lo ayudó a acostarse. Apenas posó la cabeza en la almohada, se hundió a plomo. Para tenerlo visible, no cerró el toldo ni apagó el candil. Se echó en la hamaca, tapándose con una cobija.

El seboso fulgor era vencido por las sombras que flameaban, tendiéndose a envolverlo. Nunca necesitó decidir algo así. Imposible dormir. Al cerrar los ojos, se sentía hundir, como cayendo. El silencio de Juan lo espantaba. ¿Se habría muerto?

La peste mataba pronto. Dos días alcanzó Manuela a acudir a la puerta del lazareto, a preguntar por Segundo, suplicando que la dejaran verlo. Al tercero, le anunciaron que había fallecido. Tampoco le permitieron ni mirar el cadáver. La zamba se calentó e insultó a las monjas enfermeras: les dijo que eran groseras, perras y sin entrañas, seguramente, porque no habían parido. Al saberlo, él se rio. Calló enseguida recordando a Segundo. Siempre harían falta en la calle su risa y sus zambos rubios. Nadie le disputaría ya ser jefe de los muchachos, pero ¿de qué valía?

No era su padre el único con peste, a pesar de la vacuna. A todos vacunaron en la Artillería y habían llevado a varios. Uno fue Murillo, que trabajaba en La Herencia y era un serrano joven, empalidecido, de diente de oro y bigotillo lacio. Jugaba fútbol y creyó el bubón un pelotazo. Los sábados, traía galletas de letras y números y las repartía a los chicos, quienes, de juego, le gritaban, confianzudos:

—¡Murillo pata de grillo, que te cagas el calzoncillo!

Otra fue una viejita negra, menuda y andrajosa, apodada Mamá Jijí y también la Madre de los Perros. Caminaba apoyada en un palo. Habitaba debajo de un piso; rincón de escasa altura donde en una estera dormía juntamente con sus perros Carajero y Lolita. Hazaña de Alfredo había sido registrar a hurtadillas su baúl misterioso: halló clavos mohosos, retazos, postales viejas, loza rota, alambres y más apaños de basura. A Mamá Jijí no la sacaron viva: extrajeron el cadáver con los bubones reventados y comidos de hormigas, e igualmente muertos ambos perros, con los hocicos mojados de baba verde.

No se la oiría gritar más en el patio:

—¡Respétenme, so cholas, que yo soy Ana Rosa viuda de Angulo, de la patria de Esmeraldas!

Otros pestosos fueron la catira Teodora y su madre Juana. Teodora era una muchacha alta, gruesa, pecosa, de nariz achatada y pelo claro. Reía como cacareando. Era la única persona que sabía el secreto de Alfredo. Al verlo salir, le decía risueña:

—¡Ajá, Baldeón, ya vas a aguaitar a la blanca!

—¿Y a vos qué? ¿O es que te pones celosa?

Ella reía, esponjándose, y era toda una clueca.

—¡Pero ve el mocoso! Descarado eres, ¿no? ¿Te crees que a mí me faltan hombres grandes que me correteen, para fijarme en vos?

A Teodora y a su madre, veterana verdusca de paludismo, les nacieron los bubones en el cuello. Seguras con sus vacunas, supusieron que fuese paperas. Delirando de fiebre las metieron en el ya tan conocido carretón.

Alfredo reflotó de un salto del sopor en que resbalara sin saber qué momento. El candil extinguido apestaba a mecha carbonizada. La angustia regresó repentina en la piedra de la tiniebla que le aplanaba el pecho. Se restregó los ojos.

—Viejo, viejo —llamó a soplos.

Respondió con un quejido.

—Dame agua, Alfredo. No hay qué hacer... Doblé el petate. Por vos me importa: guácharo a la cuenta de padre y madre.

Pero, a través del sueño, venida de quién sabe dónde, en Alfredo se había ya abierto en luz la resolución.

—¡Juan Baldeón, vos te curas! Apenas claree, busco

51

el carretón y te hago llevar. ¡Vos te curas, te digo!

—¡Jesús! ¿Qué dices, hijo? Allá me matan.

Pero carecía de fuerza para fulminar la indignación que creía que merecía el hijo ingrato.

Débil, febril, añadió, con dejadez quebrada:

—¿Por qué quieres salir de mí más pronto? ¿O es que tienes miedo que se te pase la peste? ¡Hijo!

—No viejo: vos te curas. ¡Somos machos, qué vaina! ¡Es mariconada cruzarse de brazos! ¡Aquí estás fregado de todos modos, y por muy porquería que sea ese lazareto, allá hacen algo!

VII

Ni bien entraron al aula, donde herían sus narices carrasposo polvo de tiza y pelusas del paño mugriento de las sotanas de los legos, les avisaron que, a causa de la bubónica, las escuelas habían sido clausuradas por quince días.

—Lo que es yo no me voy a la casa todavía. La mañana está macanuda y allá no saben que han dado asueto —declaró Alfonso.

Alfredo le contestó:

—Yo también tengo ganas de vagar, pero vámonos yendo al lazareto, primero, a saber del viejo, y de ahí salimos por encima del cerro al malecón.

—Ya estuvo.

Apretando bajo el brazo libros y cuadernos, caminaron velozmente. Aunque a Baldeón lo mordía la inquietud, no podía sustraerse a la alegría de andar.

Siguiendo la calle Santa Elena hacia el camino de La Legua, entre casas viejas, de techos de tejas y de galerías en los bajos, se abrían sucuchos de zapateros o sastres, o chicherías hediondas a agrio y a fritadas rancias. Cholas tetudas y descalzas miraban con ojos muertos, desde los interiores.

—Yo no me enseñara en estos barrios, no hay como el Astillero, ¿no, verdad?

Al fondo de la calle, blanqueaba el cementerio, en la

ladera. La Legua corría hacia allá, por un descampado que llamaban El Potrero. ¿Se curaría su padre? Hacía cuatro días que lo hizo llevar. ¡Qué porfía le costó persuadirlo de que era para mejor! Al partir, su voz quemada anunció que no volvería.

La señora Petita había llevado a Alfredo a su casa a comer y dormir y a la compañía de sus nietos. Él no sabía con qué palabras agradecerle; la miraba y suponía que ella lo entendía.

Todos los días había ido a preguntar por Juan. Primero le informaron que seguía muy grave; luego que estaba lo mismo; la víspera le dijeron que parecía mejorar. No quería ilusionarse: aguardaba lo peor. Como para palpar su abandono, se había lanzado a vagar. Fue solitario a través de las calles calcinadas por el verano de fuego, azotadas por raspantes polvaredas. Lo asombró cómo el terror deformaba en gestos de pesadilla las caras de las gentes.

Desde el confín del Astillero hasta los recovecos, donde la bubónica hacía su agosto, de la Quinta Pareja, el carretón de la bandera amarilla arrastraba su rechinar lúgubre. Pero no bastaba: al hombro, en hamacas, Alfredo vio llevar otros pestosos.

Sudando, Alfonso y Alfredo dieron vuelta al cerro del Carmen. Con las ventanas tapadas con tela metálica, lo que le imprimía el aspecto de un ciego; pintado de color aceituna, se levantaba, a la vera de la calzada rojiza de cascajo ardido de sol, el temido lazareto. En el caballete del techo de zinc, se paraban gallinazos. Un gran silencio inundaba la sabana inmediata, con la yerba atacada de sequía.

Se acercaron y sonaron el llamador. Olía a campo mustio y a remedios. Apareció una monja de rostro juvenil y sonrisa aperlada, con el hábito azul y la corneta tiesa limpísimos. Miraba suavemente y a Alfonso sus ojos le parecieron uvas.

—Madrecita, a ver si me hace el favor de preguntar cómo sigue Juan Baldeón, cama Nº 17, ya usted sabe cuál...

La monja se entró, llevándose el muelle rodar de sus

faldas pesadas. En medio de una calma cada vez más honda, Alfredo y Alfonso, por la reja, distinguían en el patio del claustro unos arriates cuyas plantas y céspedes, en contraste con la tostada yerba de fuera, resplandecían de húmedo verdor. Alfonso respiró el olor a remedio nuevamente y precisó que era olor a éter. La monja volvía; sonrió más.

—Juan Baldeón está muy mejor, quizá el domingo se le dé el alta. La Providencia te ampara, chiquitín...

Era jueves: los dos muchachos, silbando, treparon la cuesta, entre los algarrobos, como si ascendieran al sol.

VIII

En los años que pasó —no enamorado— solo mirándola, Alfredo se enteró un poco de la vida de la blanca. El veterano que de costumbre la acompañaba, no era su padre, como él creyó, sino su marido. Se llamaba Victoria y dizque era rica y hacía caridades.

Con los otros chicos, él había ido al puente del Salado, de piso de tablas y techo de zinc, con grietas de barandilla abierta a ambos lados, donde gustó asomarse a contemplar la corriente: como el agua del Salado, agua de mar penetrante de sol, eran los ojos de Victoria.

Una ocasión, Alfredo había oído desde su escondite del estante, que el esposo le decía, cogiéndola del brazo:

—¡No corra así como una chiquitina, Toya! ¡Suba con cuidado al eléctrico, sea más sosegada!

—Pero si no corro, Jacobo. ¡Es que no voy a ir lerda como mula de carro urbano! —contestó ella taconeando, y su voz era de infantil resentimiento.

Bien visto, don Jacobo no era viejo. Solo sus miradas de chico podían apreciarlo así, pensó Alfredo. O tal vez era que sus cabellos de un rubio ceniciento, su cautela, su labio inferior saliente y sus párpados gruesos le daban aire de avejentado.

Pero esa tarde, al descender Alfredo del tranvía de mulas, ofreciendo el arrimo de su hombro para ayudarlo, a su padre, que regresaba convaleciente del lazareto, no lo vio viejo. A grandes pasos y con la cara roja, don Jacobo salió de su zaguán, subió a un coche que esperaba al pie de la casa, y cerrando de un tirón la portezuela, le ordenó al cochero, amodorrado en el pescante:

—Pronto, al consultorio del doctor García Drouet. Alfredo no le prestó atención a la frase, escuchada al vuelo. Jorrearon los caballos, chasqueó un latigazo y el coche viró por la avenida Industria, cambiando de son las ruedas, al pasar del polvo al empedrado. Dijo él a Juan, entrando al solar rumoroso:

—¿Ya viste, viejo, que te curaste?

—De buena me he escapado. ¡Pero si no te emperras vos en hacerme llevar, a esta hora estaría en el hueco! Le ponen a uno en la pierna o en la barriga la inyección, y lo aguanoso del suero se brinca a la boca... También es suerte: en el lazareto han muerto bastantísimos. ¡Conmigo fueron bien buenas las madrecitas!

Se acostó enseguida, doblado de debilidad y aún doliéndole uno de los bubones. Pero henchía el pecho con placer de resucitado. Un desfile de comadres cayó de visita. Al acento de corazón de su gratitud, la señora Petita, aturdida, contestaba:

—Calle, calle, compadre Baldeón: no hay de qué, no hay de qué...

Juan hundió los dedos entre su pelo, peinándolo toscamente; sentenció:

—Lo que es de esta le pongo madrastra a mi zambo. El hombre no puede vivir sin mujer...

Dejándolo acompañado, Alfredo salió a dar una vuelta. Jugó pelota un rato.

La tarde caía como en alas del viento que comenzaba a soplar. El barrio resurgía para él de una bruma, el mundo volvía a andar.

Regresó.

Otra vez el coche aguardaba ante la casa de la blanca. Ignorando por qué, le nació a Alfredo un oscuro temor y se paró cerca del zaguán. Descendía la escalera un señor de sombrero alto y barba negra.

Detrás, vio bajar a don Jacobo, trayéndola a ella en brazos, envuelta en colchas. Como quien pisa un sapo con el pie desnudo, comprendió. Resultaba inútil la explicación que, a su lado, murmuraba Moncada, con voz de sombra:

—Se la llevan a la blanca con bubónica.

El luminoso óvalo de la cara se arrebolaba entre los revueltos cabellos. Un segundo aún pudo Alfredo mirar entreabiertos los ojos de agua de mar penetrada de sol.

Don Jacobo atravesó el portal, dirigiéndose al coche. Escapada de entre las ropas que abrigaban el cuerpo juvenil, una mano, con la palma sonrosada vuelta hacia arriba, parecía llamar.

Ya era de noche. Alfredo Baldeón se echó de bruces en la yerba. Había jurado no llorar. Bajo su pecho, bajo sus brazos que la apretaban, giraba la tierra. Algo se derrumbaba en él.

Desde el fondo de todos los momentos de su vida, después, siempre una mano blanca lo llamaba. Solo un día supo a dónde.

EL PRIMER VIAJE DE ALFREDO BALDEÓN

I

Negra de cisco de carbón, la rampa bajaba hacia la ría. A bañarse, a nadar, por el muelle del Gas, iba la muchachada de la plazuela Chile. A la cabeza, Alfredo Baldeón husmeaba el olor de hulla unido al soplo acuático. Había acoderados allí dos barcos, uno de ellos de guerra, de casco gris, el *Cotopaxi*.

—Ajo que hace frío. No provoca meterse al agua —dijo, al desvestirse, Moncada.

—No seas flojo, nadando se quita. Los cinco muchachos se echaron a la correntada. Volaban audaces gaviotas que se arrojaban de pico, como flechas, sacando peces. Pesados de agua, se alisaban los zambos en la frente de Alfredo. Con él, nadaban afuera Moncada y Alfonso. Rotaba ancha nata de tamo de arroz, que fluía del escape de una piladora.

—No naden en el polvillo que da sarna —advirtió Alfredo.

Nadar era volar, era encimar desconocida hondura. Sus brazas domaban las telas frías del agua. Cada día amanecía más fuerte, más crecido. Se motejaba vanidoso por creer cumplido su deseo de asemejarse a su padre. Claro que no podía igualársele, pero de él había aprendido a no dejarse pisar la sombra de nadie.

En la plazuela Chile, adonde se cambiaron dejando la Artillería, desde que su taita se sacó a vivir con él a Magdalena, por duro y por pronto, lo apodaron el Rana.

Entre la plazuela fiestera y la escuela de los Hermanos, se le habían ido los años. Sin hacerse sentir, aparecieron a su lado, sus ñaños Juancito y Flora.

El agua de la ría era un caldo de lodo; solo de lejos blanqueaba. Moncada propuso:

—¿Regresamos ya? ¡Nos hemos abierto afuerísima!

No le contestaron. Al lado de Alfredo, soplaba Alfonso penachudas buchadas de agua y brincaba a lo bufeo, para abarcar de un vistazo la rada. Tres barcos oscuros anclaban en la mitad. En frente, palmares y sabanas se desvanecían en lejanía violeta. A una cuadra de allí, roncaba la piladora. Pitó un vapor fluvial, de ruedas. Gorgoteaba la corriente en el lodo orillero. Y todos los ruidos se fundían en el pecho de Alfonso Cortés: y el puerto era una canción.

—Ve, parece que va a zarpar el *Cotopaxi* ahora mismo, fíjate cómo bota humo.

Nadaban regresando y junto a las planchas de los costados les vino de a bordo olor a comida caliente; debía ser la hora del rancho. Saltaron bajo el muelle, donde habían dejado sus ropas y donde ya sus otros dos compañeros, el pelado Onésimo y un chico al que apodaban el Pirata, sin secarse, se vestían. Arriba, en los tablones, taloneaban, y por las rendijas caían astillas de sol.

—Ya mismo se va el *Cotopaxi*. Se embarca para Esmeraldas un batallón. ¡A pelear se ha dicho! ¡A descontar el sueldo, milicos manganzones! —dijo Onésimo.

—¡A matar negros! —contestó Moncada.

—Vos ¿por qué atacas a los negros? ¡Los negros van a darles la del zorro!

Por la esquina de Industria, desembocaron entre los lados de solares cañizosos, sin edificios de la calle negruzca, marchando al son de clarines, los soldados. Los muchachos se hicieron a una acera, a mirarlos pasar. Eran serranos colorados, que sudaban en sus uniformes kaki, bajo el peso de los fusiles que, desordenados por el cansancio, erizaban las irregulares hileras de sus caños, sobre las cabezas.

—¡Tienen ojos de chanchos!

—¡Vos Onésimo, los tiras al raje porque van a fregar a tus mentados negros! —volvió a contradecir Moncada.

Pequeñas olas fangosas tropezaban en el *Cotopaxi* o se

dormían en las lechugas de la playa.

Había callado la corneta. El orden de la marcha se perdía al cruzar el tablón y penetrar a bordo. Moncada echó afuera la barbilla en su ademán acostumbrado y cogiendo ambas muñecas a Baldeón, lo empujó, en simulacro de lucha, contra las cañas:

—¿Alemán o francés?

—¡Siempre francés, carajo! —Alfredo se libertó, con un ligero empellón.

Moncada se rio:

—Es claro que el cholo adulón de Onésimo tiene que ser partidario de los negros, porque don Torres, el patrón, es primo de Concha[4]. Pero vos y Cortés ¿por qué están por los franceses que pierden siempre?

—¡Hay que defender lo que es justo, aunque uno se joda! —contestó Alfonso.

Baldeón arrugó las cejas y se encogió de hombros:

—Seguro que a mí no me gusta la gente que se deja derrotar. Pero verás por mucho que pataleen, los alemanes al fin la pierden... ¡Son esclavos del káiser, que es un hijo de perra! Lee lo que dice *El Guante*. ¡No llegará a mil novecientos quince sin que los caguen a tus alemanes, convéncete!

Ahora cruzaban el muelle las guarichas, blancas e indias abrumadas del ardor del día, de los bultos de ropa y utensilios y de los guaguas cargados a las espaldas. Baldeón oyó que una de ellas, con la cara acribillada por los mosquitos, se lamentaba, dulce y lloriqueante.

—¡Virgen mía! ¡Jesús mío! ¡Viajar tanto para ir a morir!

....

[4] Carlos Concha Torres (1864-1919), uno de los más grandes personajes de la Revolución liberal, se alzó en contra del gobierno del entonces presidente Leónidas Plaza —este último, desviado de los principios y causas liberales, había fortalecido el sistema oligárquico-terrateniente en el país—. Los alfaristas, al mando del coronel Carlos Concha, tras la muerte de Alfaro, al sentirse traicionados y al ver que todo lo conseguido estaba en peligro, se alzaron y armaron una «revolución» que tuvo origen en Esmeraldas. A este evento se lo denominó la «guerra de Concha» (1913-1916).

Caminaron, esquivando el sol, por la sombra fresca de los portales. En las nubes blancas, plateadas por el fulgor solar, casi eran tocables, entreverándose, los pitos de las curtiembres, de las piladoras, de las fábricas de cigarrillos y de fideos. Aullaban recordando la hora al Astillero entero. Moncada y el Pirata se quedaron en la Artillería y Alfonso en su casa. Onésimo y Baldeón siguieron a la plazuela.

—¿Quieres venirte a Esmeraldas, Baldeón?

Onésimo tenía el pelo cortado a papa y la sonrisa bondadosa y humilde. Considerándolo, Baldeón pensaba que no aguantaría ni un día ser sirviente, como él. Si no era panadero, sería herrero, y si no, cargador o ladrón de gallinas.

—¿Vos te vas?

—Fijo.

—¿Con tu patrón, a pelear?

—Fijo.

—¿Lo dices de veras?

—Fijo.

—¡Maldita sea con tus fijos! ¡Ajo, tal vez me resuelva! ¿Y cuándo es la ida?

—Dentro de una semana. Resuélvete, si quieres ir, te llevo. ¡Fijo!

—¡Fijo que me he de resolver! —concluyó Alfredo mirándolo con gran seriedad.

II

Cruzó silbando el patio y penetró en el cuarto. La garúa melosa no lograba refrescar la tarde sofocante. Antes, en las tardes así, salía a buscar en los rincones de las cercas roídas, los hongos repugnantemente aterciopelados que saben llamar flores de sapo. Un resplandor mojado brillaba en las altas yerbas. Alfredo venía a buen paso. Quería ver al taita antes de que se fuera al trabajo nocturno, en la panadería.

Llegaba a tiempo: ya había merendado y se vestía. Entonces Alfredo se lo quedó mirando, a la vislumbre del candil, que acusaba los rasgos atezados de su cara. Cómo se envejecía: los copos del pelo echado hacia atrás se iban ya agrisando.

—Magdalena.

La madrastra de Alfredo que, en el corredor, lavaba las ollas, entró a la pieza, donde Juancito y Flora, cansados de jugar, se refugiaban soñolientos en la hamaca, y donde venía a recogerse prieto, el olor de llovizna de afuera. Su voz borrosa averiguó:

—¿Qué dices, Juan?

—Búscame una camisa, hija, que no hallo.

—¡Qué hombre más inútil! En el baúl chico... Espérate enjuagarme las manos, para vértela. Y vos, Alfredo, ahí en la mesa está tu merienda.

Magdalena se acercó a coger el candil en la mesa donde Alfredo comía. Sus morenos brazos torneados, su cabello, graciosamente sujeto en la nuca, la envolvían en un encanto que no concordaba con su notorio malhumor.

El viejo abrochó la camisa sobre su pecho de hombre blanco del pueblo, cubierto de espeso pelambre. Aumentaba en el techo el rumor de la garúa. Las voces de los vecinos se transmitían por toda la covacha, a través de la caña picada rala de los tabiques.

—Hasta mañana.

—Hasta mañana —contestó lentamente Alfredo, y su padre, solo por el tono de la voz, se paró en la puerta.

—¿Qué fue? ¿Por qué contestaste con esa voz de cajón vacío?

—Nada, viejo.

—Ah, es que estás en la edad del gallo ronco, cambiando la voz. ¡Baray, ya hecho un hombre!

Mientras hablaba, Alfredo miraba la alzada cabeza de su padre, recortada en el marco de la puerta, en el cielo electrizado. ¿Qué diría mañana, cuando supiera que se había largado? Desde la víspera lo resolvió; pero no se lo dijo a nadie, ni a Alfonso a quien todo le contaba.

Los pasos de Juan se distanciaron por el patio. Magdalena hacía sonar las cacerolas. Se había llevado el candil al

61

filo del lavadero. En el cuarto a oscuras, Alfredo creyó sofocarse más. Salió al corredor. La madrastra previno:

—No pensarás irte a la calle con semejante aguacero. ¡Es lluvia de marea llena!

—No es mucho lo que llueve, pero no voy a salir.

¡Que dijera el viejo lo que quisiera! ¿Para qué andar con vueltas? No era él, el Rana, quien se preocuparía. Su vida debía cambiar. Mientras no cambiara, siempre sería un chico. ¡Y él se sentía crecer cada día! La escuela lo fastidiaba. Esos legos eran unos animales. Hasta decían que les gustaban los muchachos, al menos los blancos y gordos hijos de ricos. Llegado al sexto grado, solo había aprendido a despreciar la gramática y a odiar la aritmética.

—¡A mí la escuela me lleva asado!

—¿Entonces no quieres pasar al Rocafuerte? —le insinuaba sonriendo, Alfonso.

—¡Eso está bueno para vos! ¿A mí de qué me va a servir? ¡A mí lo que me gustará será machacar fierro en una herrería!

Vagar, al fin, lo cansaba. ¡Verdad que extrañaría a la familia, pero ya volvería! En cambio, se libraría de su madrastra: de su mal genio y de la tentación de metérsele a la cama, cualquier noche, cuando el taita trabajaba. La mujer era capaz de no rechazarlo.

¡Y por nada del mundo querría traicionar al viejo! Seguro que tampoco respondía de sí, en las noches calientes, solos en el cuarto, dormidos los chicos, y Magdalena, en el catre, robándole el sueño con su olor de mujer. ¡Mejor era largarse!

Y precisamente su madrastra era quien sospechaba algo de su proyecto de partir.

—¿Te has fijado, Juan, en tu hijo? No sé mismo lo que le pasa, que anda como perro con vejiga, desde hace días —pudo escucharle Alfredo.

—No he atendido, pero así es el zambo, medio fregado. Le viene de la mama.

—Ajá, ¿sí? ¿De la mama solamente? —y se rieron.

Al día siguiente, de cuando vieron embarcarse a los soldados, Alfredo le pidió a Onésimo:

—¿Qué hubo, pelado, me llevas a hablar con tu patrón?

—¿Yo mismo no te dije? Vamos.

El señor Torres, bajo su bigote entrecano, sonrió al joven voluntario. En su rostro blanco y curtido asomó una preocupación.

—¿En serio quieres irte? ¡Tú eres una criatura! Tal vez no te imaginas lo que es una guerra. Lo más fácil es que mueras. Si escapas, te apenará que no te hayan matado. ¿Y qué dirán tus padres?

—Mi taita no dirá nada. Quiero ir de todos modos.

—¿No es una muchachada? Mira que si te arrepientes ya embarcado, será tarde.

—Nunca me arrepiento.

—¡Hola, mocito! Bueno, pues, si te empeñas, te llevo. Yo ya te he hecho ver las consecuencias. No es cargo a mi conciencia. Y si eres hombre, esa fruta es lo que siempre falta.

La partida era ese amanecer. Magdalena había entrado. ¿Qué no más le aguardaba entre los negros, en los combates? Si vencían los suyos, él se haría soldado. Bajo el aguacero, ahora torrencial, el techo bramaba. El aire le acariciaba húmedo la cara. El patio, al pestañear de los relámpagos, templaba el cuero de lagarto de su inmensa charca, pespunteada de gotas. De adentro, Magdalena preguntó:

—¿Apago el candil, Alfredo?

—Apaga no más.

—No vayas a quedarte hasta muy tarde, cuidado te resfrías.

Arrimado al corredor, calculaba y recordaba, con la frente fresca. Temprano, con disimulo, había preparado un atado con su poca ropa, un cepillo de dientes, una navaja y un retrato y dos cartas de Trinidad.

Al fin entró y se acostó vestido. Hoy no lo inquietaba la cercanía de Magdalena. La guerra le daría mujeres. Se durmió tranquilo, pero vigilante a las horas. El taita vendría a eso de las tres. Cuando amaneciera y no lo hallaran, él navegaría lejos.

Hizo pininos de piedra en piedra, en el fangal del patio. El cuarto en sombras quedó atrás. Ya no llovía. Caminó alegremente por las calles chorreantes y mal alumbradas.

En el solar de su casa, lo recibió el señor Torres, en medio de los últimos preparativos del embarque. Acarreaban maletas y fardos. Al contestarle el saludo, desplegó el poncho. Luego mandó:

—Bien, bien: ahora a embarcar, que no podemos perder la marea. A ver, ven a ayudarles a cargar a estos morenos.

III

—Hay que preguntarle al blanquito Cortés, que es el más amigo de Alfredo. Tal vez él sepa para dónde ha cogido el mangajo este... Iré a verlo a su casa.

El viejo Baldeón meneaba la cabeza, entre colérico y apenado. Con el pelo revuelto, abierta la camisa, sentado en el catre, se rascaba la sien, mientras Magdalena soplaba las brasas del fogón. Al rayar hilos de luz por entre las cañas, ella, como todas las mañanas, había llamado al entenado para que fuera a comprar leche. Se dieron cuenta de que no estaba y que faltaba su ropa. Baldeón roncó furioso:

—¡Se largó el muy condenado!

—Anoche se estuvo en el corredor hasta tarde. Lo sentí dentrar como a medianoche. ¡Si no fuera así, me creyera que es la soga: andan cogiendo gente!

—¡Pero él es muy muchacho!

—¡Adiós, aunque solo es de quince años, ya es maltoncito!

No fue necesario que Baldeón anduviera en averiguaciones. Al tender las sábanas, Magdalena encontró en el catre una hoja de cuaderno escolar escrita con lápiz. Alfredo avisaba al taita que se iba a la guerra, a pelear del lado de los negros y por su propio gusto; que estaba harto de la escuela; que regresaría con plata y hecho militar. Si hubiera marchado con los del gobierno, podría pedir al Comando de Zona que lo regresaran, ya que era menor de edad. Ido con los revoltosos ¿a quién reclamar?

—¡Maldición! ¡Ya fue a hacer su cangrejada!

Luego se encogió de hombros:

—¡Qué vaina! En fin, así es como uno se hace hombre.

¿No se vino él mismo, de muchacho, fugado de los padres desde Cajabamba? No conseguía dejar de extrañar a Alfredo. Todos los días, a la hora del almuerzo, había que mandarlo a buscar a la plazuela, donde se demoraba jugando a la pelota. Creía verlo aparecer, caminando en eses, de piedra en piedra, al compás de un silbo, por el patio que evaporaba bajo el sol deslucido, las aguas de la noche anterior. Camisa blanca de cuello abierto, pantalón largo de uniforme de la escuela, los zapatos sin medias, Alfredo daba el aire de más años de los que tenía.

—¡Barajo que se extraña a un ingrato de estos!

—Yo también —contestó Magdalena vagamente. Y continuó—: ¿No le vas a escribir contándole a ña Trinidad?

Justamente la largada de Alfredo lo sacudía trayendo a flote días remotos de su vida. ¡Hacia tantos años y parecía ayer! ¿Qué había cambiado? Atravesando la avenida Industria, en el zaguán de la familia Palomeque ¿no iba a surgir Trinidad sonriéndole? Él ya pisaba fuerte en Guayaquil. Dominaban dondequiera su fuerza y su simpatía. Casi era un guagua al arroparse por primera vez en el calor costeño. La vida del puerto, que era dura, lo templó pronto. ¿Preguntaba qué había cambiado? ¡No tumbaría ya a un carretonero de un puñetazo en la quijada! ¡Tampoco aguantaría dos semanas seguidas bailando, tragando como agua los lapos de mallorca, durmiendo de cada día tres horas, y con hembra al lado!

—Este invierno vais a ir a la escuela de taita cura Ramírez. El sábado que salí con las cargas a la feria, estuvo reclamando de vos. Yo le dije que para después de la cosecha el Pancho ha de llevar las ovejas al pastoreo, y vos has de ir.

Él ya ambicionaba partir más lejos. En Riobamba, en la panadería de la abuela, había oído a los arrieros de la Vía Flores hablar de la costa. No le satisfacían los proyectos del padre acerca de él. Sabía leer porque la madre le había enseñado. Cuando en las noches de helada, ella reunía junto al fogón a los hijos y a los indiecitos huasicamas, y les contaba cuentos, lo que a Juan le gustaba era que en el relato, algún guambra resuello, dijera:

—¡Taitico, deme su bendición que me voy a rodar tierras!

Los cerros pardos coronados de cactos; los arenales silbantes en que había que andar leguas para hallar un trozo verde propicio al rebaño; Cajabamba y sus chatas casuchas de adobe, con las techumbres de paja barridas por los vientos de las cumbres, que espejeaban sus nieves en los cielos incendiados de luceros; dormir y levantarse con las gallinas, todo le pesaba. Breve le dieron el ejemplo los carneros tras las ovejas, a las longas que, como él, apacentaban sus rebaños en la soledad de los cerros, las acostó dóciles. Los anacos arremangados le ofrecieron el regalo de duraznos de las muchachas, y la borrachera de jora ardida de su naciente juventud. ¡Pero ni ellas pudieron retenerlo!

—¡Fiera es la costa: has de morir allá!

—Hartísimos van y vienen lo que quiera.

—¿Y la calor? ¿Y el mosco? ¿Y las tercianas?

—¡Conmigo no han de poder!

Por Babahoyo vino, pero no quiso desviarse a las haciendas a buscar trabajo de monte, como otros. Gastó la última plata del nudo en que atara lo que le dieron comprándole sus borreguitos, lo que le regaló la abuela para Navidad, lo del poncho del que se desprendió en las calles blancas y dormidas de Guaranda, cuando venía con los arrieros: pero llegó a Guayaquil. Cayó inesperado una noche en casa de su hermana la que casada con Belisario Estrella, vivía ya años allí.

—¡Pero si es el Juancito! ¡Ñaño! ¡Te viniste!

La gente traficaba día y noche en las calles; desde los soportales, las picanterías respiraban vahos calurosos, resonantes de guitarras y de risas, olientes a seco de chivo, a chicha y a sobaco de zambas. Juan resolvió no regresar más a la sierra. Para ver a sus viejos, los haría venir. Como sabía algo de amasijos, de frecuentar la panadería de la abuela, el cuñado le consiguió colocación de panadero. Vivió su juventud como ahora su hijo se arrojaba a vivir la suya.

Hacía diez y seis años, Trinidad servía en una casa frente al lugar donde él trabajaba. Era una mulata nativa de Daule: mocita, ojos maliciosos, con dos redondos mates por senos, fuertes ancas y dientes más blancos que la harina que él amasaba. A la madrugada, cuando salía, ardiéndole la cara del soplo del horno, soñoliento, Trinidad le abría el zaguán, y lo recibía besándolo en la oscuridad. Al quedar preñada, la sacó a cuarto a vivir con él.

La noche que nació Alfredo, lo vinieron a llamar a la panadería. Pidió permiso y acudió a la covacha, donde la comadrona, que parecía una bruja, y su hermana Amalia, la mujer de Estrella, cuidaban a Trinidad. Al abrirle la puerta, preguntó:

—¿Cómo sigue la zamba?

—Ya está pariendo.

Mal iluminada por el candil, la cara de la comadrona medio asustada: corva nariz, boca hendida, piel de correa. A Baldeón le dio asco ver cómo veía a su Trinidad. No lo afligían los gritos. Era como si no se tratara de su mujer y su hijo. Ella cerraba los puños, aferrando la sábana. Bisojeaba y sus blancos dientes brillaban entre una mueca. La habitación trascendía a permanganato y —más penetrante— a sangre y a sebo. Chicoteó el largo berrear del que nacía. La bruja chistó:

—Machito había sido.

Baldeón, como volviendo en sí, averiguó:

—¿Cómo me le cortó el ombligo?

—Largo, pues, para que salga aventajado y se mueran por él las jóvenes.

No sabía si regresar o no al trabajo. Optó por quedarse. Trinidad lo llamó. Él no encontraba qué decirle. Le cogió una mano y se la soltó enseguida porque estaba sudorosa y fría. Pero al mirarla, notó que le volvía el color a la cara. En los ojos le chispeaba la malicia cálida que le gustaba cuando eran enamorados.

Los otros obreros no podían adivinar las visiones de Baldeón, mientras, a su lado, se agachaba sobre la artesa. Rugían los hornos colmados de leña encendida. Sus entrañas fulguraban en la sombra del galpón, espesa de olor a manteca.

IV

Alfredo se había hundido hasta el fondo de la guerra: en meses creció varios dedos, se curtió, se le anchó el pecho, en los ojos le brilló fuego que ya no se apagaría.

De la balandra desembarcaron en un estero de la costa norte de Manabí. Trasponiendo sendas solo conocidas de los rumberos más baqueanos, llegaron a la hacienda del coronel, cuartel general de la revuelta.

Después del mar y la montaña brava, ya nada de lo nuevo impresionaba a Alfredo. Se volvió pronto un soldado, o mejor un guerrillero más, de los acantonados allí. El clima era tremendamente caliente: desde el amanecer hasta la noche, la casa central, los covachones, las chozas, el placer de tierra barrida, las palmas inmóviles y la manigua chirriante de cigarras se aplastaban bajo el sol sin sombra, sin fin.

Hizo la vida de todos: de madrugada a bañarse en el río; practicar marchas y ejercicios; trabajar en una que otra tarea de la hacienda; dormir siestas y aguaitar a las negras sirvientas de la casa del jefe. La disciplina no era estricta, pero tal vez sí dura. Él no se había granjeado castigos. Según las acciones de la campaña, a muchos de los negros les habían otorgado grados militares. Alfredo aprendió su elemental milicia en un grupo a las órdenes del negro capitán Medranda.

—¿Te gusta más er fierro o er fusil?
—El fusil.

—¡Hombre! Y vos no eres serrano. ¿Tu padre?

—Mi padre sí. Mi madre es costeña.

—Ajá, bueno. Vos peleas der buen lao.

Y le dieron un fusil, pero no sabía usarlo. Con ahínco se dedicó a aprender. Pronto adquirió bastante tino. Perforó espantapájaros pajizos y cercas.

Luego acertaba a los blancos vivos de conejos y patillos.

A su grupo le advirtieron que de un rato a otro debía partir a la línea de fuego. ¿Qué cosa era matar y exponerse a que lo maten?

En su casa, los días siguientes al de pago, le torcían el pescuezo a gallinas. Los tranvías eléctricos recientemente instalados, mataban perros: los partían como a hachazos sobre los rieles relucientes. Días largos los cadáveres, zumbantes de moscas se podrían bajo soles malditos, en las calles abandonadas. Mas, eran animales. También moría la gente. Cada invierno ardoroso y mojado, arrastraba en mayor número de su barrio —covachas destartaladas, patios herbosos, lodazales— una hilera de ataúdes hacia el panteón del cerro. Se iban las lavanderas viejas y tosigosas, los obreros adolescentes que no resistían, las mujeres jóvenes que comían poco y parían mucho, los muchachos amarillos de fiebres y diarreas, compañeros de juegos, mocos y latigazos. Alfredo lo miró con la indiferencia de lo que es así.

No lo preocupaban las boqueadas, los ojos empañados, las manos heladas, o los ayes de los deudos. Lo que le producía un rechazo era que se acabasen. Y no le gustaba conversar de eso.

Entre los negros, nadie hablaba de muertes. Solo una vez le oyó algo al famoso coronel Lastre —precisamente a él, ya legendario por su fiereza.

Siempre era muy escuchado y le gustaba conversar entre los negros conversones.

Se había sentado junto a una fogata, al pie de la ramada. Las alas del fuego le batían el ébano de la cara. Relumbraba la tagua tallada de sus dientes. Blancos los ojos, blanca la cotona, blanco el pantalón, a pedazos cogían manchas purpúreas de la hoguera, a pedazos la tiniebla de la noche esmeraldeña, olorosa a coco y a canela. Su voz hizo callar las carcajadas. Quién sabe qué sucedido había contado. Lo remataba como con burla y como con pena:

—De veras que se ha dejao mortecina pa los gallinazos. ¡Hemos puesto barata la carne serrana! Pura peinilla. Se ha virao cristianos como beneficiar chanchos. ¡Con tal que ganemos!

En el silencio con que los negros encuclillados o sentados en torno acogieron sus palabras se sentía un peso. Y la voz, que descubría al hombre, a Alfredo le insinuaba esa angustia que es más que la sangre vertida, que escalofría sin saber por qué, que asusta hasta a los animales.

A los combates entró como sin hacer nada. Nada conseguía hacerlo ni fruncir el ceño. Muertos, heridos, disentéricos, escuálidos, temblecosos de beriberi, despedazados de clavos de buba, cruzaron en vértigo ante él. Peleando, los negros lo veían ir cara a cara hacia los fogonazos, entre los zumbidos silbantes de la dum-dum de los pupos. El capitán le palmeaba el hombro:

—¡Eres valiente, zambo, pa ser muchacho! ¡Y aquí!

—¿Yo valiente? ¡Qué va!

—Te hemos visto.

—¡Dice el dicho que no mata la bala sino el destino!

Fue la sorpresa de Camarones[5] lo único que alcanzó a sobrecogerlo, lo que le trajo presentes los perros descuartizados, lo que le revivió las desapariciones de los compañeros de juegos, lo que supo capaz de enfriar la sangre de los mismos que amaron el peligro. Jamás olvidaría aquel playón sangriento.

Los mosquitos crepitaban en el aire salobre. Pescaban tijeretas y alcatraces oteando la mar quieta, que reflejaba el cielo amarillo y venenoso. En la bocana había atracada una

....

[5] El 12 de abril de 1914 se libra el combate de Camarones, donde los combatientes liberales, con considerable inferioridad numérica y bélica, arremeten victoriosamente contra militantes placistas.

balandra, en cuya cubierta se paseaba un perro. Una calma increíble se extendía a lo largo del estero, en las fincas abandonadas por la guerra.

La tropa gobiernista entró a la arena muerta de la ancha playa con un arrastre de rebaño cansado. ¿Cómo iban ni a soñar que, en lo alto del cantil montuoso, los aguardaban los negros, los machetes? Se quitaban las casacas. Se rascaban la plaga. Apenas podían pisar la brasa de la arena, sus pies desollados. La sed les acartonaba las lenguas. La mar cercana era el espejismo de su pesadilla.

Alfredo, el único que en el bando negro empuñaba fusil, lo apoyó en un tronco, tropezando sus dedos la cáscara rugosa como algo vivo. Por entre ramas y follajes, veía cerro abajo a los que caminaban descuidados. Se oía el tamborear de sus propias sienes; no pensaba; solo tenía calor. No quería ver. O quería ver.

Bruscamente en los taguales se oyó gemir al catacao. Ráfagas de marimba surgieron, absurdas, detrás de las casas del estero. Aulló el perro de la balandra. El tropel de pies descalzos de los emboscados formó blanda avalancha. Ladró secamente una pistola. Alfredo se agachó aún más.

—¡Los negros! ¡Los negros!

—¡Maldición! ¡Nos agarraron!

—¡Dios nos ayude!

¿Qué más gritarían? Alfredo no lo distinguió entre el vocerío. El disparo rompió la tenebrosa magia de la sorpresa. ¿Eran diablos u hombres? El sordo macheteo se desgarraba en las quejas de muerte de los soldados y la discorde vinglería de los negros. El estampido de uno que otro rifle se ahogaba aislado. De la arena subía el vaho de limones podridos de la sangre.

Carlos Concha levantó la rebelión de los negros para vengar a Alfaro. Ellos lo creyeron porque lo conocían y lo querían desde muchos años; ellos lo creyeron porque querían pelear. La primera vez que se tomaron la ciudad de Esmeraldas, capturaron un cañón al que elogiaron después en sus canciones.

En las canoas que remontaban el río, en las chozas de las vegas, en los muelles y balsas, el «Canto de Fabriciano» vibró sus carajos de promesa y amenaza. ¡Cuántos bejucazos le habían dado! Les descueraron las pardas espaldas. El negro es negro para que trabaje y para patearlo; la negra es negra para tumbarla y hacerle un mulato. Eran esclavos antes. ¿Y acaso habían dejado de serlo? ¿No los metían al cepo? ¿No los golpeaban hasta matar, si en el puerto se negaban a vender su tagua al precio que a ellos les daba la gana? Hoy les enseñaban de filo los ojos, los dientes y los machetes. Era su hora.

No le reprocharon a Alfredo no haber intervenido; le dijeron:

—¿Y qué? ¿Te alarmas por un poco de longos muertos? ¿Te crees que ellos no nos hacen peor si nos merecen?

Al siguiente anochecer volvieron a pasar por la playa de la matanza. Al pie del cerro en tinieblas blanqueaba el arenal, sembrado de bultos informes. Se oía el sordo remover de las quijadas de los perros y de sus gruñidos. Aleteaban gallinazos pululantes en la penumbra ciega. Arriba la selva de guayacanes y guarumos se remeda sedosamente en el soplo puro del viento largo del mar. Abajo se amontonaba tal hedor como jamás Alfredo sintiera en sus narices. Un negro escupió por el colmillo.

—¡Maldita sea! ¡La jedentina de cristiano!

V

Alfredo descansaba en el lomo de tortuga de la canoa volteada. La corriente verde oscura se iba lenta. El cau-cau gritaba en los guaduales de las orillas. A cada instante se secaba el sudor con el brazo. El sol lanzaba sus arpones casi horizontales entre los empenachados troncos de la caña brava.

—¿Qué haces aquí sentado, macuquito?

No la había sentido acercarse y se asombró de oírla a su lado. Con un bototo en cada mano para aguatear, la zambita se detuvo al pie de Alfredo.

Más allá del lodo de la orilla brincaba el aguacero de plata del salto de los camarones.

—Siéntate, Trífila —le dijo, cogiéndola de una muñeca y atrayéndola hacia él.

—¡Soltame, liso! —replicó, sentándose, pero retirándole la mano que le había puesto, acariciándole la cadera.

—¡No seas mala, pedacito de coco! ¿Vienes por agua?

—¿No ves los calabazos?

—¿Para tu mamá?

—Sí, está cocinando.

Alfredo le contemplaba el cuerpo de caucho en bruto. Olía a sol y a agua de río, pues se bañaba varias veces al día en el remanso cercano. Podía palparla con los ojos: vestía solo una bata de tela burda que sus pequeños senos levantaban agudos. Además, sus ojos eran dulces como los de una venada, animados a ratos de burla y resolución.

—Me voy, la vieja está esperando l'agua.

—Espérate un ratito.

—Es que si no voy, baja a buscarme y me va retá si me encuentra con vos.

—Entonces, antes de irte, dame un beso.

—¿Qué te has pensao? ¡Mulato bruto! ¡Que te lo dé tu mamacita!

Alfredo la había cogido por los hombros. Forcejeaba buscándole la boca.

—¡Afloja o grito! ¡Mi viejo te machetea!

Pero a él le pareció que rápidamente devolvían el beso sus labios de fruta montañera. Se desprendió y, agachada, enarcándose, llenó los bototos, separando la mano para que el agua no saliera turbia de la inmediata al fango de la playita. Al volverse le sacó la lengua. Y corrió hacia el rancho cuyo techo de cadi blanqueaba en la verdura. Él alcanzó a amenazarla:

—¡Esta noche me meto a tu tarima!

No soñaba cumplirlo. Era solo una chanza. Hacerlo fuera un mal pago al viejo Remberto Mina, el padre de ella. Se hospedaba en su casa desde hacía más de un mes. Esperaba órdenes. Se vivía un receso. Los guerrilleros aguardaban por los rincones del monte, descansando y engordando en los ranchos.

Al hallarse en el de Remberto frente a Trífila, Alfredo había vuelto a inquietarse por las mujeres. En la vida de las ramadas y vivaces, en los combates, en las caminatas agotadoras a través de los espineros, bejucales y pantanos, no le había quedado tiempo de preocuparse.

Al rancho de Remberto el eco de la guerra llegaba lejano. El viejo tagüero de ojos bondadosos y barba gris, que lo hacía parecerse a los grandes monos carablanca, había acogido a Alfredo con brazos abiertos de tradicional esmeraldeño hospitalario.

—¡Basta que me lo mande mi compadre Lastre y que sea conchista! Desde ahora busté se queda, joven. Y la casa de yo es de busté. Más que sea casa de pobre.

Para no hacerse gravoso, Alfredo le ayudaba a cortar leña. A taguar no hacía falta: nadie compraba corozo por la guerra; los enanos palmares de cadi permanecían desiertos. También lo secundó en la pesca con atarraya, en las madrugadas; al pescar, Remberto cantaba canciones que despertaban en Alfredo la sangre zamba que le venía de la madre.

De noche, apagando el candil para no gastar kerosina, mientras Remberto y su mujer ña Juana fumaban cigarros y Trífila se mecía en la hamaca, Alfredo conversaba con los tres, sentado en un poyo de raíz de tangare.

Les contaba del taita, de los ñaños, de la madrastra, de la madre alejada del padre. Les preguntaba de sus vidas; ellos no sabían nada de más allá de su monte, no lo sabrían. Para Remberto la vida entera había sido rajar leña o coger tagua y bajarlas al puerto. Cuando mozo, de solo oír de lejos un guasá, ya bailaba: ¡de viejo qué! Casi no podía seguir las vueltas bailando un torbellino. Ya era viejo sí, y con tres hijos en la guerra conchista, dos ya muertos. ¿Volvería el tercero? ¿Con quién se quedaría Trífila de que murieran los padres? Y no se casaría: habían caído como granos de mazorca los negros jóvenes en la campaña.

Repentinamente, ayudándole él a dar de beber al chancho, o a desgranar maíz, cualquier rato, Trífila le soltaba a Alfredo:

—¡Sos más aferrante que el marañón viche!

—¿Me has probado?

—Ni falta que hace.

—Ya te quisieras.

—¡Anda!

La joven negra inflaba de aire la mejilla y se la golpeaba con la punta de los dedos, por sarcasmo. Le echaba una ojeada oblicua, torciendo la crespa cabeza, y escapaba riendo. Alfredo aspiraba el aletazo de aire que abría al correr. Y sentía un vacío. Sin proponérselo, al poco rato la buscaba.

No se habían dicho que se querían. ¿Qué sabía de eso, entonces, Alfredo? De cuarto a cuarto, tras el tabique, la oía en su tarima. Se imaginaba sus piernas, su barriga tersa. Espiaba los rumores de la noche. Chapoteaban sábalos, cantaba el bujío. Al fin el silencio le apagaba en sueño los deseos de acostarse a su lado.

Después de su permanencia en el rancho, ella le lavaba la ropa, le hacía la cama, preparaba las comidas que le gustaban más, y, disimulándolo, lo seguía con la vista, cuando partía con Remberto. La llama de paja del sol madrugador brillaba en el hacha afianzada en el hombro nervudo de Alfredo. No se olvidó Trífila ya de su figura de guadúa rolliza ni de cómo sabía mirarla, haciéndola decir:

—¡Feo, tenés los ojos adulones!

Alfredo era grato a Remberto, sí: no le seduciría la hija. No cumpliría la broma de metérsele a la tarima. No fue suya la culpa. El sol hundió la cabeza tras los cañales. Pasaban garzas por las nubes flamencas. Tras la vuelta del río, bramó una caracola. Una canoa potrillo apegó a la balsita de Remberto. El boga traía la orden para Alfredo de partir a la madrugada. Concha atacaba la ciudad de Esmeraldas.

Temprano derrocharon kerosina jugando a los naipes y haciendo el atado de la ropa de él, para verse unos momentos más.

Bostezó ña Juana. Al último rescoldo del fogón, Alfredo vio aún la carita compungida y los ojos de venada llorosos. Su vida violenta le dio muchas mujeres después. Nunca más volvió a retumbarle así el corazón.

Oyendo roncar a los viejos, avanzó en las tinieblas. Empujó despacio la puerta. Se acercó a la tarima y le cogió la mano. Respiraba su olor conocido —a sol y a agua de río— que ahora supo querido.

—¡Alfredo! ¡Malo! Ah, te vas mañana. Ven.

LAS MONTIEL

I

Contaba las traviesas de mangle, tostadas de años, boca arriba en la cama. Seguía la forma de las telarañas: la claridad que penetraba por el escape de humo de lo alto del cuarto, las tornasolaba. Alfredo, cerrado los ojos, todavía las veía. Una tiesura dolorosa le envaraba las piernas: el beriberi. ¡Ya estaba casi bien! La cabeza le oscilaba. La boca se le diluía como si hubiera bebido barriles enteros de agua de coco.

—¿Quieres ya la medicina?

—¿Será ya hora? Fíjate.

—Veré cómo está el sol y de paso les echo mi vistazo a los fréjoles no vayan a quemarse.

—No te embromes.

Se oía a sí mismo una voz de chico mimado. Pero no quería alterarla. Se abandonaba al frío febril que le corría en las venas y le atenazaba las rodillas. ¡Y Magdalena lo trataba tan bien! Lo cuidaba como a un hijo. Le conversaba; le traía a los ñaños en los momentos en que él salía de su sopor.

Al levantarse de dormir, el taita venía a tocarle la muñeca o la frente y a decirle con el tono burlón que adoptaba su ternura:

—¡Cangrejo!

Alfredo se reía y hasta el reír lo cansaba. Las lavanderas en el patio despercudían ropa a golpazos. En los otros cuartos, los vecinos, obreros de las fábricas de chocolate, estibadores, policías, estallaban en disputas con sus mujeres o cantaban destempladamente. Ellas lavaban, cocinaban o peleaban a gritos, de puerta a puerta.

Cloqueaban gallinas, gruñían chanchos. Alfredo vivía con las orejas. Cogía hasta el rumor de las pequeñas vainas amarillas del algarrobo, al caer al techo y al suelo y que hacía relucir más el sol.

Los hermanos se apegaban a enseñarle sus trompos mugrosos y quiñados, sus fichas de sacar botones, las figuras de las petacas de los cigarrillos. Aunque sea con el cuchillo de cocina les cortaban el remate a los trompos. En el sueño de la fiebre, a Alfredo se le ocurría por qué los muchachos —incluso él, antes— decapitaban los trompos, gritando por esquinas y portales.

—¡Trompo con cabeza va al techo!

La suya se le desvanecía. Movía las manos como apartando. A su alrededor todo era igual: las caras del viejo, de Magdalena, de los ñaños, ahora preocupadas por él; el día casi sin distinguirse de la noche; el cuarto con mesa, hamaca, baúles y catres, todo borroso, recordado y presente a la vez. ¿Era él, el mismo Alfredo que se fugó para ir a la guerra un año hacía? En ese solo espacio había vivido más que en todo lo anterior. No, ya no era el mismo. Al partir, aun creyéndose mayor, era un chico como Juancito. Ahora sí que era hombre. Había peleado, se había acostado con mujeres. ¿Qué importaban la fiebre palúdica y el beriberi?

—Ya ve lo que fue a buscar Alfredo —le decía Baldeón a Magdalena—. Yo no quiero retarle, tras lo fregado que está. Pero de veras que lo que ha sacado son las siete plagas del señor. ¡A ver si coge experiencia!

Sin que él se diese cuenta, Alfredo lo escuchaba. Tendría su razón como padre. Mas, ni los años de un mayor podían compararse para dar experiencia con los incendios que le deslumbraran los ojos, ni chamusquear el cuero como la pólvora y la montaña se lo curtieran a él. No se arrepentiría.

Al mejorar, lo que lo molestaba era la pesadez de las horas. Desde la cama dominaba un pedazo de patio: piedras y polvo de verano. Hacía calor y, sobre la cerca, el ciclo era una plancha caliente. Los huecos de los clavos en el zinc del techo regaban pesetas de sol por las tablas del piso.

Por las rendijas de las cañas atisbaba el patio de la covacha de al lado. Los mediodías, antes, había visto en los solares, bañarse mujeres en camisón o aun desnudas. Ahora no veía ninguna. Bostezaba y ansiaba que el médico le mandara levantarse. Aunque a lo mejor no podría tenerse en pie.

—¡Hola, Alfonsito, qué gusto!

Al día siguiente mismo de su regreso, hallándose todavía muy mal, lo visitó el amigo y ambos se alegraron.

—¿Y qué hermano? ¿Cómo te fue?

La cara morena de Alfredo resaltaba en la cama; a través de la flacura se acusaban sus facciones; la barba ya le tupía.

—Lindo, aunque fregado, hermano. ¡No hay cómo figurarse lo que es esa vaina! Ya te he de contar de que me mejore.

—¿Peleaste?

—Ajá —corroboró más que nada con la inclinación de la cabeza, pues cualquier agitación le robaba el aliento.

El otro columbró en ese solo gesto todo lo que significaba para su amigo los días vividos.

Se sentó cerca de la cama. Magdalena le gustaba. Sus miradas la perseguían al disimulo. Conversó más con Alfredo: poco a poco para no fatigarlo. Sin proponérselo veía su camisa y sus sábanas remendadas. El afecto fraternal le anudaba la garganta y sin enseñarle nada qué decir, iba a volverse en sus ojos una humedad tan leve que era apenas calor. Las pantorrillas de Magdalena, que no llevaba medias, eran tersas y lampiñas.

II

Cansados de jugar, entraron a la panadería. La agitación y el polvo les daban sed. Al cruzar la tienda, Alfredo rebuscó en el mostrador y las perchas, vacíos. Adentro, resoplaba el horno. Olía a masa cruda y a cucarachas. Flameaba en sus picos, la luz de gas. Los obreros se afanaban ante las mesas. Baldeón viejo le sonrió como siempre a Alfonso.

—Buenas noches, don Juan.

—Buenas. ¿Y cómo le va, blanquito?

Al volver de Esmeraldas, Alfredo había hallado al padre dueño de panadería. El viejo Adriano Rivera le había cedido La Cosmopolita «para pagar como fuera pudiendo». El negocio era bueno: en la avenida Industria, a una cuadra del mercado sur. Aún convalecía Alfredo, cuando se cambió la familia, de la covacha al piso alto de la casita contigua al galpón de la panadería.

Todavía Baldeón deseaba que el hijo terminase el último año de la escuela y, como Alfonso, pasara al Rocafuerte. El se negó: ya no quería estudiar, sino vivir.

—No viejo: yo ya estoy muy grande. Me correría de enfilarme con los chicos. ¡Me harían cháchara! ¡Lo que voy a aprender es a mecánico!

—¡Como vos quieras, con tal que hagas algo!

—Me voy a meter de oficial al taller de Mano de Cabra.

Y fue a engrasarse y tiznarse las manos pasando fierros.

Alfonso había salido de su casa enseguida de merendar. La noche soplaba fresca. En la plazuela, mientras los más chicos jugaban a la guerra, los más grandes ponían dos piedras a cada lado como metas, a falta de arcos. La pelota que pateaban era de trapos viejos. El polvo dificultaba el juego: sujetaba los pies, subía por los cuerpos trenzados forcejeando. El viento lo echaba a cegar. Hacía tanto viento que silbaba en las cercas.

—Refrésquense un poco antes de beber agua. ¡Están sudados y los puede agarrar una pulmonía!

—Ajá —y Alfredo se comió un pellizco de masa.

Venciendo el rugido del horno, las voces y el trabajo, llegaba de dos cuadras el jadeo de la Frigorífica.

—Se vendió todito lo de la tarde.

—Ya vi. Al entrar vine pegando una aguaitada a las perchas y no ha quedado ni una rosca.

—Arriba ha de haber pan de lata, porque enantes les mandé bastante a Magdalena y a las chicas. Suban para que le brindes a don Alfonso.

—Ya, si vamos también a jugar naipe.

Del galpón a la casa se pasaba por un patio. Saciaron la sed en la llave de agua de la botija. Alfonso preguntó:

—¿Estarán las Montiel?

Eran unas amigas de la hermana y de las primas de Alfredo, que se reunían con ellas a jugar.

—Seguro, ¿pero a vos de qué te sirve? Margarita está que se te hace melcocha y vos no le entras. Ajo que no sé qué es que te pasa. ¡Ya es de que le arrees los perros!

—Buena es, ¿no?

—Aprende, yo a Felipa la tengo mansita. ¡Hasta le toco los pechos!

—Pero yo sí la carreteo algo a Margarita.

—No es nada para lo que te resulta.

Las chiquillas los acogieron hablando a un tiempo como loras. Sonrió para Alfonso la boca pequeña y gruesa de Margarita. Él pensaba que al lado de sus hermanas sería morena; sola, donde quiera llamarían blanca su piel dorado claro. Felipa era gorda y de facciones más toscas. Le brillaban los ojos incitantemente.

—¡Caray, nosotras aquí jugando pan con pan entre mujeres y ustedes hechos los lelos en la calle!

Margarita los justificó:

—¡Adiós, son hombres!

Felipa hizo sitio a su lado para Alfredo.

—Vengan, vengan a jugar briscán de compañeros.

Laura Baldeón, íntima de Margarita, dio asiento a Alfonso entre dos. Jugaron, pero él lo hacía maquinalmente. A su pierna se trasmitía el calor de la de ella. Al volverse, hallaba su sonrisa. Hubiera querido decirle algo, allí, en voz baja; se le anudaba la garganta.

¿Sería cierto lo que le contaba Alfredo, que se besaba con Felipa y le acariciaba los senos? ¿Qué haría Margarita si él le acariciara la rodilla? Bajo la mesa, los demás no lo notarían. ¿Y si ella le daba una bofetada? Mirando hacia otro lado, comenzó a tantear. Margarita no se dio por enterada. Su rodilla era ardorosa, elástica, pulida. Los caballos galopaban y las sotas guiñaban el ojo, al salto de las barajas.

Las paredes empapeladas de celeste hacían palidecer el oro de la lámpara. Se alargaban o se encogían las sombras redondas de las cabezas de ellos, los picos de las melenas de las de ellas. Subió hacia arriba la mano por los muslos; Margarita no se la retiró, se limitó a cerrarlos. Al terminar una partida de juego, se dirigió a él con secreta malicia:

—¿Por qué no jugamos mejor a cartas vistas?

—Para todo hay tiempo —contestó Alfonso. Mas, sus miradas se habían entendido. Ella enrojeció, bajando los párpados. Él quitó la mano.

—Ñaña, vámonos ya que creo que es tardísimo.

—No son ni las once.

—Juguemos otrita; nosotros las acompañamos ofreció Alfredo.

—¿Y si mi mamá nos reta?

Un cielo azul, claro como de luna de tantas estrellas, viento y polvo de agosto, los acogían en las calles. Era el barrio del Astillero, a medias construido, a medias esperando, hecho de covachas y de fábricas, de tráfago en los días quemados y de silencio y de aroma de jardines secos en las noches. Tras las cercas de los solares se mecían frescamente palmas y algarrobos.

—¿Cogemos el eléctrico?

—¿Para qué si son tan poquitas cuadras?

El patio de la covacha donde vivían Margarita, Felipa y su familia, estaba oscurísimo. Alfredo se adelantó con Felipa para besarla en la sombra, al despedirse. Margarita y Alfonso se estrecharon la mano y se miraron a los ojos. Adentro, en los cuartos, parpadeaban candiles.

—¿Viene mañana?

—Sí, ¿a qué hora?

—A la que pueda... ¿No está estudiando?

—Pero puedo venir a la hora que usted diga.

—A las siete de la noche, aquí a la puerta...

—Ya estuvo.

Violentamente repercutió una voz aguda:

—¡Ajá, ajá, los pillé besándose! ¡Ahorita se lo aviso a mi mamá para que te dé tu paliza!

Cufiándolos estaba. ¿Y Margarita? ¡Ajá, también te conseguiste gallo, condenada!

—¡Silencio, Malpuntazo desgraciado! —replicó Felipa.

Alfonso alcanzó a ver a un muchacho de unos diez años, sin zapatos, haraposo y con el pelo greñudo y revuelto. Las chiquillas se entraron y los dos amigos volvieron hacia sus casas.

—¿Algún hermano?

—Sí, se llama Emilio. ¿No le alcanzaste a ver la cara?

—No.

—Te hubieras asustado, hombre. Es medio fenómeno o yo qué sé qué. Es amarillísimo, tiene una bocota de oreja a oreja; es bizco y con el un ojo más grande que el otro. Malpuntazo lo llaman de apodo.

Alfonso se echó la carcajada.

—No, no lo vi. ¿Y es hermano de ellas que son buenasmozas?

—Sí, la gente se admira de eso. Hasta mañana.

—Oye, ya le entré pues a Margarita. Voy a venir a verla. Hasta mañana.

Un impulso embriagador arrebataba a Alfonso. Había hablado a la primera mujer. Tenía enamorada. Ni sus primos mayores a él le ganaban. Margarita era preciosa. Antes de entrar a su departamento se quedó consigo mismo, en la calle, bajo el cielo desnudo. Le pediría un beso. ¿Cuándo podría ya, sin asustarla? Cómo brincaban sus nalgas ceñidas por el vestido azul. Al ir por la calle la había llevado del brazo.

—¿Eres tú, Alfonso?

—Sí, mamá.

—Te has hecho un poquito tarde.

—Estuve jugando, perdona.

Ya acostado, el sueño se retrasó y la visión de Margarita fragante, dulce, misteriosa, vino desde la sombra concéntrica a su frente. A la madrugada se levantó a estudiar. Tenía que cumplir con el colegio. A fin de que fuera en tranvía, Leonor ahorraba medios y reales. Él, yéndose a pie, los utilizaba en reponer la kerosina que consumía al amanecer. Jugar a la pelota y enamorar era bueno. La sangre le corría duro. Sus quince años lo exigían. ¡Pero imposible fallar de estudiar! Debía ser médico: en secreto añadía: y músico. Tenía que recompensar a Leonor, a las ñañas que hacían sacrificios por él.

Se hundió en el estudio mientras el alba iba descorriendo su impalpable cortina. Chisporroteaba la mecha de la lámpara, el tubo se ennegrecía desde la base. Bajo los mosquiteros, se revolvían las hermanas y trinaban las cujas. A través de las fórmulas matemáticas y la nomenclatura del mundo horrible de la química, la visión de Margarita volvía con el nuevo encanto del día que nacía.

Aun habiendo dormido poco y estudiando, se alzó de la mesa y los cuadernos, claro y ágil. En las vecindades clamaban gallos y a lo lejos campanas. Por las rejas azuleaba. Pasos y voces de transeúntes crecían afuera con el aire nuevo. Se bañó, escuchando en su interior acordes, vagos cantos, oscuros sones, que le daban alegría y fuerza. Cuando la ducha le envolvía, silbaba.

—Óigalo, mamá, cómo silba. Amanece ni cacique.

—Desde las tres y media se levantó a estudiar.

—A ver si queda leche del café, para darle un vasito en el almuerzo.

Desde su cama, Paca le gritó:

—¡Compro el pito!

—¡Aguárdate, so floja, que apenas salte de aquí voy y te saco de las patas y te traigo a echar al agua!

—¡Ay, no, ñañito! —respondió ella, con voz que se escalofriaba ante la amenaza del agua, en medio del calor de regazo de las sábanas.

III

Margarita, impaciente, se acercaba a mirar por la puerta, Felipa y ella se vestían. Dentro del cuarto la noche era más prieta.

—¿A qué horas vendrán?

—No seas apurada, si no hace mucho oscureció.

Las habían invitado al cine y era un acontecimiento para ellas: nunca habían ido. El cine era todavía una novedad en la ciudad. Solo desde el año anterior funcionaba. La gente del barrio que había estado contaba maravillas. Alfredo llevaba a Felipa y Alfonso a Margarita. Las chicas saltaban de entusiasmo. Había costado guerra sacarle el permiso a la madre.

—Mamá, pero si dizque son preciosas las vistas.

—Déjenos ir, vea que sale tempranito, mamá Jacinta.

—Bueno, pues, pero como yo no puedo acompañarlas porque salgo un poco tarde de la cocina, tienen que ir con Emilio.

No acababa de anochecer y ya habían cocinado, merendado y lavado platos y ollas. El candil mortecino no rompía las sombras amontonadas contra las tablas del tumbado, entre la confusión de los catres con sus toldos recogidos. En ropa interior, ellas se peinaban y polveaban ante un pequeño espejo. Se apresuraban: querían estar preparadas cuando ellos llegaran.

Un movimiento de Felipa, al ponerse el vestido, descubrió un seno. Tras de las camas, en un rincón, se escuchó una risotada. Ella brincó y se cubrió rabiosamente.

—¡Pero ve, Margarita, si este Malpuntazo maldito ya no deja vida!

Asomó la cabezota de Emilio que escapaba riéndose aún. Su rostro macilento, con los belfos de oreja a oreja y un ojo mayor que otro —el grande bizco— así como sus persecuciones para verlas desvestidas y hasta para pellizcarlas y darles manotazos, causaban cólera y horror a Margarita y a Felipa. No podían acostarse o ir a orinar tranquilas sin que desde el lado menos esperado se les clavase el globo blancuzco siempre húmedo del ojo del hermano y estallase su carcajada de chirrido de bisagra. La madre lo cubría de mimos. Él vagaba el día entero y comía a hartarse. A los chicos del barrio les pegaba en uno en uno. Ellos en pandilla lo apedreaban y lo perseguían gritándole:

—¡Sapo tuerto!

—¡Malpuntazo!

—¡Ojo con baba!

—¡Malpuntazo, que les aguaitas el trasero a tus hermanas!

Ellas se habían enterado —y se avergonzaban— de que los mozos que se reunían en la esquina decían:

—¡Parece mentira que Malpuntazo sea hermano de las Montiel que son macanudas! Es ni pejesapo el muy maldito.

Claro que lo peor eran sus repugnantes malicias. Si se querellaban, la madre no les hacía caso.

—¡Baray que son de mal corazón! ¡No consideran a su hermanito que es maliquiento el pobre!

—Vieja alcahueta. ¿Y qué vamos a hacer si nos vive fregando? ¡Capaz que cuando crezca quiere que casticemos con él!

—Lo que es yo no lo aguanto. Ni bien se va acercando lo voy recibiendo con el taco del zapato.

En la calle culebreó un silbo.

—¿Oíste? Ya están ahí.

Felizmente el arreglo había terminado. Salieron dejando amarrada la puerta con una cabuya. Emilio se les acercó.

—Ajá, no crean que a cuenta de bravas van a irse solas con los enamorados. Me tienen que llevar. ¡Jacinta dijo que si no, no van!

—¿Y quién dice que no vas, so renacuajo? —le sacudió Alfredo con aspereza confianzuda.

—Es que ha estado malcriadísimo con nosotras.

El viento corría, trayendo el vibrar de las planchas de zinc desclavadas de la cerca del hipódromo viejo. Felipa se la guardaba para cobrársela luego a Malpuntazo, a tirones de pelo y a coscachos. Las lechuzas siseaban en los aleros. Emilio les fijaba su ojo blanco, con rencor.

—¡Los he de aguaitar todo el tiempo para que no se besen!

Subieron al carro de mulas que rodaba con pesado rechinar. Alzado el cuello del saco hasta la barba, el vagonero las azotaba, mascullando:

—¡Mulaaaa!... ¡Mulaaa!... ¡Maldita sea tu madre, mula desgraciada!

Tal vez las mulas ya no podían más. Los pasajeros parecían dormir. Eran serranas gordas, matanceras de chanchos, que volvían del Camal; zambas de mala vida que iban a rebuscar al centro; mulatos a los que se reconocía matones por el mechón de pelo sacado bajo el sombrero tostado; policías zarrapastrosos y de bigotes cerdosos. Una luz de velorio mortal se diluía en el aire hediondo del carro.

Felipa y Margarita sentían en los brazos las manos de ellos. De verdad los querían locamente. Por ellos, pensándolos, teniéndolos, podían soportar la vida de la covacha, que antes las empujaba al mal camino de tantas: sus amores las hacían olvidar el filo de la tina de palo que, en las largas jornadas de lavar, les marcaba su rojo betazo en la barriga; las insultadas de las vecinas, disputándoles el agua en la cañería del patio; las furias de la madre que les pegaba con un palo de escoba, por las noches, al regresar, cansada y agriada, de la casa de blancos donde cocinaba. Conversando entre ellas, Felipa decía:

—Por mí, yo sé que Alfredo me saca apenas le aumenten lo que gana donde Mano de Cabra. ¡Pero vos, ñañita! Alfonso es buen muchacho, pero es un niño hijo de familia. Está en el colegio. Y aunque tuviera cómo, no te sacaría.

—¡Ay ñaña, lo que sé es que yo lo quiero!

Los días habían volado en su enamoramiento. Le parecía que había sido la víspera que le acarició las piernas, al jugar naipes, donde las Baldeón. Por nada se hubiera dejado de otro. Era arisca: muchos habían recibido sus guantadas. Pero Alfonso la ponía como mareada con solo hablarle, con solo mirarla.

El Crono Proyector era un enorme canchón, con galerías de tablas en armazón escueto, pantalla de lienzo, caseta de zinc con huecos rectangulares para el aparato, y en el cuadrado de piso de tierra, cercado de alambre de púas, unos cientos de sillas de palo como lunetas. Resplandecía de bombillos eléctricos y olía fuertemente a pintura fresca.

Delante del telón había una pianola.

—¿Te fijaste en el cartelón?

—La cinta es de Max Linder.

—No, de Chaplin.

—Hay otra también, Espartaco —dijo Alfonso.

La concurrencia era ya numerosa. Las muchachas observaban los vestidos de las mujeres: sedas, abanicos de plumas y plumas en los sombreros. ¡Sus trajes con ser los de los domingos qué deslucidos quedaban! ¡Si hubieran sabido! Pero era tarde: y no quisieron dejarles notar a ellos el confuso rubor que las invadía.

La galería pateaba acompasadamente y pedía a gritos que empezara la función. La música de un vals mecánicamente violentada salió de la pianola. Por una reja alta entraba una corriente de aire. Tras un largo timbrazo, se apagaron las luces y un chorro de polvillo blancuzco pasó sobre las cabezas a convertirse en un anuncio de jabón Águila de Oro, inmóvil, en tono rojizo.

—¿Esta fue la cosa?

—Aguárdate, ya mismo.

Negro y blanco, blanco y negro, sacudiéndose las figuras hasta hacer doler los ojos, aumentando a cada rato de tamaño la cara risueña e inteligente de especiales bigotillos. Chaplin pisó cucarachas, recibió pasteles y jarabes en la cabeza, atravesó los pies haciendo caer a gordos y policías, y dejó de su paso fugaz, la tristeza ligera que causa el reírse mucho. Margarita y Felipa lo hicieron a carcajadas, entrelazadas las manos apretándose con las de sus enamorados.

Un blanco atleta que torcía los hierros empotrados en mampostería de las ergástulas, que movía con los ojos ennegrecidos de ira las norias, que en la noche —reflejada en la película en luz verde— azuzaba a sus compañeros de esclavitud y, sublevado con ellos, los conducía a las batallas contra los soldados romanos de armadura de bronce, era Espartaco el cual moría salvando a su linda hermana y matando a su enemigo Norico.

—¿Les ha gustado?

—Seguro.

—¿Y a ti, Alfredo?

—Buena es la vaina. En este tiempo no hay esclavos: si los hubiera, se tendría que hacer como Espartaco.

IV

Había que decidir enseguida el asunto. Él no era hombre que lo aguantara. No iba ninguna muchachuela a burlarse de él. Esa noche tenía que romper a puñetazos con Moncada, a quien consideraba digno del apodo de la Víbora, que recientemente le habían puesto. Baldeón se lo había advertido.

—Óyeme, Alfonso: la Víbora te anda rondando a la Márgara. Vos verás lo que haces, pero creo que desde el primer envión debes plantarlo. Hasta ahora no te he visto recular...

—Claro, hermano. ¡No te preocupes: esta noche o me pega en buena ley, o se le quita la palanganada!

—¿Te acuerdas de cuando lo hicieron jugar al taitaco?

—¡Cómo voy a olvidarme!

A Alfonso no le preocupaba demasiado la posible variación de Margarita: en unos cuantos meses, empezaba a aburrirse de ella. ¡Si peleaba, sería por la hombría! Él y Alfredo habían vuelto a hacerse familiares de la Artillería. Visitaban, con tácito consentimiento de Jacinta, la madre de las muchachas, a cualquier hora. Se habían acariciado con Margarita, a solas, sin que hubiera podido llegar más allá. Pero no era la dificultad en hacerla suya lo que lo desganaba. Es que leía y que sus inquietudes musicales crecían. Amigas de sus hermanas, blancas, educadas como él, le coqueteaban. Besaba a Margarita, se miraba en sus ojos, juntaban sus frentes, cuchicheando: y él se sentía solo. No, no podía llegar a su alma la pobre lavanderita querida. Se reprochaba por ello. Margarita se quejaba:

—Alfonso, vos ya no me quieres.

Podía insensiblemente irse alejando, pero, naturalmente, no se la podía dejar quitar. Mucho menos de Moncada cuya insolencia atribuiría a miedo el que le cediese el sitio. Pelearía: cambiaría con él unas buenas trompadas. El creía lo mismo que Alfredo, quien opinaba:

—Dicen que es cangrejada pelear por una mujer, habiendo mujeres a patadas. Yo digo: ¿si no es por las polleras, por qué se va a pelear? ¡Y a mí me gusta pelear! No solamente cuando sale un alevoso buscando pendencia, sino siempre. Claro que por plata o de borracho o de buenas a primeras, no vale. ¡En cambio, yo veo motivo de veras cuando me gusta la hembra de otro o a otro le gusta la mía!

—¿Y si ella no te quiere?

—Si me ve que soy el que pego más duro, sí me quiere. Si es mía, se queda conmigo, si de otro, solita se me viene.

Curiosos unos, interesados otros, muchachos, mozos y viejos, desfilaron por los portales, olfateando la trompiza. Alfonso, en compañía de Alfredo, llegó a la esquina y de allí envió recado a Moncada, pidiéndole que saliera. Un poco pálido, sonreía sin afectación. No se sabía cómo todo el barrio parecía enterado. Se abrían ventanas y a las puertas de los solares salían muchachas, mujeres —algunas con crío— y hasta veteranas. La noche era clara y de lechosas nubes bajas. Moncada, al allegarse, les estrechó la mano.

—¿Qué pasa, Cortés? ¿Dizque vienes hecho el jaque conmigo?

—Nada de eso, el que busca, busca pegar y que le peguen.

—No me hago el sordo a esas llamadas. Pero, dime, ¿por qué estás bravo conmigo?

—No te hagas —terció Baldeón—. Todo el mundo sabe que estás queriendo atravesarte entre este y su muchacha.

—¿Y qué? Si el gusto de uno es libre. En ella está resolver.

—¡Ajo que tienes concha! —volvió Alfonso—. Pero yo, como macho, no consiento que me enamoren a la que ya está agarrada conmigo.

—¿Y qué quieres?

—Jalarnos pues a los golpes.

—Ya que buscas... ¿Aquí mismo?

—No, porque llegan enseguida los pacos. Vamos a la calle Independencia, detrás del hipódromo.

El círculo de espectadores se abrió y formó cola tras ellos que iban sacándose ya las chaquetas. Dieron la vuelta a la interminable cerca de zinc, en la que faltaban muchas planchas, robadas a media noche.

—¡Aquí sí pueden darse hasta que uno de los dos renuncie!

Un estibador a quien apodaban Verrugato, que conocía a ambos contendores, y cuyos hombros cuadrados le daban la autoridad de media calle, asumió, con asentimiento general, la libre justicia del encuentro.

—¿Qué hubo, hermano, estás aculado? —preguntó Alfredo.

—No todavía. Tenme el saco y... también la camisa.

Verrugato los puso frente a frente, desnudos de medio cuerpo arriba, de ocre barro Moncada y Alfonso más pálido que hacía un momento, pálido hasta blanquear, él moreno, en la sombra. El estibador les hizo darse las manos:

—Empiezan cuando les grite «ya». Pero advierto: cuidado con pegar al que esté en el suelo. ¡Cualquiera de los dos que pegue al caído, ahí le pego yo!

Dejó cuajar el silencio un momento. Alguien averiguaba en voz baja:

—¿Quién es el que anda con el blanquito?

—El Rana Baldeón, uno que estuvo peleando en Esmeraldas.

Repentinamente tronó Verrugato:

—¡Ya!

A los cinco minutos a Alfonso le sabía salada la boca del labio partido. Veía verdosas estrellas con el ojo izquierdo golpeado. ¿A qué diablos se metería? La noche se le había vuelto rojiza ante el ojo sano. Moncada era mucho más corpulento que él. Sus trompadas eran mazazos. Bajo el puño de

Alfonso su pecho, sus hombros resultaban una mole. Oía su acezar furioso y veía sus labios ferozmente recogidos.

Desde la escuela había peleado Alfonso, pero nunca con tanta desventaja. ¿Y por qué creerse vencido? ¿Qué diría Alfredo viéndolo retroceder? ¿Y Margarita qué diría cuando dijeran delante de ella que Moncada le pegó? ¿Con qué cara volvía al barrio? ¡Lo oyeron roncar!

—¡Maldita Víbora!

El pecho y los hombros eran mole: la cara no. Remachó, remachó, tres, cinco, diez veces, en una súbita encendida. Daba en el blanco porque al otro lo cegaban la rabia primero y la sangre después. La cabeza no servía solo para el sombrero, servía para golpear. Vuelto bestia completa, la inclinó y como los carneros topadores, se le lanzó de lleno contra el pecho. Lo oyó hipar a lo que caía.

—¡En el suelo no! —se metió Verrugato.

—Si no voy a darle. Si quiere más que se pare —dijo Alfonso.

Los brazos se le doblaban de cansancio.

—¿Quién lo hubiera creído capaz al blanquito? Bragado había sabido ser.

Emilio se acercaba blanqueando más el ojo y una voz de chico gritó:

—¡Ah, Malpuntazo, ya ganó la pelea tu cuñado!

LOS APUROS DE MANO DE CABRA

I

El tarro de hojalata del esmeril cayó al suelo y el pequeño ruido, aun entre la bulla del taller, hizo girar el cuello de vasta papada de Mano de Cabra. El aprendiz Daniel, que sobre un banco restregaba con la pomada una pieza de acero, se agachó azorado a recoger; ello lo salvó de una rotura de cabeza, pues una llave de tubo volaba hacia él por los aires, juntamente con la carretada de maldiciones del maestro.

—¡Ah, hijo de una gran perra! ¡Como no son tuyas las cosas, ni eres vos el que pierde, tratas todo como tus sucias patas!

Daniel era pálido, de hombros estrechos y ojos negros que parecían de turco o de muchacha. Silencioso, continuó esmerilando: de cerca hubiera podido verse en su boca una mueca de rabia y llanto. Y si el abejoneo del taller lo consintiera, se habría percibido la semejanza que adquiría su respiración con el sordo resoplar del fuelle.

—¡Que fuera conmigo!... —rezongó Alfredo.

Lo había visto todo. Él no lo aguantaría. Y Mano de Cabra lo sabía ya. Por eso no se metía sino apenas con él. Así son todos los bravos: cuando se les planta, reculan. Pero a él no lo enfurecían solamente sus propias cosas. A Daniel, a Mesa, al Pirata, les tenía pena. ¿Cómo iban a soportar así? Por su misma culpa se envalentonaba el gordo.

—¡Hasta les mienta la madre y se quedan callados!

—¿Y si nos bota si brincamos?

—Se busca otro trabajo, pues. ¡Cómo lo van a dejar profanar así!

—¡Es que es una vaina eso de andar de parte en parte viéndoles las caras a tantos! ¡Dicen que uno es veleta y piden certificados!

—Entonces aguántense, claro, tiene razón. Y esperen a que Mano de Cabra les ponga una vela en la nalga.

—Es que solamente es mal genio: no es mal corazón, el hombre. Ya ve los suplidos que adelanta...

Alfredo se encogía de hombros y no seguía la conversación. Podía ser o no ser bueno, pero para tratar a los oficiales era una bestia. Les tiraba a la cabeza por cualquier causa el primer fierro que tenía a mano. Cierto que también trataba mal a los obreros y a los mismos maestros, al blanco Calderón, el tornero, o a Chérrez, el jefe de fragua. Evidentemente sobre los oficiales —que eran numerosos, pues con el pretexto de que eran muchachos aprendiendo el oficio, les pagaba salarios ínfimos— llovían con más frecuencia sus insultos y exclusivamente sus puntapiés o porrazos.

El sudor le chorreaba por el estómago. En el yunque más chico de los dos que había en el fondo del covachón, machacaba con un combo mediano, un fierro al rojo. Los brazos de Alfredo, ya nudosos, se elevaban y bajaban, asestando firmes los golpes. Su ritmo era lento e igual.

Con ojos grandotes se detuvo. ¿Qué brutalidad hacía? Le habían encomendado achatar en determinada forma. Y por atender al requinteo que le pegaron a Daniel y pensar en las pellejerías de Mano de Cabra, había estado, desde hacía un rato, metiendo en la fragua el fierro, sacándolo y golpeándolo, tan maquinalmente que lo redujo a una especie de muñón, hasta sangriento por estar vivo de brasa.

—¡Malhaya!

Y empezó a corregir, sacando una puntita de la lengua, como los escolares en la clase de escritura. ¡Que no fueran a darse cuenta! Tendría que armar su chivo con el gordo. De un momento a otro podía acercarse. A cada instante dejaba lo que hacía para dar un recorrido.

—¿Cómo va el trabajo?

Ahora, de reojo, y aunque la fragua lo tenía encandelillado, lo vio que se movía en una de sus vueltas habituales. Metía su corpachón, vestido de grasiento overol, más sucio en la cima de la panza, entre las mesas, de pie ante las cuales trabajaban los obreros. Se detenía a escuchar el ronco zumbar de la banda de transmisión del torno y a observar sus grandes ruedas negras. Atisbaba las altas repisas, tan tiznadas como él, y atestadas de una confusión de piezas de hierro y bronce, de variadísimas formas que conocía tanto que sabía cuándo y dónde faltaba el último remache.

—¡Ajo, que no se puede desamparar esto un minuto! A ver Pirata, vos que manganzoneas de este lado, ¿dónde has metido el piñón cono y la caja con rulemanes del camión Wichita de La Roma?

—Ahí estaban...

—Ahí estaban... —lo remedó— ¡pero ya no están!

El Pirata, rascándose a la altura del estómago, donde le daba comezón la soga con que, en vez de cinturón, se amarraba los pantalones, metió la mano en la ferretería de la repisa y se volvió triunfante, con el guiño de la picardía que lo caracterizaba y originaba su apodo.

—Ya vio como están aquí, maestro.

—Ajá, es que como revuelves todo.

—¡Mas, de gana le habla a uno!

—¡Ya te callas!

—Lo que debía hacer es comprar guaipe que aquí no hay con qué sacarle el tizne a un fierro ni limpiarse los dedos.

—Sí, ¿no señorito? ¡Límpiatelos con los calzones de tus ñañas!

Los demás rieron y hasta Alfredo sonrió, admirándose de que le hubiera salido una broma, aunque grosera. Porque lo que no le faltaba a ninguna hora era malgenio. Jamás una obra lo satisfacía.

Residía en una covacha vecina al taller. Desde allá, a través de las paredes, lanzaba su voz chillona, tan aguda que resultaba ridícula por su falta de acuerdo con las iras de su dueño y con su corpachón.

—¿Qué dices vos —le decía el pirata a Alfredo— el

maestro será maricón?

—¿Yo qué sé? Pero no parece.

—Yo les voy a explicar de veras lo que pasa con él —había intervenido el viejo Chacón—. Conozco a Mano de Cabra desde hace tiempísimos. Lo que dicen ustedes ¿no es por la voz y el cuerpo achanchado que tiene?

—Ah ¿y qué es lo que le pasa?

—Mano de Cabra no es de la ciudad. Hace años era teniente político de Jujan. ¡Una vez para la fiesta del patrón del pueblo, una meca que había ido de Guayaquil, le pasó una de esas que llaman de garrotillo! Lo curaban con jugo de limón y con cáscaras de maduro calentadas. Ya le estaban carpinteando la caja. Lo trajeron al hospital y al fin se sanó, pero quedó capado. Ya saben, no es maricón; lo que hay es lo que les digo.

—Pero si tiene mujer.

Chacón arrugó más la cara maliciosamente.

—Sí, y por eso es malgenio y lo amargado que anda todo el tiempo. Ella ha de pedir ¿y él qué le va a dar?

—¡Está fregado!

Debía ser feísima su situación, pensaba Alfredo. Si a él le pasara, se mataría. No comprendía cómo se podía existir, siendo hombre, sin lograr que la mujer, saliendo de los brazos de uno, se desperece agradecida y gozosa, como lo hacía Felipa de los de él, susurrándole:

—¡Mi querido, mi machito, qué bruto eres!

Sin necesidad de sacarla a cuarto, llegó a hacerla suya. Tener mujer de asiento siempre es pesado, siendo tan joven. Además, comprendía que no la quería suficientemente para unírsele. Claro que no era tacañería. Él le daba dinero, cuando podía, ya de costumbre. Alquiló un cuarto en la calle Santa Elena y allí se pasaron muy buenas horas. La primera vez Felipa lloró y a él le parecieron auténticas las pruebas que le dio de que antes nunca... Su cuerpo robusto, redondeado y duro, no era terso como él recordaba el de Trífida Mina, sino con asperezas insospechadas. No había andado vivo Alfonso con Margarita. Pudiendo haber hecho lo mismo que él con Felipa, más bien se separó, a poco de la pelea con Moncada. A él le dijo que la lavanderita lo fastidiaba. Riñó de puro capricho. ¡Y para eso se jaló a los golpes! A veces no entendía a Alfonso.

II

—¿No estudias?

—No. A la noche o a la madrugada. Voy a oír piano.

—No vengas tarde, cuidado llueve... —y Leonor sonrió.

Alfonso marchó rápido por las calles. Las cometas en el aire lila volaban solas si no alcanzaba a ver alguno de sus hilos perdidos, era la punta devanada del ovillo del sol. ¡Cuánto había amado las cometas! Aún las quería. Antes de entrar al colegio, se construía él mismo unas pandorgas altas, de su tamaño. Con una humildad que no sabía cómo era a la vez soberbia, y que le inspiraba todo lo de su tierra, las empapelaba con azul y rojo.

¿Le silbaría al profesor Albert la música que todo el día le había murmurado en los oídos, límpida desde su interior? No, no valía. El maestro se reiría. Y también se reiría Pepina. Llegó a la puertecita verde y de rejas, del jardín del chalet.

—No está papá, Alfonso, pero espérelo.

—Más bien regresaré.

—Como guste. Ya mismo ha de venir. Vamos, mejor entre.

Alfonso, colegial de pantalón recién alargado, había dejado de ser tímido con las muchachas.

—Quedémonos aquí en el jardín, hace fresco.

Pepina jugaba con un perrazo lebrel, de piel castaña que se encogía nervioso. Se oía el viento en los saúcos, en los muyuyos y en una acacia que la humedad invernal encendía en flores. Vagaba denso olor de diamelas. La dulce quietud de la tierra emanaba de los arriates, los rincones tapizados de yerba y los muros de enredaderas: por allí un piar furtivo.

—Paz... —dijo él.

Los ojos de Pepina sonrieron. Apoyaba la mano en la cabeza del perro, acariciándosela.

—¿Ha leído, Alfonso, a Dante Alighieri?

—Sí, lo malo que en una traducción en prosa. Usted que es italiana lo habrá leído en su propia lengua.

—No soy italiana. Soy muy criolla. Mi madre también era ecuatoriana. Solo mi padre es italiano. Pero sí sé el idioma, es muy fácil. Bueno, le preguntaba si lo había leído, porque a mí me entusiasma el episodio, eso de Francesca. ¿Sí recuerda? Por el aire vacío, como vuelan las palomas, van los amantes unidos en un beso eterno por la eternidad. Yo hubiera querido que me pongan el nombre de Francesca, pero me pusieron el que tengo porque la madre de mi veterano lo llevaba.

Alfonso le dijo que había leído una traducción española en verso del trozo de «Francesca», del poeta mexicano Antonio Flores, pero por desgracia, voluntariamente infiel, como algunas mujeres. Pepina se rio y le pidió que, si la tenía se la prestase.

—¿Enseñan literatura en su colegio? A mí me gusta la poesía más que la música. No soy buena heredera del viejo. ¿No?

—Sí enseñan literatura en el Rocafuerte, pero tengo que confesarle una cosa: no sé si será por la literatura misma o por la manera como la enseñan, pero yo le tengo odio a esas clases. La música, en cambio...

—¿Por qué? ¿Qué son? ¿Son aburridas? Yo deseaba estudiar en el colegio, pero papá no quiso. Aquí las muchachas no estudian secundaria y él dice que si yo fuera al colegio escandalizaría, y me apodarían la bachiche bachillera.

Se esforzaba Alfonso por apartar la mirada que sin querer volvía hacia sus senos, que la blusa disimulaba poco y cuya blancura se suponía por el cuello y los brazos de Pepina. ¿Estaría enamorado de ella? No podía ser. Le gustaba, le tenía simpatía.

Al amor hay que pedirle mucho más. ¿Para qué repetir lo de Margarita? La enamoró ilusionadamente. Obtuvo que le correspondiera, obtuvo sus besos. Al fin se aburrió, sin remedio. Margarita tenía poco espíritu, pero Pepina demasiado. Era parlanchina; Albert acertaba al denominarla bachiche bachillera. ¿Qué le inspiraba?

—¿En qué piensa? ¿Por qué se queda callado?

—En nada, la oía.

—¿Hablo demasiado? Así dice papá. ¡Pero qué quieren! La lengua es para hablar. No voy a dejar que le críe moho a la mía. La mía es grandota, grandota como la tuya, ¿verdad, Hatschis?

El lebrel ladró ronco y Pepina, familiarmente, en el banco donde estaba sentada cerca de Alfonso, le cogió la cabeza con las manos y le miró a los ojos: los tenía el lebrel enormes, dorados, en nada parecidos a los de una persona, mas tan chispeantes de lucidez que hacían imaginar una inteligencia no humana, de un ser de otro planeta.

—Oiga, Pepina.

—¿Qué? ¿Se me va a declarar?

—No, no lo he pensado... todavía. Oiga esto que silbo...

Silbó de corrido aquella especie de melodía oscura, en partes jubilosa, en partes melancólica, con ecos de yaravíes serranos y de danzones negros, acudida sin saber de dónde a su mente. Pepina tenía unas menudas pecas en la frente y en las mejillas. Un puntito de luz lloviznada le fulgía en cada uno de los negros ojos: ya no quedaba frivolidad en ellos. Al terminar, Alfonso creyó sentir que lo había entendido.

—¿De quién es eso? Es nuestro y no es pasillo. ¿Tenemos acaso músicos? Es hermoso, aunque extraño. Hace evocar la sierra, pero también suena a sol y a negrerías. ¿Dónde lo ha oído?

—En ninguna parte, yo lo he hecho.

—¿Usted? ¿Usted escribe música?

—No, si no sé.

—¿Entonces cómo compone?

—Oigo, oigo dentro, lo recuerdo y lo silbo.

—¡Es brutal! No lo hubiera supuesto.

En los arriates ensombrecidos volaba el verde destellar de las luciérnagas. La brisa nocturna metía una punta de olor a aguacero en el aroma de las diamelas.

—Va a llover y no viene papá. ¿Nos entramos?

—Ahí creo que llega.

Albert se acercó sonriente a su hija y Alfonso. Su bigote, barba y cabello, que usaba corto, eran rubios rojizos. Tras los cristales de los lentes sin aros, sus ojos azules miraban con limpidez infantil. Daba clases de música, particulares, y también enseñaba en el colegio. Allí lo había conocido Alfonso.

Albert le atribuyó especiales disposiciones artísticas en bruto. Al conversar, le fue simpático. Lo invitó a su casa. Le presentó a la hija. Conversaba con ambos largamente. Tocaba para que lo oyeran los dos muchachos y para oírlos, sus clásicos, a cuya cabeza ponía la cumbre de Beethoven. Enseñó a Alfonso a amar a Beethoven.

—Óyeme, Alfonso, un consejo: nunca vayas a la porquería esa de la ópera. En mi país gusta mucho, ma.

Y meneaba la rubia y rapada testa.

Alfonso vivió tardes de éxtasis. La salita, con ventanas de reja volada, a cuyos hierros se entrelazaban esas flores que crecen en varas y que se llaman estefanotes, era henchida por el piano milagroso. Contra su propia suposición primera, no se había enamorado de Pepina. Claro que ella esparcía el embrujo de su feminidad en torno. Pero él la consideraba como una a modo de exteriorización tangible de la música. Separaba la atracción que su cuerpo, joven y sensual, le producía, de la idea de amor, para el que tenía una espera testaruda y romántica.

Cuando Pepina le contó que Alfonso había silbado una música hecha por él, sacada de su cabeza, le dijo:

—¿Cierto, oye tú? A ver, repítelo.

Al escuchar, Albert, reduciendo la exageración de su hija, no halló ningún prodigio, pero se emocionó de la fuerza original que se revelaba en aquellos sonidos, los que quiso copiar en notas. Con algún trabajo lo lograron. Alfonso pudo oír en el piano, fuera de él, lo que hasta allí había sido solo un ensueño interior.

III

Los pitos de las fábricas culebreaban unos tras otros por el barrio del Astillero. Nunca daban la hora de salida al mismo tiempo.

—¿A cuál se cree? ¿Son o no son ya las doce?

Barco, otro de los aprendices, que trabajaba en la mesa al lado de Alfredo, le contestó:

—Una cosa dice la mula y otra el carretonero. Para nosotros desde que pita El Progreso, que es el primero, ya es la hora. Para Mano de Cabra no lo es hasta que pita La Universal, donde son más angurrientos y tienen el reloj atrasado.

—Nos roba un cuarto de hora lo menos.

—Como una hora diaria, contando la entrada y la salida, mañana y tarde.

—¡Así es como hacen plata estos gran perras!

De todas maneras, ya el retraso le había hecho fracasar su propósito, que era pararse en la esquina a la hora que salieran las empaquetadoras de cigarrillos de El Progreso. Entre ellas, una le gustaba y había empezado a picarla. Varias mañanas acudió a verla entrar. Ella también comenzó a sonreírle y a virar hacia él la cara cuando la seguía. Alfredo no se había fijado antes en otra mujer tan guapa: era blanca, rosada, de cabellos y ojos negros y con un cuerpo estupendo. Oportunidad de hablarle es que escaseaba: su camino era corto pues vivía cerca, a tres cuadras, en el chalet de caña de al lado de la caballeriza de La Florencia.

—¡Condenado Mano de Cabra!

—¿Qué hay, Alfredo? ¿Salimos?

Se volvió colérico, reconociendo la voz de Malpuntazo que desde hacía dos o tres meses había ingresado también de oficial al taller. Cuando Jacinta lo trajo, Mano de Cabra le chilló:

—¿Y de qué va a servir este mastuerzo, señora? No ha de tener sino unos diez años. Póngalo a la escuela.

—No crea, señor Ortega, si tiene trece. Lo que hay es que se ha quedado revejidito. El pobre sufre de mal. ¡Pero es vivo!

—Déjelo, pues, aunque sea para guaipero. Eso sí, ganará muy poco. ¡Y que no le vaya a dar aquí la paleta!

Mano de Cabra hizo la última inspección a la fragua apagada, el torno parado, las mesas sobre las que tintineaban las herramientas que soltaban los obreros. Alfredo salió, hallándose con que Alfonso le esperaba a la puerta. Se oía gritar a un vendedor de chicha. Un sol de castigo tostaba las yerbas y el polvo de las calles del barrio obrero, silenciosos en el intervalo de descanso del mediodía. Alfonso no vestía el uniforme del colegio; andaba de corbata.

—Hace tiempísimos que no nos veíamos. ¿Qué te has hecho?

—¡Por ahí! Quería contarte una cosa: estoy trabajando.

—¡Ajá, macanudo! ¿Dónde?

—En una oficina de cacao, allá por el Malecón.

—Bien hecho, si ya era hora de que te emplearas. Eso de estar estudiando sin medio en el bolsillo es una vaina. No hay como tener qué gastar.

—Seguro.

—Hombre, y yo también estaba por verte para contarte una cosa. ¡A que no adivinas!

—No. A ver, cuenta.

—Margarita se largó con Moncada, ¿no sabías?

—Ah, ¿sí? Bueno a mí nada me importa, ya tú sabes, pero me parece que ha hecho una gran tontera. Ese Víbora es un desgraciado. No le ha de ir bien con él. ¡Pobre muchacha!

Pensó con una ternura irremediable en la lavanderita que otros días lo amara. Sin duda eran incompatibles. Pero siempre hay no sé qué de pena en las cosas que pudieron ser.

—¿Y cuánto ganas?

—Ciento veinte, hasta que aprenda a escribir a má-

104

quina.

Se encogió de hombros.

—¡Qué ajo!

—¿Por qué lo dices?

—Pensaba en Margarita.

—¿La quisiste?

—No, no la quise...

Se despidieron porque ambos tenían que ir a almorzar para regresar a los trabajos.

—¿Nos vemos el sábado?

—Sí... pero no, hombre, mejor el domingo para irnos a jugar carnaval. Es el primer carnaval que voy a pasar con plata, hermano.

—De veras. Ya estuvo.

Alfonso se alejó, buscando la sombra de los portales. La piel de Margarita era dorada y tan fresca que cuando él, en las noches en que se sentaban a conversar en las alfajías arrumadas en la calle frente a la covacha, le acariciaba las piernas, sabía decirle que esa frescura en las manos le quitaba la sed, igual que beber agua. Le iba a ir mal con la Víbora, de seguro. ¿Sería culpa de él que se hubiese metido con Moncada? Mas no, ¿por qué? ¿No le cerró el paso hasta a trompadas? Y qué sorpresa le causó a él mismo, el haberlo derrotado. Semanas anduvo con la cara hecha cisco la Víbora. Le contaron que había dicho que él no era hombre que se quedase así; que de sorpresa, haciéndose primero el inútil y encendiéndolo a la descuidada, era que Alfonso había podido tumbarlo, pero que se cuidara.

Se recordó del taitaco y de Reinaldo Pizarro, previniéndose que no lo sorprendería la Víbora.

Se prometía un carnaval regular siquiera. Lo había calificado de juego estúpido. Hoy le parecía que esa opinión fuera como la de las uvas verdes. Sin dinero para divertirse y resuelto a no aceptar un centavo de la madre —trabajo sagrado— con fines tan superfluos, trataba despectivamente lo que veía fuera de su alcance. Esta ocasión las cosas serían distintas. Su suelo era pequeño y se lo entregaba íntegro a

Leonor, pero podía, sin cargo de conciencia, pedirle algo para satisfacer ese viejo anhelo.

La mañana en que quedó empelado fue un instante de gozo. Para él se tornasolaba el iris de la pila de la plaza de San Francisco, espumeaban de sol las toldas de lona de los almacenes; para él repicaban alegres campanillas las herraduras de los caballos de los coches en espera, con sus negros durmiendo en los pescantes. Sin que Leonor lo supiera, había ido al estudio de un antiguo amigo de su padre, abogado de cómoda situación social.

—¿Tú eres el hijo de Alfonso Cortés? ¡Estás un hombre grande, muchacho! ¿Y en qué te ocupas? ¿Estudias o trabajas? ¿Y tu mamá y tus hermanos? Creo que ustedes eran varios, ¿no?

Alfonso le dio pormenores y le explicó lo que venía a pedirle y por qué, sin exagerarle ni ocultarle. El viejo se emocionó, tal vez sincero.

—¡Si me parece ayer! Éramos como hermanos con tu padre. El panzón, le decíamos, los de la esquina de Chimborazo y Ballén. Y tú eres igual a él. ¡Me has evocado la juventud! Qué broncas las que armábamos de barrio en barrio, catedráticos y mercedarios...

Una tarjeta de recomendación y una llamada telefónica bastaron para obtenerle el puesto.

¿Cómo decírselo a Leonor? Iba a serle doloroso.

Tampoco podía soportar más. Imposible seguir tolerando el lento sacrificio que hacían para que él terminara los estudios. Al comenzar, quizás aún era admisible. Era un niño y su sueldo hubiese sido irrisorio. Las costuras abundaban y eran mejor pagadas. Actualmente se ganaba mucho menos y la vida era más cara. Al pellizcarle los brazos a Paca la hallaba adelgazada; en cuanto a Carmela era un espectro. ¡Y cómo encanecía a ojos vistas su madre!

—¿Cómo vas a abandonar los estudios, Alfonso? Pase lo que pase, tienes que ser algo en la vida. ¡Hay puesta en ti tanta esperanza!

El hule de la mesa de comer, aunque lavado y corcusido, era una hilacha. De codos en él, Alfonso se sostenía la frente, escuchando el tic de la piedra de filtrar del tinajero, como si las gotas le cayeran dentro del cráneo. El café del desayuno había vuelto a ser sin leche. Por no pagar varios meses de arriendo, les pedían el departamento. El traje rojo, el mejor, de los dos de Paca, tenía las axilas manchadas y los codos gastados. ¿Cómo seguir de señorito mantenido por fomentar esa esperanza, a lo mejor loca? Sus hermanas tenían poquísimas amigas, no iban al cine, no bailaban nunca: coser, coser, ir a misa los domingos ¿era eso juventud?

IV

La pelota —con blery nuevo— pateada por Alfredo tropezó con fuerza en los cables del tranvía eléctrico y regresó como un proyectil a rebotar al suelo. El Pirata, cuadrándose, quiso recibirla y se enredaron los pies. Arriba de ellos, era una masa hermética el edificio de La Florencia, contra el claro cielo nocturno, y la chimenea ancha semejaba una caseta. Barco se impacientó:

—¿Qué hubo? ¿Van a pasarse la noche como muchachitos, pateando la cangrejada esa? ¡Ya es de que entren!

—Espérate, ya vamos. Eres un anciano perfecto, Barco: y tienes diez y ocho años. ¡Tírate al río!

—Velo al nene: ¡busca tu mama que te dé a mamar la teta!

—No, ¿para qué?, si más me gusta que me la dé tu ñaña.

Con secos estallidos bajo las puntas de las botas, la bola brincaba por la polvareda. Barco, de overol nuevo, las manos casi limpias de manchas de lubricantes, peinado pulcramente con raya, a la entrada del cuarto puerta a la calle, del viejo Chacón, insistía, sin alterar su habla pausada:

—Al fin ¿entran o no entran? Ya los demás están todos.

En buenas cuentas, a Alfredo no le interesaba mucho la reunión; bastante más le preocupaba, mientras pateaba sin concierto la pelota, aproximarse hasta frente al chalet

107

contiguo a la caballeriza. A su ventana se veía asomada, contemplando la noche monótona, a la cigarrerita de quien se había prendado en esos días. Su nombre era Leonor. Sabía él que también la enamoraba Darío, el chofer del Wichita de la fábrica, cuyo garaje estaba en la vecindad. Desventaja para Alfredo que se aumentaba con la cercanía de la covacha donde vivía Felipa y con la lengua chismosa de Malpuntazo.

El Pirata recogió la bola con las manos, la azotó dos o tres veces contra el suelo y declaró sin gana:

—Bueno, hay que ir. ¡Si no vamos, dirán que no somos amigos!

Desde una varenga, una lámpara ahumada, mal alumbraba el cuartucho de tumbado de tablas pegado contra las cabezas. Las paredes eran de caña sin empapelar. Un catre de fierro con un petate y con el mosquitero recogido, un baúl, una mesa coja, arrimada a un rincón, y sobre la cual había libros, constituían todo el moblaje. Los obreros y aprendices reunidos allí se sentaban en la cama, con el baúl y algunos hasta en el piso, conversando con un recogimiento tan grande que a Alfredo le dio risa.

—¿Qué pasa con este municipio roba chanchos que sesiona tan en secreto como un conchavo de brujos?

—¡No interrumpas, majadero!

—¡Vea que son zoquetes! ¿Para qué dizque dejan entrar este pejesapo aquí? ¡Lárguenlo!

Se refería a Malpuntazo, que sentado entre los demás, clavó su ojo blanco en Alfredo con rabia y temor de que lo fueran a hacer salir. Chacón lo defendió:

—¡No seas mal corazón, Baldeón! Aunque bizco, también es trabajador este pobre. Y él sufre doble injusticia: la de los patrones, como todos nosotros, y la de Dios que lo ha hecho así.

—Dios no lo ha de haber hecho a este, sino el chapijo —bromeó el Pirata.

—Adiós ¿y no era tu cuñado? —le preguntó Barco a Alfredo.

—Bueno, bueno, basta de latear. Vamos al grano.

—Al fin ¿qué es lo que hay? ¿Para qué nos han hecho venir?

Las cabezas se alargaban en calabazas de sombra sobre las cañas. Alfredo descubrió repentinamente y le causó un malestar humillante, que la mandíbula inferior hundida y, especialmente, los belfos moraduscos, de Malpuntazo guardaban un disimulado parecido con la pequeña jeta de Felipa, que ella tenía la costumbre de pintarse solo en parte, a fin de que, de lejos, se le creyera la boca menos grande. El ojo más pequeño de Malpuntazo se parecía también a los de la hermana en su mirar igual al del peje guanchiche. Hizo una mueca de desgano.

¿No sería que le notaba el parecido con Emilio y la hallaba fea, comparándola con la que ahora le gustaba?

—¡Yo creo que, bien palabreados, todos podríamos, si a mano viene, hacer huelga! ¡No nos aguanta Mano de Cabra! ¡Lo quebramos!

—¿Hey? ¿Qué dijeron? ¿Cómo es eso de hacer huelga? ¿Por qué?

—¿De dónde caes, idiota?

Le explicaron que la reunión había sido hecha para discutir qué harían, sabiendo que Mano de Cabra había asegurado, en la pulpería del gringo Reinberg, que los negocios andaban muy malos y que iba a tener que rebajar los jornales a todos, maestros, obreros y oficiales. Alfredo frunció el ceño. No se había imaginado que valiera la pena atender.

—¿Y qué? ¿Qué pensaban que haríamos huelga?

—Ajá. ¿Qué te parece a vos?

—Bueno, si la huelga se hiciera, yo estoy en ella en cuerpo y alma. Pero ni me gusta ni creo que pueda hacerse con lo cobardes y desunidos que somos. ¡En el taller no es solo a Mano de Cabra que le falte lo que contienen los pantalones!

—¿Y entonces?

—¡Lo que yo aconsejo es que, si rebaja los jornales, lo cojamos entre dos o tres, resueltos de de veras, y le demos una pateada que no le quede ni el grito!

109

LA HERMANA

I

Para Alfonso, desde que amaneció el domingo, principió el jaleo. Viendo venirse sospechosamente a Paca, se sentó de un salto en la cama, tirando la colcha. El dormitorio, cerradas las ventanas, estaba aún en penumbra. Ella —la cabeza cubierta de nudos de cintas, con las que se rizaba todas las noches y que semejaban florecillas— se le abalanzó, riendo:

—¡Mangajo! ¡Que te desnudas delante de una!

Sin dejarlo ni replicar y sin fijarse en que se hallaba en pijama, le restregó, con sendos puñados de polvo de arroz, la cara, y le hizo masa los despeinados crespos.

—¡Carnavalón, ñaño, carnavalón!

Alfonso consiguió finalmente escapar y encerrarse en el cuarto de baño. Abriendo de sorpresa, le arrojó una lavacarada de agua, que la ensopó de la cabeza a los pies.

—¡Ajá, lo que es esta me la desquito! —y regresó con el jarro enlozado de la tinaja.

—Estos niños han hecho la pieza un encharcadero, mamá —denunció Carmela, y no lo concluía cuando el polvo que le metía entre el cabello Paca y el agua que le tiraba Alfonso la convirtieron en una máscara cuyo aire cómico de payaso, hizo contraste con sus ojos, que eran bellos y de expresión dolorida.

—¡Muchachos, respeten a su hermana mayor!

—¡Qué mayor! No te hagas la vieja —dijo Paca—. Es carnaval.

—¡Paca! ¡Paquita! —clamaba Alfonso, tapiado en el baño.

—¿Qué?

—Te traigo dulces si me dejas salir sin mojarme.

—¿Sí? Quieres llegar flamantito donde Pepina Albert. ¡Pero, hijo, es mucho cuidarse para el mamarracho que te ha de mandar hecho ella!

No se avenía, alegando que la había bañado y ella solo lo empolvó, pero la renovada promesa de los dulces y la venida al dormitorio de la madre acabaron por convencerla.

Después del almuerzo, Alfonso se fue a buscar a Alfredo. Al pie de la panadería se desparramaba una charca en que flotaba harina, por el portal de la acera. Desde la ventana de la casita, la hermana de Baldeón y su prima Laura lo alcanzaron con medio balde de agua. Él les tiró alguno de los globos de goma de colores llenos de agua, de los que llevaba un montón en un pañuelo grande, atado por las puntas. Alfredo apareció destilando, y se marcharon a jugar.

Baldeón apuntaba, con descaro, y con un tino infalible, sus globos de agua a los senos de las muchachas y se las oía reír a carcajadas nerviosas. Por precipitación, Alfonso erraba algunos. Iban empapados y empolvados, pero el calor pedía más agua. La sed se extendía de la garganta a toda la piel. Los oídos mismos bebían el esparcirse de las jarradas. De las puertas brotaban traicioneros jeringazos. Bullicio de batalla de agua y polvo se alargaba por barrios, se ahogaba en zaguanes y patios, se entrechocaba en carretas, forcejeos y alaridos en los interiores de las casas.

—¡Con agua no, con agua no, que me hace daño! —gritaba un catarroso de nariz colorada. Un balde de agua que empuñaba con ambas manos una serrana, que salió de una zapatería, ahogó su voz, y luego lo hizo barbotar en maldiciones y estornudos.

—¡Cójanlo, cójanlo a ese futre que va seco!

—Pásame un poco de maizena.

Bandas de muchachos armados de tarros se apostaban en las esquinas. Diluviaban los balcones. Los policías huían mojados y embadurnados, e hileras de mujeres de los patios, con baldes, latas y olletas, los corrían, pegados los vestidos al cuerpo, con las caras contraídas en gesto de una fiebre hecha de alegría sensual y de furia. Sirvientas descalzas, calatas de agua, pasaban como exhalaciones de zaguán en zaguán.

—¡A la pipa de agua! ¡A la pipa!

Entre cuatro zambas, palpables tras la clara de huevo de las zarzas de sus trajes escurriendo, alzaron a un mozuelo de unos trece años, de pantalones de casimir bombachos, que al forcejear les manoteaba las nalgas, y a pesar de su resistencia, se metieron, llevándoselo, dentro del solar de una covacha.

—Si te llegan a coger son capaces de cargarte a ti también a la botija esas harpías.

—¡Al catre es que yo me las remolcara!

Alfonso quiso pasar por el chalet de Pepina, y por allí fueron, pero las maderas de la ventana volada se veían cerradas y la puertecita verde con candado. Por la verja, columbró el jardín, tranquilo a la sombra de las acacias y los saúcos.

—Entonces vamos al barrio de mi negra Leonor.

—Primero pasemos por la casa de las Moreno.

Eran las primas de Alfonso, hijas de Enrique, el hermano de su madre. Con alegre sorpresa, vio que en el balcón y con fuertes huellas del juego, junto con María, Gloria y Piedad, se asomaba la mismísima Pepina. Alfonso se acercó cauteloso hasta la acera y empezó a aventarles globos, con bastante suerte o puntería. Pasado un momento de tiroteo general, se detuvieron de espectadores las otras y Gloria quedó frente a los bombazos. Colgada sobre la baranda, con el busto entero echado hacia fuera, sus brazos se movían veloces. En la boca le florecía húmeda la sonrisa. Brillaban sus ojos azules oscuros. La melena rubia se le sacudía.

El movimiento y la respiración entrecortada le coloreaban el rostro y le hacían brincar elásticos los senos a los que se adhería la ropa, mojada, modelándolos.

—Sube, sube, primito.

—¿Ah, sí? ¿Para llevarme a la bañera? ¡Buen cándido sería!

113

—Solo un poquito de polvo y un chisguete.

¿Cómo no iba a subir si Gloria lo llamaba? Allí, además, estaba Pepina, aunque ahora lo entendía, ¿qué importaba Pepina? Lo malo era que andaba acompañado de Alfredo. Hacerlo subir con él, no podía. Él no querría, ni a ellas les gustaría: tenían sus pretensiones. Mas, para eso era su confianza de hermanos. Ese no se resentía por nada que proviniera de él. Se allegó a la esquina donde lo aguardaba.

—Oye, hermano, ¿me esperas? Tú no te calientas, voy a subir.

—¡Qué me voy a calentar por eso! ¡Pero no seas vivo! ¡Cómo dizque te vas a meter solo en esa tigrera! ¡Te agarran entre tantísimas y te hacen masa!

—Allá está mi primo Enrique y seguro se hace de mi lado.

—Bueno, ya estuvo. Yo me voy al Astillero a ver si juego con Leonor, esa que te conté, la cigarrera. ¿Salimos mañana?

—Claro. Yo te voy a ver, como hoy.

Ni bien traspuso el portón Alfonso cuando se trabó la fantástica refriega. Las tres primas y la Albert, como se lo anunciara Alfredo, lo empastelaron de mixtura y polvo y le volcaron verticales baldes de agua sobre la cabeza. Enrique, un muchacho delgado, tres o cuatro años menor que él, se declaró como había previsto, su aliado.

El huracán de carrera por toda la casa azotó puertas, tumbó muebles, manchó alfombras y linóleos, y esparció verdaderos torrentes. ¡Alfonso jamás supuso el incendio que aquello provocaba en la sangre! Se presentaba solo con furia de represalia, pero era mucho más: el perfume del polvo y el aroma del sudor femenino, las luchas cuerpo a cuerpo que sin querer lo hacían rozar puntas endurecidas de senos, muslos y talles cimbreantes, manzanas cálidas de los bajovientres; y el agua, el agua que calmaba el calor, pero no la borrachera de jugar con esas cuatro muchachas, que entre sus trajes encharcados, se hallaban como casi todas las mujeres de la ciudad en ese momento: desnudas.

II

Malpuntazo se sentó, junto a la madre, en la riostra de mangle de la puerta del patio. Ella, que pensaba en algo o descansaba, mansos los ojos, ni lo miró. Acababa de regresar de la casa donde cocinaba. Dejó sobre la cobija del catre su manta y vino afuera a coger aire, pues la noche sin viento aplastaba la covacha. Alrededor del tronco de la palma daba vueltas una luciérnaga. Ni una cana pintaba el caballo lacio de Jacinta. Solo su frente, sus mejillas, su cuello, cancagua india, se astillaban como las cañas picadas de las cercas.

—Mamá, ¿por qué no le metes su cueriza a Felipa? ¡Llorando a todo moco la bruta, ahí echada!

—¡Cállate!

Emilio, molesto, torció el ojo hacia la bocacalle para ver pasar el tranvía eléctrico, llevando a través del barrio pobre un pedazo de centro. Chistaron dos o tres golpes de timbre y se apagó el rodar. Los rieles se alejaban, pero se quedaban. De tarde, un chico rompió el farol de la esquina, de una pedrada.

Las calles se veían blanquear como almidonadas: y era solo lodo oprimido por la tiniebla tórrida.

—¿Eres mal natural Emilio? ¡Cómo voy a pegarle tras lo sufrida que está la pobre! ¡Al perro ese del zambo Baldeón es que quisiera agarrarlo!

—¡Adiós! Si de veras quiere cogerlo, aquí a la vuelta nomás está, conversando por la ventana con Leonor, la del chalet.

—De malo lo hace, venir a enamorar a las vistas de la otra. ¡Como si dondequiera no hubieran polleras!

—Cigarrera es ella.

—Pero la madre es planchadora como una. Y ella, lo único que tiene es ser de color lavadita, porque después hasta poto le falta.

—Así es que vamos yendo a requintearlo al Rana...

—¡No, si son ímpetus que me dan no más! ¿Qué dizque voy a hacerle yo? ¡Vos estuvieras más mayorcito!

115

—Algún día venado, yo suelto y vos amarrado.

Jacinta volvió a esconderse en su hosco silencio. Desgraciado su vientre: Emilio salió maliento y ambas chichas habían corrido gallo. ¡A Margarita quién sabe dónde la habría remontado el sinvergüenza de Moncada! ¡Y hoy Baldeón, que siempre pareció buen muchacho, cometía su perrada, abandonando a Felipa y en qué forma!

Ella no les había ambicionado grandezas a las hijas. No soñó ni en que se casaran. Sin cura y sin político ¿no fueron felices con el finado Montiel, toda la vida? Tampoco exigía dineros. ¡Si a ellas Dios las hizo pobres! Pero que al menos los hombres que dijeran quererlas resultasen consecuentes. Claro que de ellas mismas era la culpa por no darse a estimar. ¡Ya ve Felipa, acceder a ir a encerrarse con Alfredo, en lugar de sostenerse en que, si la deseaba, la sacara a vivir a su lado como su mujer propia!

—Oye, Emilio, ¿y es cierto que vos has visto por el centro a Margarita?

—Palabrita de Dios.

—¿Con el hombre ese?

—Sí, la llevaba de gancho por allí por San Francisco. Ella andaba con la cara chapeada, con vestido de seda y zapatos de taco alto.

—¿No digas?

—Yo les hice la quimba por los estantes, para que no me vieran. ¡Si al Rana le tengo tirria, a Moncada donde le veo las patas quisiera verle la cabeza!

Debía ser enseñada por él la ingratitud de Margarita. Meses de meses, quizás más de un año, habían transcurrido desde que se fue. Nunca dio señales de vida: ni un recado, menos venir. Y no sería porque temiera represiones o reproches. Sabía que Jacinta con tal de verla, se callaría. Lo que ocurría es que así eran las hijas estos tiempos: ¡cuando ella con su vieja, allá en el pueblito de Daular, escondido entre los ceibos gigantes y lanudos! No la desamparó un minuto, hasta que le cerró los ojos.

Otro tranvía cruzó la bocacalle sordamente, ilumi-

116

nando de paso fango, bledos y cascajos.

—Vea, mamá, ¿quién será esa futre a estas horas? Ahorita se bajó del eléctrico.

—¡Hijo, pero si es Margarita! Hablando de ella... ¡Hija, hijita! —saltó, yéndole al encuentro con las piernas temblorosas.

—¡Mamá!

Se abrazaron y abrazadas entraron, haciendo crujir a sus pisadas el cisco del relleno del patio.

—¡Felipa! ¡Felipa, aquí está tu ñaña, ha vuelto tu ñaña!

Sin zapatos y en camisón, se levantó Felipa con los ojos hinchados, que se cubrió con la mano, aparentando defenderlos de la luz del candil. Emilio, que de tantos coscachos y aguantadas se había hecho hipócrita, solo de reojo se permitía contemplar su alta grupa apenas velada, mientras las dos hermanas se abrazaban. Y reía bonachón.

—¿Vienes de visita, ñaña?

—Si mi mamá me coge, vengo a quedarme. No quiero nada más con ese bandido con quien para mal de mis pecados me metí. ¡Felizmente está en la cárcel y gracias a Dios ahí ha de seguir por tiempos!

III

Desde que dejaron las aguas anchas del Guayas y entraron en el estero, para Alfonso fue una sacudida. La tierra venía a meterse a su pecho en el olor de almizcle, a monte y a barro de barrancos. El motor de la lancha chocaba su golpe contra las orillas. La corriente verdinegra arrastraba raíces, yerbas o flotantes matas de ocres o morados pólenes. En las playas, con resaca de garzas y martín pescadores, cerraban el horizonte, infundiéndole una calma vasta, algo como una presencia inmensa.

—¿Cuántos años hace que no salías al campo?

—Muchísimos. Desde que era chico.

—Te va a gustar La Gloria.

117

—Ya sabes que ELLA me gusta desde hace mucho. Siempre me ha gustado y más, mas no ignoras desde cuándo.

—¡Calla tonto, cuidado te oyen!

—No, nada se alcanza a oír con el motor.

Había una vivacidad agresiva en la manera como oteaba el estero ante la proa, firme una sola mano sobre la rueda del timón. Vestía una blusa de malla de lana azul. El viento acuático le agitaba un rizo por la frente. A su lado, y mientras las hermanas de ambos se agachaban encima de las bordas, metiendo los dedos en el agua tibia que, en dos orlas de turbia espuma, pasaban a los lados, y charloteaban alegres, Alfonso calcaba el perfil de su rostro blanco, ligeramente aguileño. ¿Lo querría Gloria? Venía preguntándoselo hacía algún tiempo. Y de verdad le era imposible contestarse; tan variable era su conducta para con él.

A veces creía que el amor había venido. Dadas las relaciones un poco frías entre su tío y su madre, rara vez veía a las primas. A Gloria, de quien tenía el recuerdo de una mocosa engreída y pendenciera, le pareció descubrirla. Se enamoró de ella en el momento en que le aparaba bombas de agua, en el balcón. Los tres días de carnaval jugó en su casa. El martes por la noche bailaron. María, la mayor de las Moreno, fue en auto, de tarde, y se trajo consigo, a pesar de su resistencia y excusas, a la madre y a las hermanas de Alfonso. Enrique, voluble de temperamento, tuvo una racha de encariñamiento con su hermana y sus sobrinos pobres. ¿Cómo había podido despreocuparse a tal punto de la buena ñaña Leonor, viuda, hermana suya de padre y madre? Debía repararlo.

Olor de agua florida y de polvos baratos, subía de las calles en que, luego de la locura de bullicio del día, la soledad retornaba extraña. La predilección al bailar, el sentarse en puestos inmediatos en la mesa, las sonrisas indescifrables y las miradas sorprendidas, les tejían la invisible red de un ignorado vínculo. Conversaron del juego, de vaguedades indiferentes, solos, en el saliente del balcón.

—¿Vienes mañana para echarte la ceniza?

A él le brillaron en fuego los ojos:

—¿Quieres que venga?...

Gloria se mordió el labio inferior.

—Sí, quiero.

Su melena se hacía de cobre en la penumbra. Una bandurria tocaba, suscitadora, en la casa de la esquina, cuyos balcones resplandecían de arañas de gas, y por los cuales se cruzaban parejas bailando.

—¿Sabes por qué te he preguntado si querías tú que viniera?

—Me imagino... No lo digas.

—Porque te quiero, Gloria.

—Calla, Alfonso.

—¿Por qué me pides que calle?

Ella había hablado sin mirarlo, dejando ir lejos la vista. En sus labios que se movían nerviosos, se trenzaban los pensamientos. De pronto, cara a cara, le fijó sus anchos ojos azules negros, y soltó como si no quisiera confesarlo:

—Porque tengo miedo de quererte yo también.

La atrajo por el talle y la besó. Cayeron los párpados, se estremeció su cuerpo, apretándose al de Alfonso, y separaba, como si le florecieran, los labios, dando, con el beso, la más húmeda y apretada entrega. Él no supo cómo —la locura del carnaval le relampagueaba en la cabeza— una de sus manos le oprimía hacia sí por la cadera, y la otra acariciaba su seno. El quejido melódico de la bandurria les penetraba agudo en el corazón, pasándoles por la piel un caliginoso escalofrío.

En los días que siguieron, el reacercamiento familiar se acentuó. Menudearon las visitas. Las Moreno se llevaron al cine y a paseos a las primas. Enrique fue a la casa de Leonor, que, desde lejanas rencillas con el padre de Alfonso, no había pisado. Alfonso era asiduo todas las noches a charlar, a tocar el piano, a llevarles novelas o a jugar dominó. Debido a la conducta extraña de Gloria, su vida se fue volviendo ocultamente atormentada. No podía explicarse sus actitudes. Era una constante contradicción. Por días era cariñosa u hostil, tierna o burlona, lejana o íntima y atrayente.

Enrique, en breve de tratarlo, tomó afecto al sobrino. No se suponía hallarlo correcto e inteligente. ¡Si tuviera más espíritu práctico, si quisiera dejar esas gansaditas de la música y las novelas! Por su propio bien, y el de la madre y las hermanas, debía procurar usar su capacidad en cosas beneficiosas. ¿Era tan falto de ambición que se conformaba a quedarse en un empleíllo? ¿Y cuando se enamorara y quisiera casarse con una muchacha decente, de su propia clase? ¿Qué le ofrecería? Experimentó asombro y no entendió, cuando, al conversar, se convenció de que Alfonso sabía pensar prácticamente y que si no se orientaba mejor era por una velada despreocupación desdeñosa.

—María, hijita —conversaba—, sabes que he llegado a la conclusión de que tu primo es así romántico, mala cabeza, en cierto modo voluntariamente; tal vez por educación o por herencia, por una parte de herencia, pero no por falta de comprensión. Hasta sobre negocios lo he oído opinar con sensatez. ¡Es una lástima que se desperdicie así! ¡Claro que es muchacho!

Conversaba con frecuencia con él, quizá con la intención de influir lentamente en sus inclinaciones, induciéndolo a interesarse por su conveniencia. Le charló de negocios, pidiéndole sus criterios acerca de algunos. Elogió la justeza con que aquel vulgar pianista, que no quería ser más que eso en la vida, le discernía, coincidiendo en ocasiones con su maduro reflexionar. En tal forma surgió la invitación a la hacienda. Alfonso recordaba que siendo muy pequeño pasaron, él y su familia, un mes allí para que convaleciera Carmela.

Reconoció o creyó que reconocía la casa de La Gloria. En las huertas de la otra orilla del estero se apagaba la queja de los olleros. Detrás de la casa se extendían entablados de potreros con palmas. Mezquinas luces parpadeaban en las chozas de techo de paja y sin paredes. La claridad se escapaba toda al cielo de nubes flamencas, surcando de hileras de loros. En las espesuras, en los tendales, bajo las copas de los naranjos y de los mangos, quedamente la sombra nacía. Como se dormían los campos, en el alma de Alfonso se dormía una nostalgia indefinida, un vago anhelo de regazo y de llanto.

Gloria, apenas fatigada de timonear la lancha, miró a su lado a su primo contemplativo, de codos en la borda.

—¿Qué te pasa? ¿Te entristece el monte? Así les pasa a los niños de la ciudad...

—¿Y a ti?

—¿A mí? No, yo soy montuvia.

—Una especie de espíritu grave y dulce emerge de la tierra con la noche. Las cigarras no solo cantan en los brusqueros sino aquí dentro, en mi cráneo. ¡Los hogares humanos llenos de calor, qué luz son frente a la tiniebla del monte! Las cocuyas que saltaban en las yerbas van a volar a metérsete entre los cabellos. Si cuando se apagaran las lámparas de las casas tú aparecieras desnuda aquí afuera, serías la única claridad del mundo, y la estrella de las estrellas. ¡Y yo te escribiría un pasillo como no se ha tocado nunca en las guitarras de tu hacienda!

—Si saliera desnuda aquí afuera, en primer lugar, aun siendo de noche, sería una indecente, y en segundo, los mosquitos no me dejarían ni un rinconcito del pellejo sin enronchar.

—La noche es música, ¿no sientes?

—Yo lo que sé es que a la hora de atrancar el gallinero para que no se metan los zorros, de correr los guayacanes de las puertas de las cercas para que los terneros no se pasen a los corrales de las rejeras y al ir a ordeñar no se halle leche, de...

—De acomodar las cobijas y acunar dos puestos en las camas...

—¡Zonzo! ¡Parece mentira que sepas besar como yo sé que sabes!

Después de la merienda y la velada corta, pues todos tenían cansancio, Alfonso se tendió en la hamaca de la galería. Una brisa como el aliento de una boca, soplaba, casi espesa. El monte era el gran susurro de una marea remota. Los mosquitos pulsaban un sordo bordón roto de guitarra. ¡Qué absurdo! Nunca supo que existiesen mosquitos así. Asomaban por la baranda mirándolo con ojos curiosos. Su tamaño aparecía extravagante: eran mosquitos del porte de gallinas o lechuzas. Era imposible, era mentira. Mas, allí volaban, zumbando al aletear, con aire de ridículos pollos, alas de chapulete, ojillos de murciélagos malévolos y aquella púa larga como un alfiler de sombrero. ¿Estaría dormido? Aunque repugnándole, iba a coger uno por la púa y a reventarlo contra el piso. Si semejantes mosquitos pulularan, la hacienda, la comarca, Guayaquil, el Ecuador entero, todos los trópicos, tendrían que ser abandonados por el hombre. ¿Acaso el éxodo inexplicable de los mayas?...

—¡Alza arriba, Alfonso! ¡Si te duermes aquí en la galería, mañana estarás tiritando de fiebre palúdica!

IV

Mala era la suerte de las mujeres y la de Felipa y ella peor que la de las otras. Puso la olla de barro en la repisa. Con jabón prieto y un estropajo de cabuya se restregó las manos. Vació el agua del techo sobre el rescoldo que olió a humo y luego a tierra mojada. ¿Valía la pena andar tras un hombre, como Felipa tras Alfredo? ¡Y sabiendo que no la quería!

—Toma el plato para que lo laves. No se lo dejes sucio a mi mamá, que viene cansada.

Era Malpuntazo que, sentado en una piedra, terminaba de merendar.

—¡Baray que atracas demorado y la tienen aquí a una de fregona hasta la medianoche!

—Mansita, mansita, que del jornal de este sábado te compro un par de medias.

—¿Vos? ¡Para tacaño que te busquen!

En la estrecha lumbre de zinc, unida, sirviéndole de cocina al cuarto que Jacinta y sus hijas ocupaban en la covacha, los cacharros quedaron ordenados al retirarse al dormitorio Margarita, candil en mano. Adentro, lo sopló y se sentó en el filo del catre. El patio negro con uniforme grito de los sapos, entró a acompañarla, Malpuntazo se había salido a vagar por el barrio. Allá por la esquina se oyó que la pandilla lo acogía:

—¡Ojo con baba!

Ante la una bocacalle pasaban los tranvías eléctricos, ante la otra los dos de mulas. Bostezó. En el centro, la gente debía entrar a los cines, dirigirse a los bailes o pasear en automóvil. Con seda ciñéndole las caderas, rojo en los labios y mejillas, y vaselina en los párpados, los hombres —hasta los vestidos de casimir, corbata al cuello y plata al bolsillo y que conducían del brazo a señoras gordinflonas— viraban la cara para no perder de vista su meneo.

En la calle se oyó agitación de voces y tropel de pasos. ¿A ella qué le importaba? Sería algún chivo, alguna puñetiza de enamorados bobos y rivales: así como pelearon por ella esa ocasión Cortés y Moncada. ¡Qué gusto le dio que Alfonso rompiera a la Víbora! De verdad, el único hombre a quien ella había querido era Cortés: sus ojos, sus palabras, sus manos siempre atrevidas en el cuerpo de ella, la tuvieron loca. ¿Por qué se alejó? Los blancos son así raros. Pero si se fue Margarita con Moncada, de su desvío fue culpa. No podía aguantar que las vecinas se le rieran en la cara.

—¿Ya viste Margarita por meterte con futres decentes en lugar de fijarte en tus iguales? ¡Te dejó por alguna señorita!

Y la Víbora que insistía y se hacía el bueno... Mas, la noche que la tumbó sobre la cama sucia de la posada donde la llevara, Margarita cerró los ojos con el absurdo pensamiento de que era Alfonso quien se le echaba encima.

Sabía que no quería a ese hombre grosero, que ya desde el día siguiente le echó palabrotas. Nunca se imaginó lo que era en realidad. En el primer instante de su vuelta lo confesó aquí en su casa. Tal vez no debía haberlo revelado. Tres meses después de tenerla con él, hospedados donde una tía, una noche la sacó a la calle dizque a pasear, la emborrachó y la condujo a un sitio que resultó burdel. ¡Para eso le había comprado trajes de seda y zapatos de taco alto! Quiso huir, quiso matarse con una tijera. Moncada le dio una tunda que la dejó enferma una semana. De día la vigilaba él. Por las noches quedaba entre sus compañeras de la vida, al cuidado de una vieja gorda, blancuzca, con llagas sifilíticas en las pantorrillas y a la que llamaban la señora Emperatriz.

Ante la puerta del cuartucho con un camastro, una vela, una bacinilla y una estampa de santo, Margarita se emperraba.

—Yo no entro.

—¡Arrea, arrea, que te están esperando! ¡Por las buenas, o se lo aviso a tu Víbora para que te saque la porquería a patadas! ¡Anda!

Como adelanto, la vieja Emperatriz le pegaba su par de bofetadas, y a empellones la echaba sobre el colchón sin sábanas, cubierto de manchas repugnantes. Cada mañana, Moncada acudía a recibir el dinero que los hombres pagaban por Margarita.

La noche que supo que lo había metido a la cárcel, complicado en un robo cuantioso, fue ella la que se volvió terrible con la vieja Emperatriz. La desconcertó, abofeteándola a su vez hasta sangrarle un labio sobre los sarrosos y cuarteados dientes, cuya forma puntiaguda como de espina, siempre le había producido risa y asco. Tuvo que salir con lo que llevaba puesto. Y nada quiso reclamar después.

—Márgara, hija, ¿por qué te has quedado a oscuras? ¿Se te acabó la kerosina? ¿Por qué no lo mandaste a Emilio a comprar?

—Todavía hay. Es que no quise prender por gusto; como nada estoy haciendo.

—Ni sabes, Ignacio Mora, el hijo de la señora Tomasa, se ha matado. Tenemos que ir al velorio. ¿Qué es de Felipa?

—De tarde salió a la calle a encontrarse con Alfredo. Dizque él se va a ir a Lima. Yo le guardé de todos modos la merienda. ¿Qué le pasó a don Ignacio? ¿Se cayó del andamio pintando?

—No, se pegó él mismo un tiro en la sien.

—¿Sí? ¿Por qué habrá sido?

—Dizque porque la Teodora lo traicionaba. Ahorita lo trajeron de allá, de la calle Maldonado donde vivía, a la casa de la señora Tomasa. ¡Está como loca, la pobre! ¿No oíste la bulla?

—Creía que fuera alguna pelea. ¡Pero ha sido cangrejo! ¡Por esa galla que los mediodías que don Ignacio estaba pintando cartelones en el cine Ideal, ella se iba a rebuscar a las balsas con los fleteros y los vaporinos!

—¿No digas?

—Pregúntale a Emilio que la ha visto.

La señora Tomasa era una viejecita trigueña y fina que olía a ropa aplanchada y a bondad. Como queriendo volverlo al regazo, había tendido al hijo en su propia cama: cuatro velas de a real, en frascos, hasta que trajeran la caja y los mohosos candelabros de la funeraria de tercera. La policía se había ido para volver al día siguiente a la autopsia. El cuarto pequeño, lleno de comadres y vecinas y del humo de las velas, se hacía atosigante. Sentada en un banco, cerca de la entrada, la Teodora moqueaba ruidosamente. La viejita, sin manta, con blusa blanca y falda negra, parecía infinitamente quebradiza.

—¡Comadre Jacinta! —Y se le echó en los brazos. Poseía una vocecita de muchacha, suave y sonora. Hasta ese rato no había tenido a quién pedírselo: quería que fueran a avisar a la familia Villafuerte y a la familia Lara, a quienes ella lavaba la ropa.

Margarita se acercó y levantó el lienzo que tapaba la cara de Ignacio. La frente, la sien, un ojo estaban hinchados monstruosamente y con coágulos.

Bajo el delgado bigote oscuro, la boca serena, dejaba entrever la blancura de los dientes. A las doce le dio sueño y se volvió al cuarto y se acostó. Felipa no había regresado. Pareciéndole ver en lo oscuro la cara del muerto, lentamente se adormeció con pesadez sobresaltada. Repentinamente incómoda, despertó.

—¡Quita! ¡Quita! ¡Suéltame, Víbora!

El peso de ese cuerpo caliente era insoportable. Y no era Moncada: era Malpuntazo. Ella se había quedado dormida boca arriba: él jadeaba, levantaba su camisa, la oprimía asfixiándola. Y la hurgaba. Sintió que le mordía un hombro baboseándola. El aliento le hedía a cebollas acedas. En la sombra le parecía distinguir su bocaza de sapo y su enorme ojo blanco. Luchó, golpeándole, clavándole las uñas en el costado, percibiendo las arpadas costillas bajo la piel costrosa de roña, pues nunca se bañaba. La risa de Malpuntazo era un cloqueo y un rechinar. Y no callaba, no callaría. Un filo de madrugada hachaba el marco de la puerta. ¿Por qué no regresaba Felipa? ¿A qué hora se venía la madre del velorio? Ya no podía más. Las manos de Malpuntazo eran frías y sebosas; la boca un chupón caliente en que los dientes herían.

—¡Mamá! ¡Mamá! ¡Venga vea a este desgraciado! ¡Quita, maldecido, que soy tu hermana!

Callado, él le mordía los brazos, los senos. Un escalofrío paralizaba a Margarita. Arqueó el cuerpo en una loca sacudida, y se ahogó en sollozos, porque ya era tarde.

EL SEGUNDO VIAJE DE ALFREDO BALDEÓN

I

A las cinco y media comenzaba a guardarse las carretas. Leonor no volvía de la fábrica hasta las seis y cuarto.

—¿Está cansada, hijita? Ya mismo le sirvo. Ya eché el arroz y la menestra hierve.

En el dormitorio, ya a oscuras, entre su cama y la de su madre, colocadas frente a frente, se quitaba el vestido de trabajo y se ponía la bata de casa.

Miraba con cariño las estampitas de la virgen de Lourdes prendidas a los mosquiteros. Después de la atmósfera apestosa a tabaco y engrudo de la sala de empaquetadoras de la fábrica, con qué suavidad respiraba la limpieza del cuarto. Tanto la madre como ella se empeñaban en que fuera así. La señora Panchita decía:

—¡No porque sea pobre debe abandonarse ni volverse desgreñada y sucia, como la gente baja, que hasta enriquecida es patana!

Se apresuraba, para asomarse todavía con restos de claridad, a la puerta de la cocina que daba a la caballeriza. Vivía con una constante ilusión de campo. Ignoraba de dónde le provenía. Nunca había ido. Pero contemplando la cuadra contigua, de la cual ellas eran cuidadoras, le gustaba figurárselo así.

Anunciadas por las cigarras de su chirrido, venían las carretas colmadas de fajos, del tamaño de un hombre, de janeiro verdecito, jugoso, que olía a vegas y a aguaceros en las sabanas. El suelo empedrado se aterciopelaba de dorada boñiga, entremezclada con briznas secas. Su vaho tibio, ¿no

127

sería igual al hálito de los corrales de las lecherías? Los dormideros de las mulas eran techados de zinc, con piso de tablas que retumbaban sonoras bajo las herradas coces. Había también los roncos ladridos de los tres perros grises, guardianes de La Florencia. Pasaban el día encadenados en la caballeriza. A la hora en que Leonor contemplaba el sol de mico enrojecer los cogollos de las palmas de los solares del barrio, los llevaban a soltar en el interior de la fábrica.

No se asomaba al balcón de la sala, abierto a la calle, sino ya de noche. O cuando, aún claro, las pandillas de chicos gritaban:

—¡Las mulas! ¡Las mulas!

Desde hacía mucho tenía la costumbre de aguardar su paso. Le agradaba y la apenaba la veintena de mulares con los lomos florecidos en las rosas horribles de sus mataduras aquerezadas. En cansado trote, se dirigían al depósito de los vetustos tranvías a los que cotidianamente arrastraban. El sol horizontal se dormía en los cadillos. Hacia los covacheríos de las afueras regresaban también los trabajadores de fábricas y talleres de las calles cercanas a la orilla de la ría. Conservaba el recuerdo que, en una convalecencia de su niñez, una vecina le había dicho a su madre, respecto a ella:

—¡Esta se ha puesto flaca como una mula de los carros!

De allí le quedó la idea rara de que algo la identificaba con esas mulas. Las de las carretas de La Florencia no eran muy esqueléticas ni matadas. Leonor y la señora Panchita oían hasta el dormitorio sus coces, sus jorreos y los colazos vivaces con que espantaban las moscas. Desuncidas, podían verlas gordas, panzudas, de ancas como caderas de mujeres, la piel de madera cepillada y luminosos los vidrios de los ojos.

Los carreteros eran buena gente; tienen fama de mal hablados, pero estos se remiraban sin duda por consideración a las vecinas. Las saludaban atentos y cambiaban algunas frases.

Si por algo se retiraba Leonor de su mirador de la cocina, era porque atravesara el portalón de la cuadra Darío, el chofer del camión, con un tarro vacío de gasolina, a buscar agua para el radiador.

—¡Hola, Virgilio! ¡En la llave del garaje se ha acabado el agua y tengo el radiador más seco que mi guargüero el sábado! Tú sabes que, si se raja el cabezote, me lo cobran a mí los bachiches...

—¿Y dirás que vos chupas solo los sábados? Jumísimo te he visto a media semana donde Guaylupo. Porque vos eres chichero.

—Y tú purero.

—¡No, con el favor de Dios me alcanza la plata para Pílsener helada!

Darío hacía la conversación al carretero, mientras chorreaba el agua, mas sin dejar de mirar a la puerta de la cocina, buscando a vistazos a Leonor.

Ella se quitaba de golpe: Darío le parecía un viejo antipático. La mortificaba, hasta la indignaba que se atreviera a enamorarla.

Al irse a su trabajo, tenía que pasar ante el garaje. Y la carreteaba:

—¡Cuándo será que me quiera, mamacita linda, tan bonita!

Leonor sacaba la lengua y replicaba:

—¡Calle la boca, viejo liso!

Casi lo odiaba en su facha cínica, en su overol mugriento o, a veces, desnudo de cintura para arriba, lavando el carro. Era viejo, picado de viruelas, con patas de gallina rodeándole los ojos de agua turbia.

Se le había vuelto una más de las molestias cotidianas que nunca faltan: rebajas de salarios, represiones groseras, malos tratos y hasta humillaciones en la fábrica; deseos insatisfechos de una tela para un vestido, o de una prenda; pena del cansancio que la cocina, la tina y la plancha marcaban en el rostro de la madre. No la preocupaba, en fin; pero cuando se le hizo intolerable su cortejo fue cuando Alfredo apareció a inquietarla.

Había tenido antes simpatías y coqueteos de muchacha. Desde que entró en la fábrica, debió andar muy derechita, sin pensar en enamorados. Era la única forma de regir el asedio del que llamaban el Primero, un calzonazos hijo del gerente, que mataba el tiempo persiguiendo a las obreras.

¡A cuántas no había desgraciado! Después las botaba: en ocasiones hasta preñadas. La corrección estricta de una muchacha lo llenaba de odio pero lo contenía, por cobardía.

Así, Leonor, desde que trabajaba, había vivido sin soñar en nadie ni en el amor, solamente sintiendo muchas noches, al dormirse, que le castigaba los párpados una misteriosa ansiedad.

—Mi suerte está en sus ojos, ¿la acompaño?

Era una mañana soleada, al volver a almorzar.

Hubiera querido replicarle áspera. ¡Era un desconocido y le proponía acompañarla! Contra su voluntad, el mozo le gustaba. Su cara despejada, su manera de mirar, su sonrisa de chico que exige, todo le inspiró simpatía. Hasta encontró no sé qué encanto en la frase que le lanzaba. No le agradaba que la gente como ella, los pobres, se metiesen a sacos de casimir, a corbatas. Alfredo iba en mangas de camisa, remendada pero pulcra, fuera de una pequeña mancha de aceite que la hizo suponer fuera mecánico.

Apresuró el paso. Aunque se esforzaba en parecer serena, la cara le ardía. Alfredo debía verle rojas las mejillas. ¿Era todavía un desconocido? Hacía como una semana que venía a pararse en la esquina, a la salida de las obreras. ¡Y sabía que venía por ella! Averiguando con disimulo, supo que se llamaba Alfredo, hijo de don Baldeón, el de la panadería. Queriendo y no queriendo, le había devuelto miradas por miradas. Cuando él le sonrió, no pudo impedirse sonreírle también.

Llegaban a la bocacalle de su casa y seguía tras ella. Entonces se volvió, pidiéndole:

—¡No sea así, váyase ya, que mi mamá va a verlo!

Alfredo se le acercó más: le clavó los ojos, de un negro de metal o de miel. Leonor recordó que ya varias veces se había fijado en la sonrisa de él. Pensaba cómo sería si la rodearan esos brazos nudosos, si apretaran sus manos esos puños. Súbitamente la invadió el anhelo tonto de reclinar la cabeza en su hombro.

—Después del almuerzo la espero aquí mismo y la acompaño...

—¡Bueno, pero váyase ya, porfiado!

Respiraba aceleradamente y el corazón le latía con fuerza. Reposó la vista en la sombra del cuarto. Frecuentemente le dolía, de mantenerla toda la jornada fija en las cajetillas a las que pegaba timbres y cerraba, embadurnándolas de engrudo. A la salida, al caminar, entrecerraba las pestañas para defenderse del reflejo que el mediodía, desde la punta del cielo, arrancaba al polvo.

Ese día sentía los ojos más deslumbrados que de costumbre: acababa de ver el amor.

II

En la atmósfera de fondo de estero del cuarto, Alfonso esperaba. Tamizada por la tela metálica, entraba la sombra, constelada de cocuyos y estrellas, a envolverte la vaguedad del mosquitero. ¿Cumpliría Gloria? Le había prometido venir. Nada le costaba faltar. Le bastaría reírse a la mañana siguiente.

Aparte de la espera que lo hacía jadear, lo mantenía insomne la agitación del día transcurrido. Le dejaba huellas no solo en el corazón sino en sangrantes arañazos sobre la piel, que ya no se borrarían.

—¿Mando a ensillar para irnos a sabanear? ¡No va a haber mucho sol, apenas resolana, así que no temas hacerte más gordito! —le insinuó Gloria, al levantarse del desayuno.

La madre de Alfonso, con las otras muchachas, más sosegadas, se iban a recorrer el jardín y el gallinero, a ver comer a los chanchos o a sentarse a la orilla del estero, a la sombra de los aguacates y mameyes espesos. Picaban frutas, adelantando el almuerzo.

131

—¡Pero mujer, cómo eres tan machona! —le decía Paca a Gloria.

—¡Vente tú también y verás que es lindo! Si quieres te presto pantalón de montar. Casi soy tan gordita como tú.

—¡No Jesús! ¿Para que me boten esas fieras de tus caballos? Anda nomás con Alfonso. No se besen demasiado.

—¡Jay, primita! ¿Pregúntale si ha probado el pobre!

Volaba la tierra llana bajo el brinco tamboreo de los cascos. El gelizal, que, desde los corrales de junto a la casa, era una línea oscura, al parpadear se convertía en un macizo de arboleda tupida. Contra él se ceñían las alambradas. Al virar la cara, el caserío, a su turno, era una aldea de nacimiento de Navidad. Reses en los pastos, quitasoles de algarrobos, sartenejal, caballos era cuanto se hallaba en tierra de tierras, zumbadas a los costados del galope.

Alfonso tenía conocidos, con el olvidadizo vistazo de pocos días, los cuatro horizontes de la hacienda.

—¿Vamos a Las Jíquimas?

—Vamos.

Dentro de La Gloria, las fincas o cuarteles llevaban nombres especiales. Las Jíquimas era el desmonte de un viejo colono, con su casucha y con el potrero de los caballos finos del patrón. Un plantío de esas yucas salvajes, más dulces y jugosas que las de rallar, daba su nombre al sitio. Cruzaron el puentecillo de tablas y techo de paja llorona. Gloria, sin desmontar, quitó las trancas y entraron al corral terrapleno de bosta. Olía a fréjoles quemados.

—¡Hey, ño Hortensio!

Se erguía un bramadero, macheteado de betas, que parecía hecho de la majada pisoteada del suelo.

Al fin salió el viejo, cojeando, del sembrío vecino. Se disculpó y les brindó jíquimas que poseían el sabor dulzón del agua recién vuelta savia.

Iban a regresar, cuando escucharon bruscos relinchos. El viejo Hortensio explicó, desenrollando un lazo, que tenía que separar a unos caballos encarados para reñir, disputándose a una potranca.

132

—No los coja, para ver nosotros la pelea —dijo Gloria.

—¿Y si se matan, niña Glorita? ¿Qué dirá el patrón?

—Yo respondo.

—Pero es que, niña...

—Que el que gane la pelea se agarra la potranca... y si la agarra aquí mismamente...

—¡Cómo va a ver la niña!

—¿Y se figura, ño Hortensio, que no he visto nunca a los caballos cubrir a las yeguas? Mi papá nos ha explicado que no hay por qué asombrarse.

A cien varas fuera del corral, se desplegaba la caballada. Triscaba a un lado la potrilla disputada, nube de verano por lo redondeada y blanca, y de crines de pelusa de choclo, que Alfonso, entre sí, comparó, sonriendo, con la melena de su prima.

—Son el negro y el manchado los peleones, ¿no?

—¡Esos! —sentenció ño Hortensio.

Con las cabezas gachas y los remos tensos, los dos machos se buscaban verija desprevenida.

El uno era un retinto de testa roma y ojo sanguinario. Su petral era de toro. El otro, negro y blanco a manchones floreados, tenía más finos remos y el nervioso cuero le nadaba en olas de pliegues.

De pronto el retinto se lanzó en estirón de perro. Tabletearon sus dientes a un dedo del pescuezo del manchado. En volteada instantánea los cascos de este le aporrearon el pecho. Se trenzaron, como tigres por lo ágiles, mordiéndose y coceándose tan rápido que se oía sin verse. Sudor y espuma les bañaron los ijares, cuellos y hocicos. Por un momento se les distinguió pecho contra pecho, erguidos sobre los cascos traseros, abrazándose cara a cara, recogidas las orejas, contraídos los belfos, mascando aire las dentaduras.

Al desplomarse el grupo, se derrumbaron con fuerza y vida del retinto. Un pitón de sangre le saltaba del pescuezo. Su aliento se hacía silbido. Los cascos del manchado aún le pisotearon el cráneo, los ojos, el hocico, mientras el tronco,

133

de lado, pataleaba en la yerba.

—¿No dije que saben matarse? ¡Carne para gallinazos! ¡Con tal de que no se caliente conmigo don Enrique!

Olfateando a la potranca, trompeteó su relincho el vencedor. Ella alzó la cabeza y viéndolo írsele, volvió grupas, huyendo al galope. La barda del corral la detuvo. Las narices enarcadas del manchado recogían el olor de las ancas de la talamoca, que giró en redondo, procurando salida, pero ya llevándolo encima. Se oyó un relincho breve y gimiente.

Gloria, que clavaba las uñas en la montura, tiró de las riendas tan brutalmente que el freno tintineó.

Se alejó, sin mirar a Alfonso. Él la siguió despacio, recogiendo en su oído de ensoñador de música, el doble relincho del manchado y de la talamoca, que en escalas de carcajadas se extendió por la sabana.

En la proximidad de las casas se juntó a Gloria que cabalgaba a trote lento. Sobresaltándose, ella lo encaró:

—¡Como me vengas a pedir un beso, te juro que te cruzo la cara a riendazas!

—No vengo a eso. Regresaba.

Durante el almuerzo y a la hora de la siesta, en que la familia bajó al jardín a beber agua de coco, Gloria no cesó de burlársele, en bromas casi insultantes. Hacia la tarde, viéndolo regresar, desde la hamaca en que se mecía en el soportal, lo desafió a que saltara a caballo una cerca de alambre de púas.

Los árboles se incendiaban del sol; el aire olía a yerba caliente y a sudadero de bestia: la alambrada era de un potrero próximo a la casa.

—¿Qué fue, niño de ciudad, saltas o no saltas?

Sin vacilar, Alfonso taloneó los ijares y, tomando viada, lanzó al animal. La cincha crujió como un palo cortado de un hachazo. Fue lanzado de espaldas a las púas. No se desmayó. Con la camisa ensangrentada, lúcido, entre el susto de los familiares, avanzó sonriente hacia ella.

—Ya ves como sí salté, Gloria.

—No te lo dije para que lo hicieras.

134

—¿Entonces para reírte viéndome recular?

Aunque la madre de Alfonso, en su callado resentimiento, quiso evitarlo, Gloria lo curó con sus manos. Más tarde, asomados en la galería, ella sonrió:

—Vas a quedar marcado como los esclavos azotados.

—¿Eso querías?

—¿No te gustará una ama como yo?

La piel del brazo de Gloria se encendía de rosado en el codo, apoyado en la baranda. Cerciorándose de que nadie los escuchaba, sin transición cambió de tono, soplándole al oído:

—Esta noche, espérame. Iré a tu cuarto. No, no es una broma más: te juro que voy. ¿No lo querías?

Alfonso dudaba, pero le era imposible no aguardar. ¿Quién diablos entiende a las mujeres? De costado, para no rozar los rasguños, no dormía. Flotaban abiertas las alas del mosquitero. Se hundía en una vaguedad de hora soñada. De todo el monte, desde los resquicios de las más remotas raíces, se levantaba un sordo vibrar unido, al que se incorporaba la marea debilitada de sus venas. Era parecido al rumor de las caracolas o al grito de la quinina en el cráneo de los palúdicos.

Repentina, sin siquiera hacer crujir el piso, vio a Gloria ante él, en pijama, destacándosele los labios muy rojos en el blanco rostro. Le puso la mano en la boca y en silencio se deslizó a su lado.

III

Arrancó al bordón un último son rudo y dejó a un lado la guitarra. Las dos parejas dejaron de bailar. Eran Alfredo y el Pirata, su compañero de taller, con Rosa Elena y Rosa Miche; Alfonso tenía a su lado a Rosa Ester: y las tres eran dueñas de la chichería que, por eso, se llamaba Las tres Rosas.

—¡Ahora toca tú, Alfredo, para bailar yo!

—¿Después de vos, hermano? ¡Me tiran piedras estas!

—¿Y tú, Pirata?

135

—¡A buen santo te encomiendas!

Hacía un calor meloso, que pedía a gritos desnudarse; un calor que a ellos les parecía salir de los ojos y debajo de las faldas de las muchachas. Bebían y bailaban desde temprano, en la pieza interior de la chingana. Era sábado, y a la guitarra de Alfonso replicaban otras por los recovecos del barrio de la Quinta: pero era imposible bailar con música ajena. Rosa Ester se arrimó más contra Alfonso, que se había encogido de hombros, sonriendo y pespunteando de nuevo las cuerdas.

—¡Me pican los pies por bailar, pero con vos!

—¡Si hubiera fonógrafo!

—¡Buena fregadera: o no hay música o yo me quedo chulla!

No era el claro de jora lo que le encandilaba la vista: era Rosa Ester. Palpaba sus brazos de piel canela sudorosa. La atraía, juntando las frentes, confundiendo los alientos que olían a chicha fuerte y a deseo. Ella tenía celos de la guitarra: ¡Alfonso la abrazaba como a una mujer!

—Jarifa, toco para ti.

—¿Por qué me dices Jarifa? ¡Me llamo Rosa Ester!

—¡Uja! —gritó Rosa Miche, la que tenía un lunar en la mejilla—. A ver, negro, si te tocas un serranito. ¡Acuérdate que somos serranas!

Rosa Elena abrazaba a Alfredo, bailando, se golpeó la frente:

—Pero qué tontas hemos sido ñañas: si aquisito teníamos música. ¡El ciego Macario es taita para un sanjuanito!

—De veras: al arpa no hay taco para el cieguito.

—¿Y estará en su jardín?

—Los sábados de tarde no sale a mendigar. Andá, china, corriendo a verlo. Dirásle que la niña Rosa Elena dice que se traiga el arpa.

Vaciaron otro vaso, aéreo y ardiente, de claro de jora. Subía y bajaba el zapateo de un baile en la casa de madera de la esquina. Por los huecos del ruido, el viento se deslizaba en el grosello del patio.

—¡Ciego lindo! ¡Démosle primero un buen claro para

que agarre calor y toque como Dios manda!

Rompió el arpa un sanjuán triste y cálido, de esos que en la sierra abrigan más que un canelazo. Para tres parejas, el cuarto lleno de catres, silla, lavatorios, trajes, y sobre todo por el aroma espeso a mujer y a chicha, se volvió demasiado estrecho. La curva de las caras y el pañuelo que flamea, las vueltas que mostraban que cada pareja, acercándose o repeliéndose, iba inseparable, eran en los seis, más que el simulacro del instante anhelado, el del camino que han de seguir por el mundo, unidos, el hombre y la mujer.

Los tragos se le habrían ido a la cabeza a Rosa Miche:

—Rosa Elena, ¿y qué dizque fuera si en este ratito viniera Manyoma?

La otra se sobresaltó. Detuvo el baile suelto apoyándose en Alfredo. Manyoma, el más famoso matón de la Quinta por esos tiempos, vivía con ella. Se había necesitado su ausencia y todo el empuje entrador de Alfredo para rendirla. Miró con rabia a la hermana.

—No hay que mentar cosas malas, Rosa Miche.

—Pero si Manyoma está en la cárcel —dijo Rosa Ester.

—Era juego nomás, ñañas.

—Bueno, y si viniera ¿qué...? —aseguró Alfredo, apretándola contra sí.

El vaho de la Quinta dejaba de ser de grosello al anochecer: se iba volviendo de comida mala, de aguardiente mataburro, de catre con chinches. El ciego Macario tocaba cerca de la puerta y lo olfateaba. Sobre las cuencas hueras le yacían los pétalos cobrizos y secos de los párpados. También él, un día, había bailado sanjuanes en su sierra. Esta noche, la música que sus dedos lanzaban despertaba su angustia, diciéndole que la desgracia de sus ojos, por ser tan grande, provenía de Dios.

A Rosa Ester le brincaba el cuerpo de gusto.

—Oye, ¿tú tienes una enamorada que se llama Jarifa?

—Tenía. Ahora te quiero a ti.

—Mentiroso.

El brazo de Alfonso le ceñía de fuego la cintura, parecía alzarla. Sentía sus senos aplastarse contra el pecho de él. No llevaba cuenta de los vasos. Debía estar borracho. Tres veces había salido a orinar al patio. No dejó que la siguiera. Le había pedido lo que le había pedido. Y ella quería darlo. La detenía un recelo de las hermanas mayores.

—Es casi de noche. Verás que tus ñañas no les niegan nada a Baldeón y al Pirata. ¿Qué dices, Jarifa?

—¡Qué gracia! Si hace días, desde que a Manyoma lo enchironaron, que Rosa Elena lo mete a dormir a Alfredo. Pero no te niego, lo que te digo es que te esperes...

No era solo sed de vida lo que arrojaba a Alfonso a la diversión. Era también pose romántica de la que se burlaba él mismo. Abrazaba a Rosa Ester evocando a Gloria, a la que todavía llevaba en la sangre. Hacía el papel del desesperado de la orgía sarcástica. Espronceda inmortalizó una de sus borracheras con una hembra llamada Jarifa. ¿Cómo acordarse de los versos deslumbrantes, este rato, al digerir, amargura y claro de jora, menos solemne pero más sabroso que muchos vinos?

—VEN, JARIFA, TRAE TU MANO, VEN Y RÓZALA EN MI FRENTE. ¡Maldita sea! ¿Y el alma?

Su alma había ido siempre sola, aspirando una fusión espiritual, en la que ponía el interés de que constituyese casi una justificación de la vida. ¿Fue el amor o fue Gloria lo que no respondió? ¿Qué importaba ya? Se tenía rabia por haber creído que el ensueño se alcanza. Fue el delirio de beber su queja virginal, el de sus ojos en éxtasis, el del sueño de abismo que parecía hacer volver a nacer y ser culminación de millares de noches anteriores del mundo.

Una frescura de seda les bañaba las sienes. Sus bocas, murmuraban palabras eternas. Gloria reclinaba la cabeza en su brazo. De los corrales, al pie de la casa, subían los ruidos del ordeño. Tibios y espumosos debían chorrear como azahares, entre los dedos morenos del peón, los hilos de leche que azotaban los fondos de los tarros. Escuchaban.

—Ya está rosadito por el estero, ya mesmo clarea ¿no, patrón?

Gloria le apretó el brazo.

139

—Mi viejo ha bajado, hijito. ¿Y si me ve ahora al salir a la galería? Me voy.

—Espera, todavía está oscuro.

Apartó la gasa del mosquitero: en el cuarto aparecían los objetos. Los ojos se agrandaban en las caras vagas.

—No me retrases, chiquito. ¿O es que jugamos a Romeo y Julieta? Ya amanece, oye los olleros.

—No. Es el estero en el barranco.

—Ya va a terminar el trabajo en el corral.

—Los azahares se cierran de día, y aún huelen.

—¿No ves la claridad que entra por las rejas?

—Es la luna.

—¡Tonto, si no era noche de luna!

La retuvo todavía, haciéndole cosquillas, cuchicheando. Gloria ahogaba la risa en la almohada.

—Déjame, negrito, que por los juegos nos van a pillar.

—¿Qué importa? Nos casamos un poco más pronto.

—¿Qué dices?

Su voz se había hecho de hielo. Creyó percibir su conocida sonrisa de desdén. Como si involuntariamente se retrajera, se cubrió pudorosa con la sábana.

—¿Y quién te ha dicho que vamos a casarnos?

—Esta noche... Tus besos... Creía...

Se odiaba por sus balbuceos.

—¡Ja, ja, ja! ¡Valiente negocio! ¿Conque te gusta la plata de mi padre? ¡Todo en casa, como sobrino y yerno!

Alfonso se levantó. A sus pies se abría un precipicio. Apuntó con el índice a la puerta. Su voz, a su vez glacial, le escupió:

—¡Ándate!...

—Alfonso...

—¡Ándate, antes que te pegue!

Cuando volvió a darse cuenta de lo que lo rodeaba, harían minutos o meses que se había ido. Le quedó su fragancia en las manos, en la piel, en el alma. Aun hoy que hacían siglos ya de esa noche, no lograba olvidarla, ni con otra mujer en los brazos, bailando medio ebrios.

No podían faltar en la chichería fritadas y hornado. Rosa Elena encendió dos lámparas que hicieron fulgir el empapelado y las caras brillosas. Alrededor de una mesita de palo, comieron, enlazando las manos y restregando las piernas por debajo. Continuaban bebiéndose el sol de la chicha. El arpa, fina, fina, cosquilleaba las nucas. A intervalos bailaban, apretándose. Al compás, Alfredo hundía con el muslo entre los de Rosa Elena, se le adhería del bajo vientre al pecho, como había aprendido en los cabarets de la avenida Quito. Ella alzaba la cara, con los labios entreabiertos, bebiéndoselo. Sus noches eran fiestas de caricias desde que se conocieron, pero seguían teniéndose sed.

—¿Tiene miedo de que venga Manyoma?

—¿Contigo? ¡Loco! ¡Me gustara!

A través del arpa, remota y a veces dolorosa, oía Alfonso como el rumiar de un animal, los dientes del ciego, mascando cuchicaras. La habitación era una jaula escasa, que olía a agrio. Saliendo, los aguardaba el patio, bajo el cielo desnudo, a la sombra y al rumor del grosello.

—Jarifa, ¿no te gustaría mirar las estrellas?

—¡Hijito, no me acuestes aquí, que me vas a hacer una pushca el vestido!

—¿Y entonces?

—¡Pon el saco en el suelo!

La brisa olía a yerba tibia y a distancias nocturnas. Encima de los chatos techos sombríos ascendía el halo del alumbrado de la ciudad, lejos, lejos. Del cálido regazo de Rosa Ester, de sus caderas, en ondas de goce, tan perfectas que eran musicales, trepaban a él la ardentía de la tierra y la de la mujer. Los párpados de ella velaron el platino de luceros que le rieló fugaz. ¿De dónde venía ese escándalo importuno? Golpeaban voces:

—¡So perra!

—¡Manyoma!

—¡Fuera de aquí, matón desgraciado!

Alfonso, al acudir, aún deslumbrado, pudo verlo: mulato mal encarado, melena revuelta, frente estrecha, cicatriz en el pómulo y ojo sanguinolento. Reía, trompudo, desdentado, solo con los colmillos salientes, en gesto de animal amenaza. Había venido con varios otros. No hubo tiempo de entretenerse en suponer cómo saldría de la cárcel o en admirar su aspecto y su hedor a mallorca. A voz en cuello puteaba a Rosa Elena.

—¡Bueno, basta de profanar, largo de aquí! —se adelantaba Alfredo.

Él, Alfonso y el Pirata, resueltos, se enredaron a puñetazos contra los intrusos. Las muchachas, chillando, salieron tras ellos a la calle. Se escandalizaba el barrio sin impedimento, pues a sus tinieblas no se atrevían a entrar los pacos. Alfredo Baldeón encamotado con una mujer era invencible; tragueado era loco para pelear. Manyoma y los suyos huyeron. Por meses, por años, se habló en la Quinta de aquella pelea. Por esa noche, las tres rosas premiaron entre sus brazos, entre sus piernas a los vencedores. La boca de Alfonso sangraba.

El Pirata comentó:

—¡Hemos peleado como gatos boca arriba!

IV

Silbó frente a las persianas del departamento de su amigo. Supuso que la familia estaría almorzando. Alfredo iba a marcharse, para volver más tarde, cuando se asomó Paca. Al mismo tiempo que le respondía el saludo, inclinando la cabeza, llamó al hermano:

—Alfonsito, te buscan.

Alfredo esperó pateando el filo del portal con la punta roma de su zapato. Pensaba en las mujeres que eran sus recuerdos y en Leonor que era como su novia, su esperanza; la más lejana, Trífida, allá en su tierra esmeraldeña. Venían a él porque su suerte o su gusto otra vez lo aventaban lejos del Guayas. Ahora no era fugado. El taita no solo consentía, sino que aprobaba: porque el viaje era a tierra extranjera, a Lima, y es bueno que los mozos corran mundo; porque Alfredo no iba solo sino con su tío Miguel; por último porque había comenzado a notar al hijo demasiado enamorado de la obrerita esa, y le parecía conveniente que se alejara una temporada, no fuera a salir con la temeridad de casarse tan muchacho. Se iba, pues.

Alfonso, que acababa de regresar del trabajo y reposaba en la hamaca, salió con ese aspecto de gato deslumbrado de los empleados de oficina después de sus labores.

—¿Qué hubo, hermanito?

—Vengo a despedirme, Alfonso.

—¿Te vas a Daule? ¿No quedamos en ir juntos la próxima vez que fueras a visitar a tu mamá?— Me voy a Lima.

—¿No digas? ¿Cuándo? ¿Cómo así?

—Me voy esta noche, con mi tío Miguel, en el pailebot en que él anda embarcado. Me da un poco de pena por la hembra, pero ya volveré. Lo mismo dije de Esmeraldas.

En esta ocasión Alfonso lo extrañaría más.

—Tú eres medio trastornado. ¡De repente ese viaje!

—Leonor está tristísima. Dice que no he de regresar, que me he de quedar con las peruanas, que son macanudas... Pero yo la quiero. ¡Aquí también he tenido hembras a todo pasto, y siempre ella es ella!

—¿A qué hora te embarcas?

—A las ocho, el pailebot zarpa a las nueve.

—Yo voy a tu casa para ir hasta a bordo contigo.

Alfredo se alejó y el amigo siguió con la vista su camisa gris, hasta la esquina. Claro que iba a echarlo de menos. En los últimos tiempos las jaranas y bailes los hacían verse casi a diario. Se quedaba sin compañero para la diversión, en la que, desde el fin con Gloria, refugiaba su soledad. La soledad aumentaba: pero hacía tiempo ya que se proyectaba ante él, como se ve avanzar por el suelo el borde de la sombra de una nube.

V

A paso lento, había vuelto a la fábrica. Se asomó, por hacer algo en su vacío. Una cometa, desempapelada ya por la intemperie, pendía del alambre telefónico, frente a su ventana. Hacía tres días, la tarde en que, antes de embarcarse, se vino a despedir Alfredo, juntos la vieron interrumpir su leve sesgo, enredarse y quedar aprisionada. Leonor conocía al muchachito de la covacha cercana que, hasta anochecido y cuando ya su zambo estaría lejos, tal vez en la mar, pugnaba por soltarla, acompañado de otros.

—¡Honda! ¡Honda!

—¡Jálala con el hilo de allá!

—¡Ya hiciste tu brutalidad, ya no la bajas nunca!

Las voces de los chicos discutiendo se alejaron. Leonor, sin poder soportar la visión de la calle, vencida de abandono, se fue a llorar a su cama.

Cuántas noches la vida le había parecido suya propia, asomada ella y él de pie en el portal, muy juntos, secreteándose, mirándose. Al revés que ahora, el barrio sin transeúntes y más tarde sin muchachos jugando les parecía una bendición. Alfredo la besaba y su mano le buscaba los senos. Ella temblaba, pero sin manifestarle su temor, le apartaba la mano; un instante después, él volvía. Si estuviera, hoy lo dejara nomás acariciarla y hasta le contaría al oído esa especie de suave frío estremecido que la embargaba, atrayéndola a él, cuando acertaba las puntas.

La cometa, reducida a dos cañitas cruzadas y a harapos de papel descolorido, al paso del viento cabeceaba sin desprenderse. ¿Sería cierto que las lechuzas son de mal agüero? En la palma de la cuadra anidaban muchas. Volaban sobre el chalet y cuando estaba acostada, ella, entre sueños, arrebujada, tenía miedo y oía complacida la voz de la madre, solemne entre las tinieblas, maldiciendo primero a la pájara y luego rezando alto. ¿Anunciaba quizá que Alfredo no regresaría?

—Leonorcita, no te vas a pasar llorando todo el tiempo que él esté lejos. Oye: don Darío, el de aquí al lado, me ha traído su ropa para que se la lave. Y va a venir esta noche a visitarnos.

—Usted lo recibe, yo no salgo.

—Sería menosprecio. Tienes que salir. Él es un hombre serio, no es un muchacho. Así distraes un poco las penas, hija.

Ya la señora Panchita lo atendía, afuera. Desde su cuarto, apagada la luz, Leonor pensaba en Alfredo, golpeaba el sueño con el pie, y, atisbando, veía de espaldas al antipático ese: su overol azul sucio, su nuca rapada con navaja como de cura, los movimientos falsos de sus brazos. El brillo de la lámpara caía sobre la cara de su madre. A la primera impertinencia lo plantaba. Sin mirarse al espejo siquiera, cruzó la puerta.

INTERMEDIO DE AMOR Y DE RECUERDOS FELICES

I

Al paso del tranvía eléctrico, Alfonso leyó un cartel medio despegado: «¡Viva Tamayo!»

La tarde amarilla flotaba entre las casas. Se oía, al rodar, un crepitar en los rieles y se alzaban leves chispazos ultraviolados. De pronto Violeta se le robó los ojos. Marchaba a lo largo de los portales. Vestida de negro, su silueta fina se marcaba en la hora borrosa. Se encontraron cara a cara. Luego, siempre la vio así, casi en símbolo, venir hacia su vida.

—¿Es muy burlona? Se ríe mucho.

—No de usted, sino con usted.

La mañana que la conoció acababa de regresar de la oficina. La familia de ella se cambiaba al piso alto de la casa donde Alfonso habitaba. Aún trasladaban muebles unos cargadores. En la acera, Violeta hablaba con uno de sus hermanos. El silbo cristalino de un pasillo de moda hizo que ella buscara con la mirada. La vio: el día le caía en la cara y en su blancura resaltaban las pestañas. En ambos fue involuntaria y fugaz la sonrisa.

¿Enamorarse? ¿Qué era enamorarse? ¿Qué tenía que ver el amor —Gloria era una prueba— con sus ternos gastados, su sueldo miserable, sus obligaciones, que sentía sagradas? No vivía amargado. La vida no era buena, cierto, pero es que cada cual nace con su suerte. Y él sabía encontrar a su modo el gusto de la vida.

Indudablemente había cosas peores como el dolor de su madre cuando abandonó los estudios. Leonor se empe-

147

ñaba en que siguiese una carrera. Habría dado la existencia por lograrlo. Pero la pobreza era cada día peor en la casa. Alfonso no podía ver destrozarse más a la madre y palidecer de hambre espiritualizada a las hermanas. Era demasiado.

—Mamá, desde mañana no voy más al Vicente: tengo un empleo, un empleo bueno...

—¡Hijo!

Se derrumbaban las ilusiones en su frente. Las venillas azules de las sienes temblaban. Parecía encanecer a la vista. Sus labios se fruncieron en una mueca de infantil desencanto. Él la besó en los cabellos. Rio por alegrarla. Se oía su propia risa. Nunca la había oído. Dejaba de ser niño.

Luego, fueron cerrándole los horizontes las diez horas sobre la máquina de escribir, en una atmósfera densa de polvo de papeles archivados, de las toses de los empleados viejos, aferrado por la sed, que el agua del lavabo tibia como caldo, era incapaz de saciar.

Violeta le abría confines de imposible espejismo.

Quiso alejarse de ella, desde el principio, y no pudo. A los pocos días de ser vecinos, los presentaron. Recordando la sonrisa de su primer segundo, le fue duro hallarla amable e indiferente. Ahora, desde el tranvía, la veía después de días.

Bajó con paso vehemente. A sus puertas contiguas llegaron iguales. Luisa, hermana de ella, conversaba ante las ventanas, con Paca, que les sonrió:

—¡Ajá, vienen juntitos!

—¿Y qué fuera que estos se salieran enamorando?

Violeta, ruborizada, se lanzó a la escalera. Arriba tocaban el piano. La calle perdía a lo lejos sus filas de casas y covachas, bordeadas por los faroles de gas. Luisa le puso la mano en el hombro.

—Vea.

En el cielo, azul líquido, ascendía la luna, enteramente metálica.

—¿Vamos esta noche a la avenida Olmedo, a comer chirimoyas?

—¡Ya estuvo! —intervino Paca—. ¡Qué luna!

Al ir junto a Violeta, bajo los ficus negros, la miró con nuevos ojos. Ella, riéndose, le preguntó si era romántico. Él alegó que, a su lado, ¿cómo no lo sería? Se cubrían de brujería deformadora las casas con las ventanas ciegas, los rincones de penumbra, las parejas de enamorados. Palidecían los faroles de los tendidos de fruta, adosados a los troncos chirreados de resina.

—Nadie duerme esta noche. ¿Quién no se amanece en la calle?

—Hasta los perros están alegres y hasta yo.

—¡No seas bruto, Alfonso, no se iguale con los perros! —echó ella la risa. Luego seria, añadió:

—¿Acaso es triste siempre?

—A menudo.

Violeta alzó la vista a la camisa roja que él llevaba y a su cara tosca, como tallada desde adentro por sentimientos silenciosos.

Las cholas vendedoras, vestidas de blanco percal, en el aura lunar y a los aletazos de sus faroles, semejaban tinajas. La brisa del río disolvía aromas de mujer, el olor a flores y almíbar de las chirimoyas, vaho de marea.

—¡Las más dulces, caserita, las más dulces!

—¡Estas son verdaderas de Puná!

—¡A tres por dos las sin pepas!

Violeta dejó de estar bulliciosa. Las familias iban adelante. En grupos, conversaban y escupían las menudas semillas. Zarpaba una balandra en la luz de la ría: las velas audaces y el casco se perfilaban en manchón agudo. Estaba tibio, en la mano de Alfonso el brazo de violeta, que cogiera, no sin timidez. Lo invadía cálida exaltación.

—¿En qué piensa que va tan callado?

—Voy oyendo su silencio.

—Qué lindo sabe silbar, lo oí ese día.

—Es que soy un músico hipotético.

Le huyó Alfonso desde esa noche. Callaría para no exponerse. El padre era alto empleado de banco, los hermanos también tenían buenos empleos. Vivían bien. Alfonso

149

comparaba sus arañas de gas con camisolas, con el tubo ahumado de la lámpara de su sala, que limpiaba Paca y que dejaban oliendo a cebolla con sus manos que había cocinado. Si uno es pobre, ¿cómo no ser orgulloso?

* * *

Violeta se adelantó la primera, a recibirlo. El traje blanco, amplio y suelto, de corte antiguo, adquiría gracia viva sobre su cuerpo joven. Alfonso se contentó de haber accedido a subir a visitar y a tocar piano. Gozó la pequeña vanidad de que ella fuera a oírlo.

—¿Se ha sacado la lotería?

—¿Yo?

Violeta rio:

—Como no quiere ver a los pobres.

El reclamo lo alegró más. Pero lo cortaba no saber qué conversar. Todo lo cohibía: los ojos de la señora Elvira, a través de sus lentes; el arreglo de la sala, que le pesaba extraño; la atención proyectada hacia él; el fastidio de que Violeta se fijara en sus uñas deshilachadas por la máquina de escribir. Respiró cuando le ofrecieron el piano.

Tocó varias piezas de moda. El instrumento dócil y afinado se ganaba las manos. Las notas vulgares de emoción. Una apremiante violencia le azotó las muñecas. Alrededor se borraron los retratos, las consolas, las alfombras, hasta los rostros que lo circundaban.

Nada le quedaba del deseo mezquino de agradar. El vino de las músicas viejas le vertía su vapor en los ojos. La noche alada de fuera, la noche de la ciudad, de calles de cascajos y bledos, de cercas coronadas de reseda, de mulatas calientes y de perros sin dueño, venía a poner su letra de miseria y abandono a las músicas europeas henchidas de otros alientos, desgarradas de otra nostalgia, anhelosas acaso de otro bien.

Hubiera querido tocar la música que soñaba suya. ¿Cómo esparcir los vírgenes ríos sonoros que, en las horas

150

de esperanza creadora, vertían en su pecho y en su cráneo sus torrentes diluviales? Amaba estas otras músicas con el secreto orgullo del que ama a voces hermanas, aunque nadie sepa de la suya, no dicha. Pero sabía que su vibración íntima era distinta, y le era fiel. Aquellos músicos, tal vez hasta el Beethoven oceánico, eran saciados. Él era pobre y era americano, con el indio en los ojos y el mulato en los labios. Su propia vida y la vida de su tierra lo hacían ser un sediento. ¡Qué orgullo y qué desgracia haber nacido en Guayaquil! ¡Pero qué fuerza saber que nuestro destino es nuestro mundo y que ni se quiere ni se puede salir de él!

Para Violeta, de pie a su lado, mirándolo vagamente, querría Alfonso, por un prodigio, tocar de corrido su música aún no escrita. Ya no por agradarle sino por entrar en su espíritu. Que brotara de sus dedos la magia perseguida, que la penetrara como una comunión religiosa, y suscitar, fundiéndoles, el hecho siempre perfecto del amor.

De pronto Violeta le puso la mano en su mano, le buscó los ojos:

—Usted no ama su destino. ¿No escribe poesías o música?

—¿Cómo lo sabe? Para usted la escribiré.

Notó que ella temblaba.

—Calle.

La brisa mecía las cortinas de encajes de las puertas y los finos helechos de las macetas.

—Siga —insinuó alguien.

Tocó la Serenata de Schubert, gusto romántico de su madre. Abajo, en el departamento, desde su hamaca, tal vez escucharía. No la tocaba para ella desde hacía años, desde que vendieron el viejo piano familiar en que Alfonso aprendiera de oído. A través de muchas hambres lo respetaron. Todos en casa lo adoraban. Por una enfermedad de la ñaña Carmela, hubo que sacrificarlo. Entre la máquina de coser y los muebles de bejuco, quedó el vacío de un ser querido. Y en las noches en que, ya tarde, caía la conversación sobre muertos, las hermanas de Alfonso aseguraban que luego,

151

desde el dormitorio, oían el paso de los acordes del piano ausente.

—Se nota que le gusta tocar. No es solo amabilidad para con nosotros. ¿Por qué no viene siempre a hacerlo? Hágalo cuando guste, tenga el piano como suyo... —animó la señora Elvira.

Violeta y el piano lo habían estremecido hasta las raíces de su ser. Por ella volvía a oír en sí las armonías que, arrullando su niñez, le dieran la ilusión de haber nacido músico; recobraba la fertilidad de su espíritu. El misterio musical retornaba cotidiano a obsesionarlo en la casa, en la oficina, en la calle.

Los cholitos, jugando, golpeaban con un palo un aro de zuncho o pateaban una pelota. Un negro, construido en el mismo metal del yunque sobre el que se curvaba, arrancaba con un mazo chispas y sones, en la sombra de una herrería. La risa de las mujeres tras las puertas era un clamor de papagayo. Con campanadas pesadas de sol, una iglesia daba la hora. Rechinaban en el empedrado las ruedas de las carretas. Alfonso amaba los ruidos: venían a arrancar ecos límpidos en su alma y a unirlo con las gentes, los cielos, las yerbas y las piedras.

Hasta ahora no había intentado clavar notas. Había aprendido música con el profesor Albert, a quien conoció en el colegio Rocafuerte, y cuya hija Pepina, con la que trabó gran amistad, le ayudó también a abrir el enrejado simbólico por el que se penetra al universo de los sonidos. Albert, una ocasión, escribió uno de los ritmos que Alfonso escuchaba en sí, y que solo silbando podía expresar. Pero a él algo se le rehuía, no sé qué le faltaba. ¿Cómo encontrarlo? Un día lo sabría, en milagro repentino del cielo en que nacen las estrellas. ¿Cuándo?

Lo que hasta hoy alcanzaba, en sus noches, ante la ventana de su cuarto o en un baile cualquiera, era el rascar de sus uñas roídas contra las cuerdas de la guitarra femenina y doliente. Le parecía una adivinación sonámbula, la de Violeta, al hablarle del destino y de la música.

* * *

Había venido, como venía ahora casi todas las noches, a conversar en general, e insensiblemente más con ella. Lo intimidaba hallarse solos. Violeta le sonreía. No acertaban con el tono cercano y reticente de siempre. No quería, no podría decirle que era su obsesión cada una de sus horas.

Parecía extraño a las gentes.

—Oye, ve, desgraciado, cuidado te aplasta un carro, ¿es que vas en babia! —le había dicho ese mismo día un amigo, al cruzarse.

Sobre la mesita interpuesta entre ellos, en medio de los objetos de adorno, las manos de Violeta reposaban puras, blancas, las uñas hacia abajo. Le brillaba en los labios una sonrisa nueva. Cogió un cubilete con dados.

—¿Probamos?

Alfonso asintió, mirándola a los ojos. Cayeron ases. Extendió la mano y echó a su vez. Enrojecía pensando en que ella lo observaba y debía encontrarlo feo, cosa que nunca le había importado. También él sacó ases.

Violeta rio suavemente y tiró por segunda vez, un tres en cada dado. De inmediato, Alfonso sacó iguales puntos. Saltó ella:

—¿Qué? ¡A ver, tiremos otra!

Por tercera vez marcaron iguales suertes: cincos.

—¿Y esto qué es, Alfonso? ¡Me da miedo!

—Es la sangre que late igual.

—¿La sangre es el destino?

Callaron, sintiendo lo desconocido que había en sí mismos. Tras la mampara movían una silla, se oían pasos familiares. Lejos, rodaba una canción en un fonógrafo. Alfonso se despidió. Por el claustro, más allá de la escalera, se divisaba un trozo macizo de cielo nocturno. ¡A decirle hasta mañana, ella se arrimó al corredor, tan blanca, tan fina! En sus pestañas se dormía todo el hechizo de la noche de la tierra. Tendió la mano.

—Las estrellas están despiertas.

153

—¿Recuerda la otra noche, al volver del teatro? También sentimos las estrellas, las hicimos nuestras, Violeta.

—Los que se aman, se vuelven hacia ellas.

—Son un espejo demasiado grande para el amor.

Supieron que ambos las amaban y a Alfonso le evocaron su niñez, cuando el abuelo le enseñaba a conocer la osa y el carro. Acostumbraba entonces a tenderse cara al cielo, frente a las noches encendidas. Sentía, no un tumbado claveteado de plata, sino la vastedad abismal, en que palpitan, más cerca o más lejos, más mundos y más mundos.

Con el rumor de las olas de sus propias sangres, bajaba a ellos un rodar infinito. Él se detuvo y se atrevió a cogerle la mano que le tendía. Sus caras se hallaron muy próximas. Al mirarse, creyeron en el éxtasis. Se dijeron lo que siempre se ha dicho, lo que siempre se dirá.

* * *

Por sus aficiones musicales, Alfonso trataba un tanto a los del oficio en la ciudad: entre ellos, al maestro Odilón Cervantes. Lo divertían sus camisas chillonas, su melena embetunada y su panza, donde se metía sin tregua guineos. Pero lo admiraba trasfigurado, cuando entre la papada y la mano regordeta, sostenía el violín. Esa noche afirmó:

—¡Lo que le digo Cortés, si con el sereno que le demos, no vuelve con usted la niña, no me paga!

—¡Una cosa es con violín y otra con guitarra, maestro, y la guitarra la voy a tocar yo!

La nocturnidad de la calle, sin policías y sin perros, densa bajo los profundos portales, se volvió más criolla al ascender la queja del violín y, desde las cuerdas de la guitarra, el reclamo viril. En manos de un segundero Odilón, una mandolina terciaba sus cuchicheos de alcahueta. Olía a viento, a flores lejanas. El instante fugaba en notas efímeras.

¿Cuál es la guayaquileña tan desdichada que no le hayan dado siquiera un sereno en su vida? La guitarra de Alfonso llamaba sus otras horas con Violeta. Le preguntaba si se acordaba cuando en el corredor, a la entrada de la escalera de su casa, en medio de todos, jugaban al cine haciendo que las siluetas de sus cabezas, distantes sin embargo, se besaran en la pared. ¿Había olvidado ya los libros que leyeron juntos, las cabezas de los niños que acariciaron al pasar, cuando cruzaron, pareja feliz, por los parques evaporantes de calor? La guitarra también quería oírla repetir lo que, palideciendo, murmuraba:

—Imposible.

¿No regateaban todas las madres a sus hijas el derecho al amor? ¿No amenazaban siempre los hermanos patear al que pretendía hacerlos cuñados? El violín floreció la ilusión de un aroma de azahares: insinuó los ribazos con luna roja en el agua, donde crecen limoneros y no existen suegras. La mandolina bajaba su voz hipócrita: apenas sugería las bocas mojadas de besos, las manos trémulas, la embriaguez de los alientos que se funden.

—¿Imposible?

La letra de los pasillos aludía al frío de la ausencia, a las distancias vacías que se extienden las manos, buscando las manos amadas. Tres piezas son de rigor en un sereno: la tercera, inevitablemente, tiembla de adioses, se queja por los días futuros. ¿Se verían mañana? ¿Marcharían sus vidas por rutas distintas? Una vez más, la guitarra y la voz varonil advertían que la noche se iba, formulaban la postrera pregunta.

—¿Imposible?

¿Se habría despertado Violeta a escuchar? Alfonso sabía que la vieja creencia, olvidada en los serenos de hoy, de que sería risueño el porvenir, si la muchacha se levantaba y él conseguía, a través del canto y los instrumentos, oír sus pasos al acercarse al balcón. Espiaba, onda tras onda, la magia sonora, que volaba sobre el barrio dormido. Leve, le llegó el roce de los pies descalzos de Violeta. Crujió la ventana: en la sombra se dibujó claro su rostro, entre las trenzas fragantes. ¿Pero acaso los augurios no mienten, como las personas?

155

Con palabras difíciles le hablaba ella del final irremediable. No le daría detalles, él debía suponerlos. La oposición contra su amor era tal vez más grave por su misma delicadeza. No habían surgido escenas. No le habían lanzado una mala razón. Apenas se deslizaron insinuaciones sueltas. Insensiblemente había entrado en juego el poder espiritual que su madre había sabido crearse, y que la erguía sobre la casa en amplia figura dominante, envuelta en dulzura e imperio, como las genitorias virginales de Murillo.

¿Con qué fuerzas iba a resistir Violeta? ¡Las manos le temblaban, las manos! ¡Alfonso pensaba en la sonrisa de la señora Elvira, en su frente; en la ternura y la rigidez de su mirada.

—¡Adiós! —a él también le tembló un instante el puño.

La desesperación con que amaneció Alfonso, tras la noche de insomnio, no era de las que se alivian con aspirinas. Pero la vida se rehízo, en alegría inesperada, cuando muy temprano, una muchachita le trajo un papel: «Querido: Anoche, después de que hablé contigo, sentí que te quería más. No puedo vivir ni pensar ni leer; solo tú ocupas mi pensamiento, mi alma. Sin tu amor, no podría seguir. Todavía conservo en mis párpados tus besos. Te besa muy despacito. Violeta».

* * *

Caía el cielo, sobre los postes y los alambres, los aleros picudos, la calle oscureciendo. Aromas, tamizados de distancia, llegaban hasta el balcón. De los portales subían gritos de niños que jugaban, Violeta y Alfonso se encontraban en silencio: no podían hablar íntimamente, pero estar juntos era ya una embriaguez.

Se aislaban de los rumores de la casa y del barrio, del vuelo de las nubes y del vapor de luz que se extinguía. Solo quedaba la mutua presencia. Era como si recién se conocieran o como si se hubieran conocido siempre. La penumbra se hacía pesada en los párpados de ella. Su rostro, de óvalo puro, se volvía irreal. Y únicamente la sonrisa se delineaba con la cercanía de un beso.

—Solo a tu lado, vivir es vivir.

—Sin ti, es la soledad.

—¿Tú también sientes lo que es la soledad? Las manos se tocan, no se enlazan. Nada dicen las palabras. Mundos separan mis sueños de los otros sueños. Mi sangre es solamente mía: y nada más que con la tuya tiembla igual.

Volvieron fuera la vista, palomas, irisadas por finales de retazos de sol, se posaban en la guardalluvia. La noche bruñida, palpable pero traslúcida, comenzaba a envolverlos. Por encima de la extensión confusa de tejados, en el aire metálico, se perfilan sombrosas colinas.

Peones con mecheros encendían el alumbrado. Entre un traqueteo de latas mal unidas, una voz que no se sabía si era triste de sí o si la doblegaba el crepúsculo, se extendió sin alzarse, parecida a un lamento.

—Basuraa... Basuraa...

Era vulgar la calle de caserones de quincha, infecta la carretilla de desperdicios, un vencido el hombre cobrizo que la conducía y con su grito marcaba el paso del instante; mas, sin motivo. Violeta y Alfonso se sobrecogían. Los faroles de gas agitaban sus llamitas sangrantes: su claridad pobre, por los estantes, los boquerones de los zaguanes y los chatos grifos de hierro, se encogía y se alargaba sobre las piedras.

Una onda de vida que llevaban consigo también las suyas, venía de fuera, hacia sus frentes.

—¿Sientes la noche?

—Contigo he aprendido a sentirla.

—Cuando no esté a tu lado...

—Calla.

—Y, sin embargo, la alegría existe y es natural. Y tú eres la alegría.

Ella le miraba la frente que tenía una aspereza de corteza de árbol, pero de cuya forma emergía una serenidad que resulta infantil. ¿Cómo había llegado a quererlo así? Al principio no se lo imaginaba. Había amado antes. ¿Qué eran esos amores ante esto que la mantenía despierta todas las noches y colmaba cada minuto y cada segundo de sus días?

Espontáneamente sus infancias afluyeron a los labios de ambos. La voz de Violeta y las cosas que evocaba se mezclaron para Alfonso en una oleada de íntimas resonancias que iban a despertar los ecos de una música como nunca se oyera en el corazón. Sintió que si lograra cifrarla en notas, habría al fin hallado su voz. La oía como se oye en los sueños.

Del misterio de su memoria se levantaba un mediodía de sol en el campo. El padre trasladaba a la familia a una casa nueva, en la hacienda que administraba. A Violeta, pequeñuela, la conducía a caballo un peón. La casa de mirador se erguía sobre la sabana. Negros tilingos volaban en los algarrobos. Tórtolas tierreras se alzaban del pasto. Al llegar, el peón la entregó a los brazos de una sirvienta.

La casa nueva trascendía a maderas frescas, en choque con la vasta luminosidad de fuera, el cuarto donde la llevaron a hacerla dormir, pues no podía más de cansancio, se veía un rincón casi azul.

Al contárselo a Alfonso, Violeta titubeaba:

—No sé por qué te cuento. Con nadie tengo ni he tenido confianza como contigo. ¡Son cosas de chica!

Se abrían sus ojos a la vida. Era una chiquitina frágil, de breves trenzas gruesas, con su gestito de timidez. Acostumbraba a andar apegándose a las paredes, tal vez por temor a la avalancha de juegos de los hermanos.

—Tenía un pollo que me regaló mamá y que yo mimaba. Era una mota chiquita de plumón amarillo, con los ojos de cabezas de alfileres y el piquito tierno. ¡Para que veas lo que entonces era el tiempo para mí: una tarde dejé mi pollo siendo pollo; y al día siguiente amaneció grande, gallina! Ya no lo quise.

Con las hermanas se levantaban al amanecer, a correr por los piñales. En la yerba los pies desnudos se bañaban de frescura, rompiendo las lentejuelas del rocío. Sorprendían el primer mascarón rojizo del sol, tras los carrizales. En la galería cantaban en sus jaulas caciques, azulejos y columbras.

—Cuidaban la casa dos perros grandes. El uno se llamaba Pilo y el otro Sultán. Los chicos jugábamos con ellos. El uno tenía las lanas pardas y el otro negras. Eran tan altos que mi cabeza no les alcanzaba ni por el lomo, pero muy mansos. Por la expresión de sus ojos brillosos parecían gente.

Para la hora en que las sombras trepaban al par que las enredaderas, por los muros de la casa, no había nada como la falda de mamá. Era tibia y olía a manzana igual que los cajones de las cómodas. La falda se la disputaban entre Violeta y Pancho, el hermano de un año más que ella. ¡Qué bien se iban durmiendo suavemente allí!

—Mamá era muy hermosa. Alfonso, espera, voy a ver si encuentro a mano un retrato de esa época.

De la atmósfera diluyente que se ahueca en las antiguas fotografías surgía la galería de una casa de hacienda. Don Leandro, con su fisonomía franca y recia pero entonces juvenil, vestido de cotona cerrada al cuello, presidía de pie el grupo. La señora Elvira sonreía, rodeada de las filas desiguales de hijos e hijas. Se creería una hermana mayor por su esbeltez y su cara de chiquilla.

—¿Cuál de nosotros se le parece a lo que ella era?

—Tú. Sin ser grande la semejanza física, es la misma ligereza de la actitud y la misma manera de mirar tímida y curiosa. Oye, y esta otra foto yo me la llevo...

Era Violeta, apoyada en el alféizar de un ventanal. Afuera, en un cielo borroso, se desplegaban las ramas de una palma. Volvía ella la cara, seria, no triste, bañada de la claridad interior que él amó desde que la conociera. Se guardó el retrato.

Le había contado sus sueños: Violeta sabía de la armonía que él perseguía en sí, y conocía su gesto de ironía por el contraste de sus ambiciones con su vida. Ella protestaba:

—Tú escribirás tu música, lo sé. Yo la adivino, la conozco. A veces la oigo en tu voz.

—Si lo consiguiera, sería por ti. Desde que te he conocido he vuelto a escucharla. Hacía mucho que yo no la oía. ¡Por ti vuelve a cantar triunfalmente! La oigo tan clara como de niño: menos clara pero más intensa.

—¡Si nos hubiéramos conocido antes!

—Cuando cantaba, decían que yo era loco, que oía cosas que no oyen los demás.

Comenzó a oírla a causa de la Iglesia. Muy pequeño, la madre lo llevaba, las madrugadas. Golpeaba remota de sueño la campana de la Catedral. Cruzaban de prisa las calles. Arrodillados en una banca, Alfonso se cogía de la falda de Leonor con miedo a las beatas. Se respiraba a frescura encerrada y a humo de incienso y ceras. Brillaba el altar. La voz del armonio creía hacia las bóvedas altas. Pasaba sobre las cabezas estremeciéndolo y transformándolo todo. El aire vibraba con una dulzura solemne y Alfonso experimentaba un estremecimiento lúcido y supremo.

Al salir, no era el mismo chico de antes. El mundo que lo rodeaba se había vuelto un inmenso juguete sonoro. Algo oía, algo dentro de sí, pero que era a la vez las palabras de su madre, las canciones con que lo arrullaban antes, el rodar de los coches, los pregones asoleados de los vendedores o el aguacero en los techos, al dormirse, aspirando el olor de los vestidos de sus ñañas, con una dulzura inexplicable.

—También yo te cuento todo, Violeta.

—Todo lo tuyo posee algo mío desde siempre.

—Era mío un algarrobo...

El departamento donde vivían tenía ventanas y puertas laterales al patio en que se levantaba ese árbol de tronco roqueño y copa inextricable. ¿Para qué robar nidos, si se residía en ellos? Costó tiempo para que le dieran permiso de subirse. Enhorquetado entre el follaje, amaba las montañas, los castillos, los jinetes desmelenados, las doncellas angelicales, los osos, todo lo que dura unos segundos en el paso de las nubes cambiantes. Olía a jugo de hojas tiernas, a plumón de lechuzas huidas de madrugada, y el humillo que se elevaba de las vecindades, a menestra batida. ¡Y debía dejar todo eso para ir a la escuela!

160

Poco después, él mismo fue quien deseó ir. Una tarde habían preguntado por qué no comían. Carmela, la mayor de sus hermanas, le respondió:

—No tenemos, hoy. De que estés grande, trabajarás y no nos faltará. Para poder trabajar entonces, ahora debes ir a la escuela...

—¿A la escuela? ¡Yo odio la escuela!

Carmela lo miró sin decir nada; y él, frunciendo el ceño, ratificó suavemente:

—Odio la escuela, ñaña, pero iré.

Pocas veces le dejaba Leonor que, en tanto que ella cosía, él diese vueltas a la manivela de la vieja Selecta. Pero a Alfonso le gustaba ayudarle. Cuando no se lo permitía, siquiera permanecía en el cuarto, tirando de un cochecillo de carretes de hilo. Y le contaba a ella las palabras que oían en el golpeteo acompasado de la máquina. Eran muchas y, según los días, distintas:

—Carrera, carrera, carrera... —Unas veces, y otras:

—Las tres de la tarde, las tres de la tarde, las tres de la tarde...

—¿Las tres de la tarde? ¿Por qué? A esa hora naciste.

Quizás las palabras dependieran del más o menos cansancio del brazo de Leonor.

—No sé qué es nacer, Leonor. La máquina dice.

A fin de que ella reposara y por el placer que le producía, antes que oscureciese, Alfonso le rogaba que viniera junto a la ventana a leerle. Su voz era suavemente monótona, pero tan precisa que él distinguía lo que decía el libro de lo que decían las gentes que vivían en el libro.

Eran *Las veladas de la quinta*, *El Robinson suizo*, la *Geografía universal* de Gregoire, *María* de Isaacs, la *Historia de los girondinos*, otros.

Después de leer el asesinato de Marat o la llegada de los marselleses a París, el año II, Leonor le mostraba un grabado en acero.

—Un descamisado.

—¿Por qué descamisado?

161

—No tenía camisa o tenía una sola desgarrada.

Alfonso simpatizaba con el rostro fiero y sonriente, de los cabellos remecidos, la mirada franca, los zuecos sobre los adoquines del arroyo parisiense y, detrás, el farol con el grotesco aristócrata ahorcado. Cuando Leonor, en el viejo piano tocó La Marsellesa, se la hizo repetir tres días, hasta aprenderla. La silbaba al acostarse y al levantarse. No logró enseñársela a los pájaros del algarrobo, aves de ciudad, chagüices, brujos, viviñas, todos mudos...

Ahora la vaga luz de la noche confluía en la cara de Violeta. Ya no era irreal, sino intensamente próxima.

—Yo, de chica, defendía a las golondrinas...

Los corredores se tapaban de la resolana, con cortinas de lienzo. El viento sabanero, inflándolas, parecía que quisiera hacer navegar la casa. Una de ellas permanecía atada, formando un hueco, una especie de regazo. Allí anidaban las golondrinas.

—¿Hay golondrinas en nuestra tierra?

—No sé, los montuvios las llaman así.

Por las tardes, una tras otra, abrían a lo alto sus alas triangulares. El gordo gato romano espiaba el instante en que una aparecía, para cazarla al vuelo. La chiquitina Violeta vigilaba interminablemente, cuidando el nido y espantando al gato con un palo de escoba. A veces libertaba a la avecita temblorosa ya de las mismas garras.

—Influyó en mí ver sufrir a mi madre.

—¿Por qué padecía doña Elvira?

—Por el veterano. Lo que hacía no lo hacía de malo, pero acaso por eso resultaba peor.

—¿Bebía?

—No. Era violento y mujeriego. Viéndolo como es, no puedes hacerte idea de cómo fue.

Quería a la señora Elvira; ni amor ni pan les faltaron nunca a ella y sus hijos. ¿Qué iba a hacer si su sangre llameaba y ante él se extendía la tierra abierta? Mantuvo mozas en todos los pueblos y recintos del contorno. Sus ojillos irradiaban un fuego imperioso. Lo mandaron a matar muchas veces, sin conseguir ni rasguñarlo. Machete en mano se metía entre las peonadas borrachas y las dispersaba a planazos. Jamás bebió una copa de licor, pero ni los más ebrios lo igualaron en violencia.

La figura de la señora Elvira cruzaba sola, con la palmatoria en la diestra, por entre los mosquiteros de las camas de sus hijos, en las noches de espera. Ya no lloraba como los primeros años. Le nacía una fuerza parecida a la de él. Sin un reproche lo dejó desbocarse afuera. Apagó sus celos de mujer. Se consagró a los chicos. Él se imponía con el puño en la sabana. Ella en la casa dominaba con una mirada.

El profesor al que pagaban para que permaneciese en la hacienda, enseñando a los chicos —un español anciano, decidor y bondadoso— tuvo que ausentarse. Debieron ir a educarse a la ciudad. Allí se instaló con ellos la señora Elvira. Don Leandro siguió en su trabajo en el campo. A solas, ella terminó de hacer su mundo suyo de su casa. La modeló como quiso, sintiéndose responsable solo ante Dios.

—Al fin en esa forma hizo su dicha; pero en mi casa, Violeta, mi madre viuda luchaba sola. Si existo, es porque ella trabajando daba a pedazos su vida para que mis hermanas y yo viviéramos.

¿Qué noche de su niñez no la vio junto a la lámpara, erguida, alegre, con una costura entre las manos? En este instante creyó percibir que las de Violeta se parecían extrañamente a las de su madre. Las formas de los dedos y las uñas, el tamaño, eran iguales.

—Presta la mano.

Se la tendió y él pudo ver la semejanza también de la trama de rayitas entrecruzadas en las palmas sonrosadas.

—¿Para qué?

—Acabo de fijarme en que tus manos se parecen a las de mi vieja.

—¿Cierto?

—En todo, solo que las de ella están ajadas por el tiempo y el trabajo. Pero son lo mismo de suaves y frágiles y de poderosas. No sé dónde he leído algo acerca de la fuerza

163

sin esfuerzo de los ángeles...

¿Qué muchacho no tiene una matraca, un pito, en nochebuena? Una, ya lejana, Alfonso no tenía. Leonor no alcanzó de tarde a terminar una costura. Algarabía de carricoches, gritos, petardos, bengalas y risas se derramaban por las calles. Ceñía él los fierros de la reja de la ventana contra la frente.

—Alfonsito, mañana que entregue el vestido, te compraré el revólver de juguete que te gustaba. ¿Estás llorando?

—Mamá, los hombres no lloran. Estoy viendo.

Tras él la luz de la esquina cortaba un retazo en el piso. Los grupos se habían alejado. La pulpería cercana se cerró. Para el revólver necesitaba siquiera un rollo de fulminantes. El silencio soplaba por las bocacalles perdidas. ¿Pediría que se los compraran? ¿No sería demasiado? Paca tenía muñeca. El viento removía un ramaje. La voz del harmonio bajaba lenta. Con ella se iba la tarde llena de carretas retrasadas y de olor a yerba. Palabras casi cuchicheantes lo despertaron bruscamente, en la cama. Lo habían traído dormido. Aunque hasta él venían confusas, reconoció las voces de su hermana Carmela y de Leonor.

—Sí, mamá, con eso son veinte, pero ¿y lo de la casa? Yo no le dije temprano. La sirvienta de la señora de arriba trajo el recado que si no podemos pagar, que desocupemos, que son tres meses...

Ni bien amanecido él le declaró a Leonor que no le gustaba el revólver. Ahora le encantaba un barco; él y su amigo Baldeón tenían conseguido un trozo de palo de balsa e iban a construirlo. Sería balandra de dos mástiles. La ñaña Carmela les cosería las velas. ¿Para qué revólver?

—No era sacrificio, Violeta. Algo más sencillo: era hacer coincidir el gusto con la obligación.

Ella lo miró, sonriéndole como a él le gustaba. Y volvió, a su vez, a contar.

—Cuando vine a la escuela por primera vez, era una perfecta montuvia. Me quedaba aislada y huraña en mi banca.

—Adivino cómo eras. En tu rostro actual reveo tus

rostros anteriores...

—Yo también sé cómo eras. Bueno, de verdad que era tímida, absurdamente tímida.

—¿Más que ahora? —sonrió Alfonso.

Violeta compartió la sonrisa:

—¡Mucho más! —y siguió:

—Me agradaba vestirme de amarillo claro. Con un lazo de cinta del mismo color, me ataba el pelo que llevaba raya a un lado.

La profesora era una solterona que tenía lejano parentesco con don Leandro. Por eso a Violeta la cuidaba y mortificaba más que a las otras alumnas. Una vez le dio, para que aprendiera y lo declamara en una fiesta escolar, el poema «El Cuervo», de Edgar Allan Poe. A ella le horrorizó esa ave con su agüero inexorable. Por lo mismo, se le grabaron enseguida los versos. Pero se negó a ensayar. Callaba, obstinada, fijos los ojos en la madera del pupitre, garabateada de lápices. La maestra, bajo su capa de colorete, se encendía de furia:

—¡Pero dilos, Violeta! ¡Si los sabes, si los has dicho a tus compañeras! Delante de mí es que no quieres. Tendré que darle las quejas a Leandro. Le avisaré a Elvira.

Al fin le retiró el papel y se lo confió a otra.

—Después dicen que una no hace por la familia. ¡Pretenciosa!

En la escuela atribuían su retraimiento a orgullo, cuando era, en el fondo, timidez.

—Pero sí era orgullosa te confieso, Alfonso. Así me criaron. Aunque sin ser lo que se llama rico, a mi padre le ha gustado siempre vivir bien. No he experimentado pobreza sino una ocasión, ya grande, en que él estuvo unos meses sin empleo. ¡Niña mimada, figúrate!

En el departamento bajo, de la casa en que habitaban cuando recién se trasladaron a Guayaquil, vivía una familia con numerosas chicas. Eran huérfanas de madre. El viejo, al que Violeta y sus ñañas veían por el claustro pasearse en chaleco, semejaba un loro, disecado de puro hético. Ganaba un sueldo miserable. Los hijos llevaban callados su ropa usada y su hambre. Eran demasiados. Probablemente la madre habría muerto de tanto parir. Formaban un coro de manos céreas, trenzas raposas, labios exangües, cuellos de paraguas y párpados morados bajo los que brillaba la mirada inteligente y tísica.

—¡Las Mendoza están faltas de alpiste! —murmuraban las vecinas.

—Lo que voy a contarte es para que tú, que me crees buena, veas cómo, sin saberlo, se puede ser monstruo. Y me castigo todavía con el dolor de que lo sepas tú que quiero que me quieras...

Acalorada, ardidas las mejillas, con la boina echada a la oreja, volvía de la escuela. Sol de las cuatro, anaranjado pero quemante, azotaba de lado, marcando los estantes sobre el portal. La garganta seca de las lecciones, y las axilas húmedas de sudor —le cayó como una bendición el grito del frutero que asentaba su charol en la esquina:

—¡Ciruelas del cerro!

Antes de pagar el real, sus dedos, manchados de tinta, oprimían ya las ciruelas jugosas. A su lado, un chicuelo descalzo encogió el hombro, alzando el tirante del rotoso pantalón, y gritó remedando:

—¡Tu abuela en el cerro!

Germania, una de las vecinas pobres, le tocó el brazo:

—¿Ciruelas? Violeta... Dame.

Ella le hizo una mueca:

—¿Dame? Compra con tu plata.

Y la miró con la expresión con que los niños desafían superioridad. Los ojos de la otra, molestosamente claros, reflejaban reproche humilde, asombro y todavía avergonzada gana de las ciruelas. Eran de la misma edad. En ocasiones jugaban juntas. Conocía la risa de Germania, que le despegaba los labios, descubriendo las encías anémicas y los dientes que parecían de palo.

Volvía, como Violeta, de la escuela. Como ella, debía traer la lengua seca y las axilas tibias de sudor. A Violeta le

166

daba su mamá todos los reales que quería. A esta nadie le daba reales. Cuando les faltaba el almuerzo, Germania y sus hermanas se metían juntas en una hamaca grande que tenían, y, meciéndose a vuelo ancho a través de su cuarto sin muebles, cantaban interminable y chillonamente el himno nacional. En las voces que salían de sus estómagos vacíos, el canto se vertía en una especie de queja salvaje, que ni por lo cotidiano dejaba de espeluznar.

—Era de juego que te negaba. Toma.

—Gracias, mejor ya no —contestó con suavidad Germania, entrándose a su casa.

Una opresión confusa estranguló el pecho de Violeta. Ya arriba, apenas reteniendo los sollozos, tiró el puñado de ciruelas sobre el hule de la mesa del comedor, pasó a su cuarto y se echó de bruces cara a la almohada. Acababa de aprender a no considerar extraño el dolor de los demás. Desde ese día, ella y sus ñañas llamaban por el claustro, a las horas de comer, a las chicas vecinas.

—Germania... Meche...

—No se molesten. Pero si ya...

—Sí, coge, coge, para tu ñaño chico.

El himno se escuchó un poco menos. Germania jugó otra vez con Violeta. Pero a esta no se le desprenderían ya sus ojos, en el instante en que le negó las ciruelas. Aún ahora al encontrarla, los creía ver iguales.

—Esto casi insignificante conmovió mis nueve años.

Alfonso hubiera querido besarle las manos lentamente, mas, por momentos, cruzaban presencias tras los encajes de las cortinas.

—A la misma edad también yo tuve una conmoción. No como la tuya, lección de amor; aunque dura, sino el primer encuentro con la angustia. Como en tu caso, nada en sí; solo que chocaba con mi temperamento y mis años. Después he visto cosas peores, pero ya sabía sonreírles...

Desde que subieron al tranvía de mulas, a Alfonso la espera le contraía el estómago. Lo atenazaba un presentimiento de horror. Días antes Leonor le había dicho:

—En estos días, hijito, vas a tener que acompañarme al cementerio. ¡Imposible seguir pagando cuatro bóvedas con el aumento del arriendo, en Guayaquil ya uno no puede ni morirse! De acuerdo con tu tío, vamos a hacer exhumar, y poner los restos en un solo nicho. Vienes conmigo; eres el hombrecito de la casa.

—Claro, mamá, iremos.

Bañaba las calles un puerco lodo plomizo; y semejaba no solo embadurnar los pies de los transeúntes y salpicar las carretas y los coches, sino trepar arriba de los techos podridos, a hacer más cenizas las nubes cenizas.

—¿No te impresionarás demasiado?

—Creo que no.

No recordaba por qué razón no pudieron ir el tío o los primos. En las baldosas, las alpargatas de los panteoneros amasaban la rojiza cangagua del cerro. El viento mojado remecía las palmas de la avenida, entre los blancos cuerpos de las bóvedas y las estatuas y cruces de las tumbas lujosas. ¿Había confiado demasiado en sus fuerzas? Pálido, los dientes apretados, hundía las manos en los bolsillos, tieso, junto a la madre, vestida de negro, también pálida, firme.

Al quitar la lápida, la mezcla vieja cayó a trocitos, pulverizándose. En lo hondo se entrevió el hueso caoba de un cráneo. Sacaron un manojo de enmarañados cabellos, jirones de ropas, la cruz de latón del ataúd, tierra; carcoma. Saltó un broche de cuello de camisa, de pronto viviente, cotidiano. Uno de los sepultureros comentó:

—¡Ajo que este cristiano ha de haber sido forzudo: vea usté los huesos pegados por las coyunturas y los nervios, ni cogollo de palma!

Para que cupieran en la pequeña caja de mármol hubo que quebrarlos: el crujido erizó el vello del Alfonso. ¿Conque era esto? ¿Así termina el amor y la música? ¿Así concluiría él y su madre y sus hermanas y todos? ¿A qué seguir si así es el final? ¿Para qué haber nacido? Se miró las manos ateridas y las uñas; miró la sien surcada de venillas flexibles de Leonor. Ansió gritar. Le pareció que hasta el cielo fuera a

168

derramarse sobre su cabeza, en lluvia de polvo.

—¡Mamá, yo no quiero que te mueras, yo no quiero morirme!

Ella se volvió y le cogió la mano: la mano de su madre estaba tibia y sus ojos serenos.

Experimentaba frío en los párpados. El aire húmedo hizo rozar su corbata escocesa contra su mejilla. Ya no se estremecía. Dentro de sí continuaba viendo el broche de cuello, los tendones secos, el polvo. ¿Cómo arrojar esa visión?

En él siempre vencía la sangre precoz y correntosa. Desde hacía meses andaba curioso del misterio que eran las mujeres. Creyó descubrirlo solo porque su prima Rosa, en cuya casa se halló de visita, dio de mamar a su bebé delante de él. Nunca había visto un seno. No fue malicia lo que le despertó. Le ardía la cara. Apartaba la vista. Volvió a mirar. El chiquitín chupeteaba la teta, henchida, delicada. Quitaba la boquita y en el rosado pezón se detenía una perla de una gota. Los ojos de Rosa eran de un verde dorado y transparente; se posaban con fijeza en la carita del hijo. El corazón de Alfonso palpitaba como loco. El mundo era maravilloso: el cuerpo de las mujeres un misterio atrayente, cálido. Conociéndolo, acariciándolo, ¿qué importaba morir?

* * *

—¡Alfonso! ¡Cómo hemos conversado!

—No hemos sentido las horas.

La criada había encendido silenciosamente el gas. Sobre el piano yacían hojas de música dormida.

La noche venía hacia ellos por el balcón, en densa humareda. Ventanas, tiendas, cuartos, regaban abajo hileras de luces de interior. De nuevo envolvía a Violeta y Alfonso la onda de vida, de otras vidas, que juntaban también con las suyas, deshaciendo la soledad de las almas en el latido unísono de los corazones.

¿Cruzarían aún presencias tras las cortinas? ¿Cómo así los dejaban solos tanto rato? ¿Los verían? Sus manos se juntaron. Sentían sus confidencias vibrar aún, entrelazándose, adquiriendo existir único bajo sus frentes. De aquellas raíces brotarían como flores los sueños. Los imposibles podrían acechar. El calor de sus manos era uno solo. La cara de Violeta definitivamente no era ya irreal: estaba allí en el prodigio sencillo de su frente pura, de sus pestañas pesadas de noche, de sus labios en los que brillaba la pasión y la juventud. Al unirse sus bocas, temblaron sus almas hasta lo más hondo. Con eléctrica tibieza, el beso ponía en los párpados de ambos, una dulzura de eternidad.

II

Conversaban los dos en compañía de Luisa y de Jorge, su novio. Alfonso no atendía a la charla. Frente a él, Violeta se mecía en un sillón. Calzaba sandalias sin medias; un fino vello cubría sus piernas. Vestía una blusa de seda roja a rayas. La piel se le encendía en un rubor solo suyo, con una palabra, con una mirada. Y él podía dejar de mirarla. Luisa se volvió de pronto:

—Vean, vean a la galla esa.

Violeta se levantó rápida y se asomó. Cuando Alfonso se acercaba, le puso las manos en los hombros, deteniéndolo. Rio:

—No, usted no ve eso. Eso no ven los niños.

Él fingió insistir, por el roce de sus manos y de sus brazos, que le causaba suave estremecimiento.

—Pero ¿qué es?

—No, no mire. Es una vecina de la casa de enfrente, que se pasea medio desvestida, con las persianas abiertas.

—Ajá, ya sé. No me interesa.

La había visto: también se distinguía desde sus ventanas la chaza desparramada de la casona, que dejaba ver un cuarto sin barrer, camas destendidas, lavacaras llenas y, paseándose en medio, aquella mujer desgreñada, de ancas de rana, con la camisa pegada a las formas.

Luisa detuvo a Jorge:

170

—Cierto, cierto, tú tampoco ves.

Para Alfonso fue revelador que Luisa siguiera el gesto de Violeta. No era solo un escrúpulo de su pudor de muchachos. Era un impulso de oscuro sentido femenino.

—¿Ya ves? Tú que no quieres quererme... Algo significaba no dejarme ver.

—¿Y quién te ha dicho que no quiero quererte?

Después quedaron solos al lado del balcón donde acostumbraban a conversar. Se hallaban como hundidos en la tarde amarilla, ya medio invernal. En la pared, el retrato de Carlos, el hermano mayor de Violeta, hacía años muerto, parecía sonreír sobre ellos. Los rodeaba con su mirada, en la inmovilidad vibrante con que viven las cosas. Al notar cómo veía él ese cuadro y el piano, la mampara, los muebles, que los días le había hecho acogedores, ella, jugando, lo remedó:

«Violeta, las cosas tienen alma, tienen vida...»

Las hermanas le hacían bromas, asegurando que había cogido al hablar, el acento de él, nervioso y veloz.

—¿No tocas piano?

La música vino una vez más a identificarlos ardientemente.

LOS BARRIOS SILENCIOSOS

I

Resaltando en sus manos negras, secas como bejucos, la ropa almidonada se veía de leche. Desganadamente, la vieja tiraba de una en una, de las prendas, recogiéndolas del cordel. Al fin las abarcó entre los palitroques caobas de sus brazos. Iba a entrarse a su pieza, por la tabla mugrosa tendida sobre el lodo, cuando la llamaron:

—¡Comadre Petita!

¿Quién querría molestarla? Quien quiera que fuese era un intruso en semejante día. Nadie le traería consuelos, ni ella los toleraba. Toda su vida había pasado tiesa como palo de escoba, sin apoyos ni lloriqueos. A lo más se había rascado con rabia las pimientas de la cabeza, renegando en voz baja, que no la oyera el Niño. ¡Si era su consentido! Por él, más que por sí misma o por los nietos, la afligía la actual desgracia. Lentamente viró la cara:

—¿Quién me busca?

—Yo, su comadre María.

La voz de Petita era entre ronca y cascada:

—¡Ajá, comadre, qué milagro! Véngase.

Como los de todas las covachas, el cuarto era de tumbado bajo, y estaba ya oscuro en la tarde invernal. La cama de hierro poseía pilares para colocar toldo.

—No la veía desde que se cambió. ¿Qué sabe del ahijado? ¿Sigue preso o ya anda dándole dolores de cabeza?

—¿Le contaron, comadre?

—En el barrio se supo cuando regresó la hija de la vecina Jacinta.

173

—¡Le acumulan un robo comadrita! Yo especulo que no ha de ser. ¡Pero capaz! ¡La desgraciada! ¡Y estas perras mujeres! Para darles sedas y chapas a la Margarita ha de haber sido...

—No, María, hay que reconocer lo que es, aunque sea contra una. Si él fue el que la fregó: le pegaba y hasta dizque la tuvo en el burdel de la Emperatriz. ¡Malucón es mismo el ahijado!

—¿Y ahora qué es de ella, de la Margarita?

—Yo no sé qué le pasaría; regresó, estuvo un tiempo con la mama, y de nuevo se largó. ¡Y que no se fue con nadie! Habría quedado ya maleada.

—Bueno comadre Petita, aunque él sea como quiera, siempre una es madre y le duele. Yo me vine donde usted que es mi paño de lágrimas, a ver si le habla al señor Pareja para que él influya con el comisario Garaicoa, el que le mientan Guayacán, que lo tiene a sus órdenes y que dizque lo va a mandar a Galápagos o a picar piedras a la cantera del cerro y cortándole el pelo a papa. ¡Hasta lo va a hacer retratar entre los mañosos!

—¿Y qué es del maestro Moncada? Él como tío...

—Se fue a Vinces a un trabajo que se le presentó. ¡Y allá le han caído unas tercianas que lo han dejado en los huesos! ¡Si no se gana para penas en el año!

—¡Eso sí que es de veras, comadre! ¡Las que yo estoy pasando!

A otra no le hubiera contado. María era su comadre y vieja amiga. ¿Cómo ocultarle lo que de todos modos se sabría? Ese día había ido, envolviéndose en su manta de seda, intacta, aunque hacía tantos años que Pareja se la trajo de Lima, a la Escribanía, a firmar la venta de la covacha.

—¡Ya los pobres no podemos tener casa! ¡Mi covachita, María, mis cuatro cañas viejas! Cuando vine al barrio casi nadie había... Todo era algarrobos. Al ponerse la fábrica en la otra cuadra hubo gente que quería alquilar. Ahí fui parando lo demás... ¡Quién me iba a decir que la misma fábrica me quitaría!...

174

Perder la covacha era perder un pedazo de la existencia. Aunque últimamente era un engaño llamarse dueña: no era más que carne en butifarra, entre los bachiches de La Florencia que le cobraban los intereses de la hipoteca, y los inquilinos —en su mayoría obreros de la misma fábrica— que no pagaban los arriendos. ¡Y lo peor era que ella creía que no era culpa de los inquilinos: les había rebajado los jornales y la vida se ponía cada día, cada hora, más cara!

—Señora Petita, por favor, espere unos diítas... Cuatro años he vivido en su covacha y siempre he cumplido... dos chicos enfermos...

Ella no tenía corazón para botarlos, plantándoles los trastos en la acera como hacían otros. ¿Cómo iba a hacerlo si vivía entre ellos y veía sus vidas? De cada diez, nueve estaban tísicos de hambre. Las mujeres lívidas parecían desenterradas. Los muchachos eran verdosas arañas barrigudas que comían tierra. Los hombres hinchaban lomos y piernas duros, pero con sus costillares era de arpa y sus caras escuálidas. ¿Y qué era su covacha, todas las covachas semejantes entre sí, que ocupaban manzanas y manzanas? ¡Barracones de caña con los techos perforados y los pisos, podridas las riostras, flotando las tablas sobre el agua y fango! ¿A eso llamaban ciudad, solamente porque en el centro los ricos poseían unas cuantas mansiones de lujo? ¡Ella era una pobre negra vieja y no un señorón propietario; nada tenía y hasta su covachín se lo arrancaban, pero antes se dejaba morir de hambre antes de botar a un infeliz a la calle![6]

....

[6] El levantamiento de Concha en Esmeraldas (1913-1916) ocasionó grandes gastos para el Gobierno. Para financiar este enfrentamiento, se generó deuda y, consecuentemente, hubo mayor emisión monetaria, provocando inflación. Hay que añadir, además, la dependencia económica externa del país; tras el inicio de la Primera Guerra Mundial (1914-1918), el entorno económico se fue agravando: los precios de nuestro mayor producto de exportación, el cacao, cayeron; el valor de la moneda y tipo cambiario se deterioraron. Estos factores —entre otros— fueron disminuyendo la calidad de vida en el país, especialmente para la clase trabajadora y baja, que tuvieron que pagar con el empeoramiento de sus condiciones laborales.

Los bachiches de La Florencia no iban a dejar en el barrio casa o solar de que no se apoderaran. Apenas compraban una más, la hacían pintar de color chocolate, producto que elaboraban. E iban ganando esquina tras esquina, los pardos edificios y las cercas.

—¡Comadre, Dios los ha de castigar! ¡El Niño, el Niño, usted que toda la vida ha sido su devota! Y ahora que caigo, ¿la semana que viene no es nochebuena? ¿Cómo así todavía no ha hecho el nacimiento? Otros años a esta fecha ya ha estado...

La vieja suspiró:

—Este año no hago... ¡El primero desde que soy Petra Martínez!

Creía que el Niño no se resentiría. ¡Para quedar mal, mejor no hacer nada! Guardaba los juguetes de años pasados ¿y no se agregaría ni uno nuevo? Los nacimientos de ella habían sido afamados: hasta blancas habían parado sus autos a la puerta de la covacha, viniendo a conocerlos. Siempre les hacía decir tres misas: en Navidad, Año Nuevo y para los santos Reyes. La víspera de cada una hacía velorio con el fin de madrugar mejor. Brindaba, sabiendo portarse. ¿Con qué iba hoy a sostener el esplendor de sus agasajos al Niño? El año entero era un largo preparativo para sus navidades. Nada igualaba su gusto en las alboradas, al partir a la iglesia —con su Niño—y con el cortejo de pastoras vestidas de blanco, cantando en la calle, al son de una banda del pueblo que ella contratara. Era un desfile alegre en que marchaban danzando ángeles de alas doradas, en compañía del diablo, de colorado y cachos, y los tres Reyes, el negro, el blanco y el yumbo. Solamente el diablo y el rey yumbo se quedaban a la puerta, fuera del sagrado templo.

—El Niño mismo la tiene que desquitar, hasta para recuperar sus misitas. Así es que, comadrita, ¿me le habla al señor Pareja?

—¡Claro, por mi ahijado! En cuanto venga le digo.

Al quedar sola, la aflicción la hizo pensar como en un refugio en él. Aunque tenía dos hijos, Petita era joven cuando se metió con Pareja. Él, a pesar de su familia, supo serle consecuente. No se casó por no hacer más escándalo. Pero transcurrió a su lado la existencia sin desamor ni cansancios ni riñas conyugales: él blanco, rubio, de ojos aleonados, con ella no solamente amarcigada o morena sino negra carbón, eso sí no era jetona: fina de labios y narices.

Juntos, a través de las vicisitudes, ella lo cuidó, lo salvó, cuando un tranvía eléctrico —¡maldita novelería!— le cortó la pierna derecha, muslo arriba cerca de la ingle. Desde entonces el barrio lo veía con su enorme muleta, ya que era corpulentísimo, saco café, pantalón blanco y sombrero tostada, acudir como siempre a la covacha de la negra que era su mujer, que había sido su esposa, su destino.

—¿Qué habrá visto el cojo Pareja en esa negra mohína? —decían.

—Deben de haberse querido cuando están juntos cuarenta años.

Para él también sería un rudo golpe la pérdida de la covacha. Sabía de la hipoteca; no las últimas exigencias ni el final ocurrido esa tarde. Petita tendría que contarle: sin lágrimas porque ambos eran fuertes.

II

Extendió su pata, su pata grandota, polvosa, de uñas de cacho, descalza toda la semana y solo los domingos engrilladas por los botines, al sacar a pasear a Juana de Jesús y a los chicos. Jugó con el yute del tendal entre el dedo grande y el segundo, atenazó una pepa y de un apretón la hizo saltar al lado opuesto del patio de la Casa Exportadora. Otro del grupo de cacaoteros, descansando, le gritó:

—Hecho el chiquito entretenido. ¡Gallinazo manganzón!

—¿Qué fue? ¿Hay o no hay el embarque?

—Hay que esperar todavía.

No era entretenimiento: antes pensaba, como raras ocasiones se lo permitían los sacos de cacao, doblegándole el hombro. Aprovechaba de la espera. Se le había ocurrido preguntarse el porqué de una porción de cangrejadas.

¿Por qué antes le alcanzaban para el arriendo de su puerco cuarto en la Quinta Banife, para el pulpero, la ropa de ella, de los chicos y de él, y hasta para echar trago, los cuatro sucres diarios, y ahora debía tanto a todos, que ya nadie le fiaba?

¿Por qué su hijo era tan mapioso que tenía tres años y todavía no caminaba, siendo él tan recio que, con sacos de dos quintales al hombro, se andaba ciento cincuenta veces al día la distancia entre el tendal y los lanchones muelle afuera, atravesando el Malecón, ciegos de sol y sudor los ojos, y después de noche le quedaban fuerzas para darle gusto a su Juana? ¿Y qué era lo que a él se le amarraba en el guargüero cuando el chico, hecho una lagartijita, se arrastraba por las tablas terrosas, y le jalaba el pantalón, hablándole con una vocecilla quebrada?

—¿Papacito? ¿Y yo cuándo camino?

¿Y qué haría él si le sucediera lo que al Loco Becerra, cacaotero como él y su vecino en la Quinta? Regresando de un embarque, a la madrugada, al entrar en su cuarto, en las tinieblas cayó una silla y una sombra pesada brincó por la ventana a los callejones y vericuetos del barrio, más que barrio madriguera. Raspó un fósforo y la Julia, su mujer, desnuda, se le arrodilló, tapándose y pidiéndole perdón. El Loco le ofreció perdonarla si le decía quién era el tipo.

—El gordo Fantasía, el cobrador del arriendo...

Debían seis meses. Al Loco le habían ofrecido prestarle la plata en esos días. Pero a Julita chica, la hija de los dos, se le veía el cuerpecito por los rotos del vestido e iba a la escuela descalza. Si la plata del arriendo... Fantasía le prometió entregarle cancelados los recibos si lo dejaban entrar. Becerra cogió un cuchillo y fue a buscar al gordo cobrador. Solo consiguió herirlo e ir a la cárcel. ¿Y qué haría él, el Gallinazo Morales, si Juana de Jesús hiciera lo que Julia? ¡No, ella no lo haría! ¿Y acaso no debían el arriendo y la comida? La otra no era una perra. Si lo hizo fue por su hija. ¿Y no te-

178

nían dos chicos Juana y él? ¿Cómo condenarla si caía, ajo, maldición? De él dependía, de él.

—Pueden largarse, ya no hay embarque hasta mañana.

Con el olor a hembra del cacao seco en las narices y la piel, Gallinazo salió al Malecón. Se prendían focos eléctricos y corría viento. El empedrado aún estaba tibio de la jornada de sol. En la quinta no había alumbrado. Entre la copa de un árbol de mate titilaba un enorme lucero azul. En la sombra de los covachones amontonados del poniente, detrás de unas cercas negras, se apagaban ladridos.

Gallinazo cruzó de piedra en piedra el fangal de la plaza de San Agustín y subió la escalera de la Sociedad de Cacaoteros «Tomás Briones».

III

Salió de la pulpería, desesperada. ¡No querer fiarle ni un real de sebo la hija de perra esa de la negra Dominga! Para lo que servía era para revolcarse con los choferes y los lamperos de la cantera. Claro, como su Cirilo era viejo y no se ocupaba de semejante espantajo, pues la tenía a ella, su Rosa, no era capaz ni de prestar un cabito para embarrarle el cuello, el pecho y la nariz, al pobre, que se moría tos.

Iba a llover: se respiraba lluvia en el aire nocturno que, por el lado del camino del hospicio, traía también el olor a mangle del Salado. Caerían goteras hasta encima de Santiana. Lo podían matar con la tos, la calentura y el costado que lo hería.

—¿Dónde va tan solita, negrita linda? ¿No quiere que la acompañe?

—¡Sepárese, ábrase, o lo rompo a piedrazos! —replicó Rosa inclinándose y cogiendo un pedrusco como el puño.

—¡Ya ve a lo que uno se expone por acomedido! ¡Brava había sabido de ser! ¡Deje ese genio, vea! ¡No es para pasar bien la vida!

—¡Váyase al diablo, so liso!

¿Iría hasta la tienda La Estrella frente a la cárcel o

179

hasta la Puerta de Zinc, donde tenía una conocida, dueña de su puesto de carbón? Le daban miedo el Potrero y el camino de La Legua, que eran lodazales y yerba que tapaba, más alta que las cabezas de la gente. No había piedras para defenderse y podían caerle entre varios. A cuántas mujeres y muchachas no les habían hecho fusilicos, por arriesgarse de noche, o aun de tarde, por allí. Cirilo se lo había prevenido.

Caminando hacia la covacha, las primeras gotas de llovizna le cayeron en la cara. Al entrar, vio que todavía duraba el candil: al trasluz, la botella mostró terminada la kerosina. Acarició con su mirada el rostro excavado, febril, en que surgía la calavera, del viejo cholo, que era su marido y la única persona en el mundo que había sido buena con ella.

La criaron en una casa de blancos, a puntapiés y coscachos. A los doce años la tumbó el jovencito hijo de los patrones, en la soledad de una buhardilla, dejándola medio muerta. No bien sanada, la mamá del joven la botó, motejándola de arrastrada y volantusa.

Odiaba ser sirvienta y rodó de casa en casa. Se largó con un policía que la mantuvo con palizas y concluyó por hacerse cuartelera. Un mal contagio la tiró al hospital. Al darle el alta, no tenía dónde ir. Vagó, sin fuerzas para alejarse de su contorno. Santiana que era barretero en la cantera, la recogió, desmayada de hambre, a la puerta del panteón, tres días más tarde. La llevó a su cuarto donde vivía solo. Le habló con dulzura, le dio de comer, no le exigió nada. Repuesta, cocinó, lavó, cosió para él. Lo quiso como quieren los perros. Una noche, al fulgor del candil, desde el tendido donde dormía, frente al catre de él, Rosa lo miró extrañamente a los ojos; sonrió:

—¿No viene?

Llovía ya, y el viento se lanzó a patear la puerta. El techo era de zinc y crepitó como apedreado. Rosa, contrayendo el vientre, separó el catre, empujándolo con ambas manos. ¿A qué horas se acababa la kerosina del candil? Era inútil mover el catre. El techo era un cedazo. Había goteras para la mesa, para el baúl, para mojar al enfermo, para los huesos de los dos. Con la cobija gris hasta el cuello, Cirilo tosía y temblaba. El estrépito del zinc se hacía infernal. Tocar el piso era flotar. Las cañas filtraban filos de vidrio rotos de aire. El candil se apagó y Rosa sintió un terror de niña. Se acostó suavemente al lado de Santiana. Percibía entrechocarse sus rodillas. Entre tos y tos, le habló con la mandíbula sacudida.

—Vos sabes lo que tengo Rosa, Rosita... Ya no se puede aguantar más. Te matas trabajando y yo llevo tres meses aquí acostado, sin ir a la cantera. Vendimos mi barreta, todo... ¡Veinticinco años acompaño a estos blancos, y el pago es este, después de haberles sudado la vida! No puedo más. De que claree, quiero que me lleves al hospital, no, mejor al Calixto Romero...

—¡Al Calixto no! ¡Al Calixto no!

Se había hecho un rugido su voz de mujer y lo abrazaba. El asilo de tísicos era el zaguán de la muerte misma. El pueblo entero vivía bajo el horror de verse obligado a caer allí, de donde no se sale. Ella, trabajando, conseguiría para darle de comer y para los remedios. Si fuera necesario, hasta mendigaría. Cirilo no estaba tísico. Iba a curarse. ¿Podía perecer así el único hombre bueno que existía en el mundo? Ambos se recogían ateridos, huyendo de las goteras. El aguacero retumbaba más. Rosa trataba de trasmitirle un poco de calor de su regazo.

—¡Al Calixto no! ¡Al Calixto no!

IV

En la balsa creían que Cuero Duro era idiota. Hacía todo el trabajo que le mandaran, sin cobrar jornal ni propina, solamente por la comida. Llegó un año antes, el 21 en una canoa que venía del campo de arriba. Descalzo, con ojos de buey manso, bigotes achinados y gestos lentos, le gustaba muy poco hablar.

—Vengo a quedarme. Allá no hay trabajo... —dijo y extendió el brazo vagamente sobre el plumón de garza del río con sol.

—¿Por qué no hay trabajo?

—La escoba de bruja... la peste... el cacao se acabó.[7]

Franco, el balsero, al que apodaban el Paiteño, recordó, en efecto, haber visto mucho montuvio quedado en la ciudad. Trataban de ganar cargando en el mercado. Comían guineos, como antes solo los cargadores serranos: guineos y nada más. Invierno y verano se encontraban costaladas de ellos durmiendo en los portales del Malecón. Morían y no se sabía: los llevaban a la morgue.

Cuero Duro tenía caras conocidas en la balsa:

—Don Franco, yo le ayudo, deme una posadita. No me gusta el trabajo tierra adentro. Extraño el agua...

Barría, baldeaba, cargaba fardos, se levantaba a la media noche a meter mano en la acoderada de lanchas, vapores y canoas; comía lo que le daban; casi no hablaba; recibía las bromas brutales de los marineros y boteros respondiendo con la silenciosa espuma de su sonrisa, bajo los cuatro pelos de los bigotes.

—¿Extrañas el agua, Cuero Duro?

—Sí. Allá era orilla.

Arrastraba las palabras: tal vez más allá de ellas veía tembladeras de lechugas flotantes o vegas de gramalote y pausadas corrientes verdinegras, remansándose o acordonándose, según las curvas de los barrancos y playones.

—Yo me creo que vos no extrañas nada el agua...

Cuero Duro interrogaba con los ojos.

—No, no extrañas el agua, lo que pasa es que allá adentro veías lejos los fréjoles...

Cuero Duro no se reía; hacía un gesto de aflicción cómica con las cejas y se iba a buscar qué hacer. Pero la tarde de los domingos no había trabajo ni tampoco ociosos

....

[7] Además de las ya no favorables condiciones en el mercado externo del cacao ecuatoriano, en 1922, la «escoba de bruja» acabó con gran cantidad de las plantaciones, empeorando aún más la crisis y avecinando el fin del mayor boom económico que había presenciado el país desde su creación como república.

chacoteando en las balsas. El Paiteño se iba, cerrando con candado la caseta. Se quedaba él afuera cuidando, y mirando correr las cobrizas ondas turbias. ¿Pensaría en su familia, en su choza, en su monte? Esa tarde siempre fumaba un cigarro. A ratos, con el humo, se deslizaba la queja de un amorfino ebrio.

V

El reloj de pared dio las ocho. Aurea, inquieta, dejó la costura. Se asomó a la ventana. Seguro que ya Gabriel andaba bebiendo. Sino no se tardaría así. En el mal alumbrado Paseo Colón no vio un alma. Más allá del fortín, distinguió la estación de tranvías de mulas, igualmente desierta. Una luz, de alguna balsa, señalaba el filo de la ría en tinieblas. Apretó los dientes de despecho.

—¡Zoila! —llamó, involuntariamente imperiosa.

—Mande, niña.

—Anda hasta la esquina de Malecón y ve si viene el carro urbano.

—¡De gana la hace caminar a una! ¿Se cree que porque yo las aguaite vienen más duro las mulas?

—¡Anda, so mierda! —taconeó Aurea, chispeando sus ojos azules.

La chola obedeció. Acomodada en la baranda, Aurea sintió tras sí casi como una presencia, la soledad del departamento bajo, que Gabriel y ella llamaban su nido. Soplaba la sombra de los cuartos de servicio, amplio lecho, los tabiques cremas y el retrato de los dos, cabeza con cabeza; hasta la salita donde ella esperaba, dotada de muebles de bejuco, cuadros y un armario a través de cuyos vidrios asomaban sus lomos de cuero *Las vidas paralelas* de Plutarco y las *Poesías* de Olmedo.

—¿Qué fue, chola?

—Viene lo menos por la calle Padre Aguirre.

Ya adentro, la sirvienta se rascó la cabeza y bostezó:

—¿Me voy a mi pulguero, niña?

—¡Pero ya sabes que si te necesito, te levanto, aunque patalees! Y ponle primero llave a la puerta.

Volvió a coger la costura. Mas, la sacudió una rabia repentina y la arrojó. ¡Que se fuera al diablo Gabriel con todos los piojosos oficiales con quienes bebía! Las nubes blancuzcas descendían hasta las palmas del parque. El carro había llegado: se veía su interior vacío y en penumbra. Una racha de aire de la ría dilató las aletas de la nariz de Aurea.

—¡Verás lo que te pasa, condenado! —chistó entre dientes.

Mirando alrededor como se mira a solas, rio cálidamente. Lo cumpliría. Desde que, hacía un año y medio, de guarnición en Riobamba, Gabriel, que antes siempre fuera sobrio, se dio a embriagarse, Aurea lo sentenció sin vacilar:

—¡Tú sabes, mi capitán, lo que te quiero! Tú lo sabes. Pero lo que es borrachera no te aguanto. ¡Las noches que vengas tragueado, tienes que hacer cuenta que no soy tu mujer! No dormirás conmigo ni me tocarás ni un dedo. ¡Antes me mato!

El sacrificio de ella era tan grande como la privación de él. Se adoraban no solo de alma y destino sino en cuerpo y deseo. Al solo ruido de sus pasos, latía más loco el corazón de Aurea. Lo amaba.

La tarde que lo conoció quedó deslumbrada, como cuando miró cara a cara un rayo. Fue en la plaza más pequeña de las dos de Portoviejo, ciudad donde nacieran. Las crecientes del río la inundaban, hasta hacerla navegable. Los dos, en vestido de baño, cada cual en su balsilla, bogaban con los rostros y los cuerpos salpicados de lentejuelas de gotas, y los cabellos —de betún de él, de oro de ella— chorreados y pegados a las sienes.

—¿Tú eres Aurea, la mocosa de en frente de don Fermín?

—¿Tú eres el antipático que cantaba Rosa de Castilla?

Se enamoraron de la calle al balcón, de la carta a la carta y de la mano a la mano, en misa, los domingos.

Pero por ello Gabriel tuvo que pelear a puño limpio

con tres hermanos de Aurea a la vez. Al mayor hubo que llevarlo a una clínica. Pero la madre de ella conocía la vida y comprendía los corazones.

—¡Mi hijo Carlos mismo tiene la culpa si el enamorado de la hermana lo ha malparado! ¡Atacar entre tres! Esto no se había visto nunca en Manabí. Si no fuera porque es mi hijo, diría: ¡bien hecho! Ve, Aurea, hazle decir al joven ese que venga a hablar conmigo.

Un mes después pasaban la luna de miel en una hacienda de la madre de Gabriel, gozando de un invierno tropical en el monte, con temporales y aguaceros dignos de su violento amor.

Llevaron quinina, pero no la tomaron. Nada podían pantanos ni mosquitos contra su dicha y salud. Creían vivir una luna de miel como ningunos otros vivieran.

—¿Qué importaba toda la vida anterior? ¿Qué importaría la de después? La pasión les concedía su instante infinito. En las noches, el calor oprimía la casa de hacienda, asfixiaba la alcoba, los apretaba a los dos, que mutuamente se veían fosforecer los ojos. Mezclaban su sudor, su placer, su saliva, su sueño y su sangre.

Otras veces los juntaba la tempestad en el río. Llovía en los Andes. El agua preñada se abalanzaba en turbia carrera, derribando barrancos y árboles. Bramaba como los toros tras las rejeras. Aurea y Gabriel sabían nadar. Ni peones ni aves ni pejes los miraban. Seguramente solo Dios los veía. Desnudos y besándose se echaban a bracear. ¿Cómo olvidar esas tardes en el agua, a la luz de los cuerpos tibios y los cielos retaceados de rayos, dejándose arrastrar entrelazados, río abajo, sin miedo a nadie ni a nada? ¡Más tarde, cuando ella lo hacía rezar acompañándola, ambos le pedían perdón a Dios por tanta dicha!

Al conocer a Aurea La Torre, Gabriel Basantes era cadete recién egresado como subteniente. De vuelta, encontraron en Portoviejo un telegrama de Quito, que lo ascendía y lo destinaba a Loja.

De allí en los nuevos años vagaron por cinco o siete

ciudades, al azar de donde acantonaba su regimiento. Era una vida de gitanos, como decían las esposas de otros oficiales. Pero a ellos, especialmente a Aurea, les gustaba.

En Riobamba, al pie del Chimborazo, en jornadas plomizas y noches glaciales, Gabriel aprendió a beber. De nada valieron quejas, riñas o llantos de ella. Las cervezas y los canelazos se vertieron en su garganta y en su vida, ya sin detenerse. Aurea estalló al fin: impuso su separación total las horas de embriaguez. Él se contuvo un poco, pero no se corrigió. A mediados de año lo ascendieron a capitán y lo adjuntaron al grupo de Estado Mayor de la Zona Militar de Guayaquil.

Esta vez Gabriel pareció corregirse. El puerto alegre, ruidoso, asoleado pero azotado de frescura por verano, volvió a incendiar sus noches. Mas el renacido idilio no duró mucho. El jefe de zona, el general Panza, era un serrano, chupista insigne. Pronto Gabriel volvió a emborracharse con él y otros oficiales.

—¡Maldita sea! Y al fin ¿a qué hora piensa venir?

Pensando dolorida en el pasado se le había ido el tiempo. El aire olía a polvo lloviznado. La baranda le dolía bajo los pechos. Acababa de dar la medianoche, hora penosa, cuando lo vio aparecer por la esquina de la Aduana, tambaleándose hecho una uva.

—Aurita, ¿despierta todavía?

Sin contestar, giró la llave abriéndole. Procuraba apartarse. Gabriel la miraba con la sonrisa rígida de la embriaguez. Su frente, que ella amaba, amplia y curtida por el sol de los soldados, estaba dividida hasta el entrecejo por la gran vena henchida. Los ojos inyectados veían hacia adentro. Le lanzaba el aliento acezante y alcohólico.

—Mi hijita... —balbuceó estropajoso.

Traía desabrochada la casaca azul de botones dorados. Los crespos cabellos se enmarañaban sudorosos. Su brazo vacilante ciñó el talle de Aurea.

—¡Imbécil! ¡Gabriel!... ¡Mi capitán!... ¿Y no me había jurado no volver a ajumarse?

186

—¡La úl... la última!

Pretendió besarla.

—¡Quita ese hocico apestoso a puro!

—No es puro, sino coñac francés... finísimo... oye, pero óyeme... Mujercita... Aurita.

Mordiéndose el labio inferior de ira, Aurea lo condujo del brazo al dormitorio. Lo ayudó a desvestirse. La atmósfera del cuarto se hacía densa y pegajosa, de calor y de tufo a licor. Con toda la amargura de su vida, ella evitaba las manos de él. Buscaban su cuerpo, esta ocasión no con anhelo de hombre, sino con lujuria de ebrio. Gabriel quiso fingirse resentido.

—¡Ajá! Me rechazas, ¿no? Ya no te acuerdas... ¿Cómo no me botabas allá... en... el río?

—¡Si así borracho vuelves a mentar una cosa sagrada, te juro que te vuelo los dientes de un bofetón!

Gabriel, recibiendo la flecha en el blanco donde ella apuntara, echó atrás la cabeza y cerró los ojos. Aurea recobró la pureza que amaba en su frente y en sus labios. Ahora que él ya no la veía, sonrió con dolorosa ternura. Lo tapó con la colcha. Él levantó los párpados, mirándola tímido. Susurró:

—Aurea... Te juro...

—No jures nada.

Ya no parecía ebrio, apenas soñoliento. Extendió la diestra, pero no a los senos de la mujer, sino a entrelazarla con una de sus manos. Aurea se la estrechó.

Gabriel volvió a bajar los párpados, durmiéndose acaso, con una expresión de enorme cansancio. Afuera, la llovizna se deslizaba cayendo sedosa en las piedras.

VI

Con la franela sobó el radiador, sacándole brillo. Agachándose, echó un vistazo a las llantas. A él no le gustaba que lo sorprendieran desinflándose en calles apartadas. La gata se hundía en el fango al levantar el carro, y cerco, vaso, rueda

187

y llanta, se volvían una cochinada. Desde que aprendió el oficio fue así y muy pronto se ganó el apodo de Tubo Bajo, precisamente porque no lo soportaba.

—¿A qué hora te guardas vos, Pancho Loco?

El otro, poniendo un pie en el estribo de su carro que hacía plantón inmediato al de Tubo Bajo, le contestó:

—Si no hubiera llamada, me guardara a las diez, pero se me pone que van a venir a darse los Sello Rojo: y me gustaría. ¡Hace días que no jalo trompón!

El Chino Sánchez que, sentado frente al volante de su Buick, leía *Los tres mosqueteros*, a la luz del farol de gas de la esquina de Ballén, levantó la cabeza y como midiéndolos les apuntó las arrugas de sus ojos:

—Van a venir y la cosa va a ser de las buenas. ¡Puede haber hasta bala y pueden encontrarse lo que no se figuran esos niños!

Entre el ramaje de los ficus, Tubo Bajo buscó ver la hora en la torre de la Catedral. Debían ser las nueve. El parque Seminario dormía bajo su alumbrado de velorio. La hilera de los autos irregular, adelantadas las trompas de unos y otros, tendidas las aletas de los guardafangos, emitía tufos de gasolina cruda, polvo y fierros recalentados.

Tubo Bajo no odió a los blancos sino al tratarlos de cerca. Poco los conocía, antes de meterse a aprendiz de chofer. Trabajaba con la madre que vendía tortillas de maíz en un solar de la quinta. Le quedaba tiempo para ir a la escuela. Cargaba costales de maíz, ayudaba a desgranarlo y molerlo en un molino de manivela, sujeto con tornillos al guasmo del solar. Más que la escuela, le gustaba atisbar por las rendijas de las cercas los mediodías, a las mujeres que se bañaban junto a las botijas. O brincar sin quemarse sobre las rojas llamas de las fogatas en que cocinaban los chiricanos. O bien atracarse de caldo de salchichas y de chicharrones, los sábados, días que la mamá beneficiaba chanchos, para elaborar hallacas.

—¿Quieres dentrar, Ernesto, a servir en una casa? Pagan buen sueldo y los blancos son buenísimos, tratan bien...

188

Al tercer día regresó con el cuero acardenalado y la boca hinchada, sin querer explicar lo ocurrido. Afirmó que no volvería donde los patrones y, solo a muchas insistencias, contó:

—El niño me pegó porque no quise darle mi horqueta de algarrobo, nuevecita que la llevé en el bolsillo... Me dio duro y yo le hice paro y le saqué chocolate de la ñata. La mama gritaba ni clueca y el taita salió bravísimo y me cayó a patadas y no pude hacer nada, porque es viejote. Y me botó diciendo que en su casa no quería atrevidos que no conocen su puesto. Yo lo que es no seré paje. Mejor me embarco en vaporino...

Los autos comenzaban a correr las calles. Arrollaban perros, chanchos y muchachos. Dominaban el verano. Levantando cortinones de polvo, pasaban. Se les veía y ya no se les veía. A las puertas de las covachas, las viejas se santiguaban y llamaban a gritos a los nietos.

Su imperio se acababa al llegar los aguaceros. El auto que se arriesgaba a rodar fuera de las pocas calles pavimentadas del centro iba a clavarse hasta el chasis, en un lecho de lodo suave. El chofer pedía ayuda al vecindario. Se trataba de una batalla que duraba día y noche, haciendo palanca con vigas, lastrando de piedras los surcos, atando sogas a las ruedas y empujando con motor y hombros el vehículo cuyos rugidos escandalizaban a la barriada.

Tubo Bajo fue oficial del Chino Sánchez. Pronto cogió volante. Y solo entonces comprendió el carácter de su maestro y el de los otros choferes más conocidos, los primeros, el Chino Pedro, Gerardi el Viejo, Vaya-Vaya, Seloguardo, Gringo Viejo, Cacapicha, Schaffry, el Gato Pagés y el Negro Waterloo. ¡Al tener un volante en las manos, el mundo era de uno! ¡Más que cuando uno se achispa!

Si se le metía un puñete a un paco, teniendo el carro con el motor encendido, quedaba sentado y no sabía ni quién le había pegado. Por el auto se podía hacerles perro muerto a las mecas, y escapar sin pagar de las cantinas. El mismo patrón se sentía intimidado sabiendo que su ilustre panza dependía del cholo hocico estirado que conducía. Ser chofer era ver la vida a través de un parabrisa roto. Tubo Bajo, sin perder su corazón, se halló en un mundo de palabrotas, borracheras, golpizas y velocidad.

La catástrofe vino cuando los señoritos aprendieron a conducir. Ellos también se sintieron dueños del mundo y con más razón. Los autos en sus manos se volvían monstruos devastadores: mujeres levantadas en vilo eran embarcadas a la fuerza, trasladadas a las afueras y violadas; se apaleó a los transeúntes; se asaltó las fiestas y los bailes de las casas de gente pobre, de arroz quebrado, como ellos las llamaban. Aristocráticos mozos, hijos y nietos de presidentes y gobernadores, encabezaban la ola de violencia. Sostenidos por matones a sueldo y por sus choferes domesticados, organizaron la Liga Sello Rojo. Los choferes de los autos de alquiler tuvieron el Sello Gris. Eran nombres tomados del cine.

La policía, obedeciendo órdenes superiores, se cruzaba de brazos. El pueblo indignando respondió al fin violencia con violencia, organizando su propia liga: la de los Corta-Nalga. Los niños llevaron la peor parte. Muchos quedaban marcados como el nombre de la nueva liga lo indicaba. Ante sus derrotas, empezaron los revólveres. No sabían dónde acometer a los del pueblo. A los choferes de la Sello Gris los iban a agredir al paradero de los carros de arriendo. Un ataque de esos era el que le había anunciado el Chino a Tubo Bajo para aquella noche.

De pronto chilló el claxon del último auto, un Hoodson de medio uso, apostado en la esquina de la calle Municipalidad.

—¡Ya se vinieron! —y el Chino Sánchez con toda calma metió bajo el asiento el libro de Dumas, y empuñando un sacallantas se botó del carro.

Unos tras otros, diez o doce autos se adelantaban veloces. De ellos salían brazos armados de garrotes.

—¡Viva la Sello Rojo!

Se estrellaron metálicamente las pedradas en las portezuelas y capós. Se quejó un parabrisas hecho añicos y hubo algo como un aullido, y sordas maldiciones. Alguien sollozó de voz en cuello:

—¡Me dejaron ciego, maricones!

En pocos segundos se generalizó la pelea de bocacalle a bocacalle. Arreciaba la lluvia de piedras. Se oían los portazos de la funeraria y del bar de la acera opuesta al parque, que cerraban de prisa. Menudeaba el golpeteo de garrote contra garrote. Por segundos las bocinas y cláxones cargaban en un estrépito simultáneo que ahogaba todo otro ruido. Los faroles más cercanos habían sido apagados con certeros cantazos. Las voces templadas de rabia se hacían ininteligibles. Una, elevándose, se dio a entender:

—¡Los Corta Nalgas! ¡Los Corta Nalgas!

Tubo Bajo, que aporreaba hombros y costillas por no apuntar a las cabezas, ya que no quería cargarse la conciencia con un muerto, se supuso que era esa la sorpresa que el Chino anunció que recibirían los de la Sello Rojo. ¿De dónde saldrían tan oportunamente? Quizás habían aguardado escondidos en el parque. Contra los jóvenes ricos, de casimir y finos sombreros, blandiendo flexibles bastones, resultaban aliados sin par los cholos y zambos, de pantalón y camiseta blancos, torva mirada y mechón agresivo. No se les notaba garrote ni cachiporra: se sabía que atacaban con sus pesados puños de carreteros, estibadores o cacaoteros, y que solo como remate de su triunfo la barbera relampagueaba azulada, rasgando el tajo que daba su nombre a la liga.

Desigual ahora, la lucha concluía. Los Sellos Rojos cargaban sus contusos, en los autos. Callaban los tableteantes garrotes. Las figuras blancas y ágiles, dominaban el confuso entrevero. Los motores de los autos jadearon. Una manivela rechinaba impaciente, vuelta, sin lograr encender. Un tiro superó el rebullicio.

—¡Me mataron! ¡Así no se friega a un hombre, desgraciados! ¡Dios mío!

Con una ola de hedor a caucho quemado y de humo de gasolina, se alejaban los atacantes. El muerto era un chofer joven, de apellido Guzmán y apodado Zorro Ciego.

191

VII

Alfredo de dos saltos traspuso la plancha. Entre los que lo
aguardaban en el muelle, irguió la cabeza, girándola con su
gesto de gallito de pelea. Se templaban los cabos, tirados
por los marineros, taloneando en las tablas que debían quemar del sol, y lentamente se arrimaba al muelle el cuerpo
de ballena muerta del pailebot. Vio a su viejo con la cabeza
más gris; a su hermana Flora, espigada; a Juancito hecho un
hombre, y a Magdalena gorda y fofa, como no se hubiera figurado cuando le gustaba, en el tiempo que se fue a Esmeraldas, por ejemplo. ¿Y cómo no reconocer a Alfonso? Por más
que parecía cambiadísimo: barba fuerte, rasurada; hombros
más anchos y en todo él un no sé qué de firme, de seguro de
sí mismo.

—¡Hola viejo! Ñaños... —incluyendo a Alfonso—.
¿Y tú Magdalena?

Los brazos y las exclamaciones alegres se perdieron en
el chirrido de una polea, al arriar una última vela que des-
nudó el mástil de popa, escueto y amarillo, entre el cordaje.
De la caseta, por una chimenea de cocina, salían nubecillas
blancuzcas. El río, más allá de la borda del muelle, evaporaba fango. Alzó la maleta.

—Vamos nomás, ya. A Miguel no hay que esperarlo,
no viene.

—¿Y por qué? ¿Qué es de él?

—Se fue al sur. Casi me largo yo también. Algo me
agarraría: quién sabe qué. Miguel ha de estar ahora en Santiago, esto si no ha logrado pasar hasta Buenos Aires. Allá
quería ir... Y yo hubiera ido. Quién sabe por qué...

Dejó caer el brazo hasta rozar el suelo con la maleta.
Tostada de viento de mar, su cara era de un moreno más cálido. También él se había acabado de construir hombretón,
con pectorales bombeados y el cuerpo entero nerviosa tra-
bazón sin grasa.

—Ajá, te has puesto diente de oro —le observó Flora.
Él la cogió del brazo y le preguntó si no tenía enamo-

rado, lo que la hizo enrojecer y mirar de reojo al padre.

—¿Y vos, Juancito? ¿Trabajas? ¿Y tu mamá y tus ñañas bien, Alfonso?

Al padre y a Magdalena los juntó en una mirada cariñosa. Pero adentro lo seguía hostigando —¿por qué ahora que era tarde?— la pregunta de por qué no prosiguió hacia el sur. No hubo razones para no realizarlo. El embarque era bueno. Miguel había comprado en pocos soles, dos «descharches» en un velero holandés. Fueron a la agencia y la gestión resultó. ¿Lo que lo retenía era el recuerdo de Leonor Jarrín, la obrerita cigarrillera? Sí la pensaba; pero ambos eran jóvenes. Si de veras lo quería, lo sabría esperar. Por eso no iba a perder de conocer Santiago y Buenos Aires. No era ella ni el padre tampoco, ni el extrañar Guayaquil. ¡No olvidaría su rincón caliente aunque viera mejores ciudades; mas no era eso tampoco: ya regresaría! No supo al fin lo que le plantó las piernas y lo mantuvo con el papel amarillo, impreso en azul, apretado en la mano, y la maleta arrimada contra un riel, en la dársena vasta del Callao. Los ruidos de la embarcada tenían por fondo sonoro la mar gruesa en el rompeolas. Izaban el velamen agrisado por la tarde ya gris. Detrás se encendían las luces de las calles orilleras. ¿Eran las luces? Cogió la maleta. La volvió a poner en las tablas, brillosas de carbonilla. Miguel lo abrazó. El adiós al sobrino lo impresionaba, sintiéndose medio padre:

—Como vos quieras. ¡Si te repugna mismo...! Tal vez Juan esté enfermo y le hagas falta.

—¡No sé qué es, pero algo me jala! Escribe. En el Guayas, después de ver a mi gente, seguro que me resuelvo.

Manoteó como a una mosca el recuerdo. ¿Qué importaba él? Ahora ansiaba ayudar al padre. No comprendía por qué antes no lo acompañó en el negocio, prefiriendo el mal genio y el mal jornal que le daba Mano de Cabra. Esta vez iba a ser distinto. Se le sentía mucho más cercano.

—Vea, viejo, esta ocasión quiero trabajar a su lado en La Cosmopolita. ¡Todo Baldeón es panadero: la sangre chuta!

Las cejas grises de Juan se reunieron dolorosas.

—Ya no hay Cosmopolita. Ahora se llama La Flor del Guayas. ¡Me la quitó el viejo Rivera! Estaba atrasado en los pagos...

Alfredo no contestó: en el pecho le hervían las maldiciones. Era una perrada abusar así con un hombre como su padre. ¿Cómo también pudo imaginarse que un desgraciado, podrido en plata, haga nada bueno? ¡El que no daba la patada a la entrada, la daba a la salida!

—¿Le devolvió algo de lo que tenía abonado?

—Ni medio. Eran como mil setecientos... Lo único, me da jornal de maestro: sigo allí... Era difícil conseguir otro trabajo igual. Y la familia...

Alfredo convino callando. ¿Cómo reprocharle? Su gente tenía que comer; y el taita era viejo. ¿Qué hubiera hecho sino? ¡Él, él, el Rana, jamás se habría quedado después del despojo! Ni repagado, y aun cuando se hubieran muerto de hambre él y todos los suyos. En Lima había aprendido a mirar la vida de cara. Actualmente es que era de veras un hombre. Y era pueblo: nada quería con blancos y ricos. ¿Y Alfonso? ¿Acaso era blanco? Esa palabra blanco era una palabra zonza: ricachones de jeta habían, a los que se les llamaba así. En Guayaquil ser blanco es tener plata. Su padre era más blanco que cualquier gamonal. Y Alfonso Cortés era pobre tanto como Alfredo, y carecía de presunciones y era hombre de verdad.

—Bueno, taita. Veremos qué se hace. De panadero voy a emplearme: claro que no allí... Aunque quién sabe...

Alfonso se despidió al pasar cerca de su casa. Ya se verían. Entró Alfredo, sin cambiar de paso ni de sonrisa, a la covacha de su niñez, la de la bocacalle de la plazuela Chile. Baldeón había regresado a arrendar, por la querencia. Tomó dos cuartos para comodidad de la hija ya crecida. Además, eran de puertas y ventanas a la calle. Por el lavadero de la cocina, Alfredo vio el patio, las construcciones interiores, las flores de sapo, el algarrobo y los muyuyos, todo igual. Solo el vecindario era nuevo, desconocido de él.

—Vamos a rodear por el barrio, a ver las conciencias.

En compañía de Juan, vagó al anochecer. Una asfixiante tristeza aplanaba los portales sin chicos, los perros vagabundos hozando la basura, que los carretilleros aún no recogían.

—Oye, Juan, ¿vos conoces a una tal Leonor que era mi muchacha, que es obrera de la fábrica de cigarrillos y vive, o vivía, al lado de la caballeriza La Florencia?

—Sí, ahí vive todavía. Bien la he visto, hasta ahora último.

Tenía un confuso recelo de ir directamente. ¡Qué resplandecer era el alumbrado de Lima hasta en los arrabales! No se haría el superior por haberlo conocido. ¡Ni menospreciaría lo suyo: estas cañas y esos lodos! Pero comparaba, con ansias de mejora para su tierra. Se separó del hermano y avanzó hacia el chalet.

Llegó sigiloso al soportal y salió de pronto, de detrás de un pilar: ella, de codos en el balcón, con su expresión de costumbre, dulce y recogida, abrió los ojazos y le blanqueó la dentadura en la penumbra. Se tendieron los brazos, nombrándose. Se miraban ojos a ojos. Ardía la palma de él, en el hombro suave de Leonor.

—¡Alfredo! ¡Mamá, si es Alfredo! —y se echó a llorar en su hombro.

—¡Ya estoy aquí, mi hijita, ya estoy aquí! ¿Por qué llorar? ¿Ya ves Leonorucha? ¡Las limeñas son lindísimas de veras, pero aquí estoy!

Él recordó algún pasillo, oído no sabía dónde, al ver la sonrisa alternar con los pucheros, mojadas de lágrimas las mejillas.

Acudió la señora Panchita. Lo hicieron entrar: la lámpara, el portarretratos, la mesa, las viejas sillas eran antiguas amistades. A la madre de Leonor el cabello le había emblanquecido, completamente. La voz se le había rajado. Una imperceptible desolación velaba sus movimientos, sus miradas, sus palabras. Entonces él notó lo mismo pero hecho angustia en las manos de Leonor.

La señora los dejó solos y allí sí que el corazón de Alfredo se encogió remordido. ¡Repetía machacón, mentalmente: han quitado una y han puesto otra! Averiguó, increpó, suplicó, consiguiendo únicamente lágrimas.

—¡Maldita sea mi alma! ¿Para qué volvería? ¡Iba a seguir al sur y algo me jalaba: creí que eras vos! ¡Y vos has dejado de quererme!

Tiró sobre una silla el paquete de corte de tela de seda, que le traía de Lima.

Apretaba una mano de Leonor entre las suyas. Desesperaba arrancarle la causa de su frialdad. La besó en las uñas y a lo largo de los dedos. Luego la viró para besarla en la palma: y con un vago espeluznar, encontró que era igual a la mano tendida de la Victoria, la vecina de su niñez, que parecía llamar cuando la llevaban con bubónica. Pero en el acto desechó esa idea como abusión estúpida.

—¿Qué te pasa, Alfredo? —se interesó Leonor al percibir su silencio.

—Nada, es que viéndote la mano he creído saber por qué he vuelto a Guayaquil.

Todavía no sabía a dónde lo llamaba la mano de la blanca.

PUERTO DUARTE

I

Por la puerta de par en par, veía el interior del aula: esperaban ya padres de familia; el vidrio del armario de libros enviaba un reflejo mate. Alfonso se volvió: entre los grupos que entraban y salían por el pasillo, Violeta, vestida de blanco, le pareció una colegiala más: solo su aire de espiga la diferenciaba. Habían venido con Antonio, conversando y riéndose, hacia la escuela de Carolina. Los balcones metían la claridad de la mañana, lavada por el aguacero reciente. De las calles, todavía no fangosas, de principios de invierno, subía un aroma de tierra mojada.

—Primera vez que vienes a un examen de tu mujer.

—Ella misma no quería. Ahora nos ha invitado porque es el tercer año seguido que enseña en primer grado y cree que lo de hoy puede salirle un tanto interesante.

El bullicio escolar sacudía como un jaulón la casa de madera. Alfonso se fajaba en la sonrisa de Antonio frente a chicos y chicas. Resaltaban bajo su bigote, negro como sus ojos, recuerdo en él de que los árabes hace siglos estuvieron en su España. Le había oído referirse a cuánto le agradaban la viveza, la vitalidad de los rapaces guayaquileños: ni el paludismo ni el hambre conseguían quitarles la esbelta gracia de los movimientos, el brillo de los ojos y la vivacidad de la charla. Y las muchachitas se mostraban más precoces y más listas.

Los abecedarios a colores en las paredes, los pizarrones, las viejas bancas sin pintar, le traían a Alfonso el eco de lejanos coros de voces infantiles que deletreaban cantando.

197

—¿No pasan adelante? ¡Cómo van a quedarse allí! No verían nada y ya vamos a empezar. Vénganse, vénganse —los invitó una profesora.

Quizás hasta su amistad con Antonio y Carolina había ignorado Alfonso que enseñar es ciencia y arte: algo a lo que se puede dar la pasión y la vida, que puede ser el modo de realizarse de un destino. Carolina con sus alumnos ponía en acción las fuerzas creadoras de su ser, verificaba lo mejor de su alma. Sintió que ella ante los chicos actuaba como él ante el piano.

De blusa ligera y falda oscura, las trenzas recogidas en la nuca, sonriente, Carolina se deslizaba entre los cholitos de mirar de pericote, las nenas reflexivas de lacias trencitas, los negritos que se rascaban con confianza los chicharrones del pelo. De sus ademanes, de su voz, de la claridad de su frente dinámica, de los símbolos que se volvían las líneas de su cuerpo, de su persona entera fluía una atracción a la vez infantil y maternal: así debía enseñar siempre, y era juego y amor.

Les contó un cuento simple como el agua y les distribuyó los recortes de un rompecabezas que cada uno se puso a armar apasionado. Ella permanecía adueñada y entregada a los pequeños ojos atentos, a los deditos tanteantes. Y les hablaba. Conversaba con ellos, diciéndoles otras cosas, pero con la misma sencillez con que sus madres en los sucuchos de los covachones los mandarían a la pulpería o intentarían explicarles por qué no podían darles de comer. No supieron el segundo preciso en que rasquetearon sus lápices en los cuadernos y dieron explicaciones de lo que sabían. Y sabían.

Alfonso que conocía las viejas escuelas a la criolla en que se deletrea y se aprende la tabla a coscachos y palmetazos, aun ignorándolo todo en asuntos pedagógicos, considerando aquella clase nada más que como un hecho humano, lo hallaba henchido, como por milagro, de un intenso sentido vital.

—Créame, Carolina —le dijo luego— y usted sabe que soy demasiado sincero para lisonjear: me ha entusiasmado lo que acabo de ver. Yo no sé nada, pero conozco nuestras escuelas y quiero a los chicos. Por eso la creo maestra, una verdadera maestra, como pocas. Ni digo más por no ruborizarla...

A la salida, marcharon comentando los exámenes y el ambiente de la escuela. A Carolina le contentaba su ubicación en esa barriada. Coincidiendo con el sentir de su marido, para ella los niños del pueblo eran más niños, acaso por su desamparo.

Las fachadas de las casuchas, en esas calles, se desmoronaban grisáceas. Parecían arrugarse de vejez prematura: ¡era el barrio sobre el que debía crecer la ciudad, barrio del porvenir, y ya caduco! Alquitranados y gigantes, los dos gasómetros alzaban sus masas a la comba esmerilada de las nubes. Antonio condujo la conversación hacia sus preocupaciones: la política del país, la actividad obrera, la miseria que aquel año crecía como antes jamás se viera en la ciudad. Carolina subrayó:

—Los chicos vienen a la escuela en su mayoría sin desayunar ni almorzar. ¡El otro día en clase se desmayó uno: no estaba enfermo, sino que hacía dos días que no comía y lo avergonzaba pedir!

Afirmó Antonio que tenía ya raíces en la patria de su mujer. A España no podía regresar. Amaba esta tierra y su pueblo sufrido pero que poseía tres o cuatro momentos de ira en su historia. Además, a donde quiera que fuese, él ocuparía un puesto en la lucha. Comenzaba una era en que todos los pueblos se unían para la gran liberación. La guerra había iniciado el derrumbe. Europa entera ardía al concluir ese año 21, desde Rusia hasta España. Las chispas caían en América que tenía el 1º de Mayo de Chicago en su tradición, y donde las huelgas de Brasil y la Semana Sangrienta de Buenos Aires, eran las primeras rachas.

—¿Tú crees que puedan ocurrir esas cosas aquí? —preguntó Carolina.

—Sin meterme a profeta, estoy seguro de que llegarán. La miseria aumenta, tú misma acabas de contarnos que lo ves hasta en tu escuela. ¿Piensas que puede soportarse indefinidamente? ¡Y este pueblo no es cobarde! Quién sabe lo que se avecina...

II

—Alfredo, pero cómo vas a haber hecho eso ¡ahora, ahora! ¿Nada te importa eso?

Tarda en sus movimientos por la preñez, que también alteraba ligeramente sus facciones, Leonor lo miraba, con angustia, tragándose el llanto. Enseguida calló. ¿Cómo se le pudo escapar aquel reproche? No había sido ella la que habló: fue la sofocación que le subía a la cara; su espera dulce y dolorosa; los tenues golpes que en su vientre repercutían extraños a ella misma: ¡fue el hijo!

Con voz opaca, él contestó:

—¡Quisiera no haber tenido que hacerlo! ¡Pero vos me conoces, si la ocasión se presentara, lo volvería a hacer!

Leonor pareció aguardar, tímida otra vez, recelando haberlo resentido y recelando que su silencio acusara sin querer.

—¡Si otro hubiera brincado, quizás yo me la aguanto!

Reaccionó por él y por todos los que no se atrevieron. No se enorgullecía, porque se hizo un mal y porque no conocía esa clase de vanidad. Pero se sentía en paz con su pecho: cuando Rivera entró al galpón, sonándose las narices con un sucio restallido acuoso, y anunció la nueva rebaja de jornales —¡cuarta en ese año!—, Alfredo esperó no una querella de todos, que sabía imposible, mas, siquiera que alguno protestara: el silencio de las cabezas gachas se prolongó. En él se volvió una molestia intolerable, algo que palpaba, que goteaba repugnante, como si el viejo rapaz escurriese sus mocos encima de ellos. No pudo más.

Empujó a un lado la bola del amasijo, se sacudió las manos polvorosas de harina y desató el delantal.

—¿Qué pasa, Baldeón?

—Que por ese jornal yo no trabajo, don Rivera.

—¿Por qué?

Le dieron ganas de reír a carcajadas.

—¿Cómo por qué? ¡Porque no alcanza ni para morirse de hambre! ¡Porque no tengo por qué regalar mi sudor! Si otros lo hacen, allá ellos. ¡El tiempo de los esclavos se acabó!

Al oírse a sí mismo, le vino el recuerdo de la película Espartaco, que hacía años viera en el Crono Proyector. Entonces supo decir que, si en la actualidad hubiese esclavos, habría que hacer algo como ese que se alzó. Soportar como hacían los demás panaderos ¿no equivalía a someterse a un amo? Por lo mismo había rechazado de muy chico ser paje de casa de blancos.

—Como sea tu gusto, Baldeón. Yo no ruego a nadie. Pero vos eres loco: difícilmente conseguirás otro trabajo... ¡Con estos tiempos!

—Eso es cosa mía.

Adentro le remordía ya. ¡Si hubiera sido cuando era solo! Nada le pasaba. Casa y comida no le faltaban donde el padre. Hoy tenía a quienes mantener y respondía ante sí por el hijo que iba a nacerle. Regresó con un andar fatigado que raramente se notaba en su paso. En las covachas palidecían candiles y velas de sebo. Se escondía en la sombra el lodo del suelo. El incidente fue muy poco después de comenzada la jornada nocturna. Su viejo no llegaba aún. Ahora seguramente ya le habrían contado. Rodaban por el cielo restos quemados del día.

—Alfredo, ¿cómo así te has venido? ¿Estás enfermo?

Alumbraba la lámpara los muebles humildes, las tablas limpias del piso, la paz de sus meses de dicha en el pequeño departamento, y el cuerpo engrosado de Leonor, medio recogido dentro de la hamaca donde cosía.

—Vengo botando el trabajo. Otra vez rebajó los jornales el viejo Rivera. Yo no aguanté...

Leonor se puso de pie. Contra la pared se proyectaron su figura, su vientre. Se le escaparon aquellas palabras. Alfredo se asomó: en la plazuela oscura no se veía ni muchachos. El poste de la bandera de la bomba contra incendios,

201

blanqueaba, recto como enorme fósforo. La noche invernal, sorda de sapos remotos, oprimía la vida, oprimía su corazón vacilante por un momento.

—No importa, Leonor. No tengas miedo. Yo encontraré aunque sea debajo de las piedras...

Ella ya había alejado sus temores. Aunque el mundo se hundiera, su hombre varonil era seguro. Nada era capaz de vencer la dulzura y la firmeza de ese hombre, su hombre. ¿Por qué no había de conseguir otra ocupación? Imposible no era. La complacía ya que hubiese gritado las verdades al desgraciado ese. ¿No le robó la Cosmopolita a don Baldeón viejo? Que viese que el hijo no se agachaba como los demás trabajadores que parecían borregos.

—Alfredo...

Lo conmovió su voz de niña atemorizada; se aproximó y la rodeó con sus brazos. Se hallaron mutuamente en los ojos su fuego de siempre.

—Alfredo, ¿vos estás molesto conmigo?

—No. Los quiero más a ti y a mi hijo.

La besó en la frente y poniéndole la mano sobre el vientre la acarició con la levedad de una infinita delicadeza. Ella le rodeó el cuello con la frescura de sus brazos. Percibía el olor de él, tan íntimo, a sudor limpio, a pan caliente. El cuerpo tibio y fecundo de Leonor se le adhería.

—Y yo, ya no tengo miedo. Hiciste bien, todo lo que tú haces está bien. ¡Vos eras el que tenía que hacerlo porque eres el más hombre!

—¿Qué dirá tu mamá?

—Ella es buena... Enantes estaba con la jaqueca y por eso se fue tempranito a acostar. Mañana le decimos.

Se sentaron en la hamaca juntos, acariciándose con la ternura que ella había tenido que enseñarle, pues él había sido tosco con las demás mujeres antes de tenerla a ella. Así unidos no le temían a la vida.

—Nacerá para Navidad.

—¿Qué nombre le pondremos?

—Si es hombre, el mío; si no, el tuyo.

No, no había sido disgusto lo que tuvieron. Conservaban intacto, desde que estaban juntos, su fuerte amor. Leonor creía sentir por él más, mucho más que cuando Alfredo le habló por primera vez en la esquina, y a ella le vino súbitamente el anhelo de reclinarse en su hombro. Guardaba como recuerdo la camisa que él llevaba puesta aquel día, remendada y con manchitas de aceite que la hicieron suponer que fuera mecánico.

¡Qué riesgo había corrido su unión de romperse, de no ser nunca por el viaje a Lima! En el barrio murmuraban que Alfredo no volvería. Quizá era el mismo Darío que se había introducido al chalet con pretexto de encargar a la señora Panchita el lavado de su ropa, el que propalaba los rumores.

—¿No molesto, señora Panchita, niña Leonorcita? Uno que no es casado ni chupista, no sabe qué hacer en las noches... Y el cine me hace doler los ojos. El temblequeo de las vistas es fregado.

Con disimulo, se hizo el infaltable. A Leonor se le fingía respetuoso. Le demostraba una hipócrita amistad. Al transcurrir los meses, fue presentando a la madre sus proyectos. Quería ser novio de la niña. Él sabía que había tenido amores con Baldeón. Pero, según él, ese era un error. El zambo no regresaría. Vanamente se le aguardaba. En cambio él era un hombre serio, no un plantilla; estaba ahí, y le ofrecía un porvenir.

—¡Mamacita, nunca le haré caso a ese viejo sinvergüenza! ¡A Alfredo lo esperaré siempre!

Pero era ya más de un año la ausencia. La señora Panchita se sentía enferma o lo exageraba, convencida por la labia de Darío. Para colmo, en la fábrica cambiaron a la jefa de empaquetadoras. La antigua, la señora Lucinda, era buena. La nueva, que dizque era moza de un alto empleado, trataba a las obreritas con grosería inaguantable. Pretendió hasta registrarlas, ofendiendo su pudor, buscándoles entre las ropas íntimas si no se sacaban escondidos cigarrillos. Las llamaba sin reparo, ladronas.

—¡Hija, yo no quiero contrariarte, pero para mi gusto

203

vos debías aceptar a don Darío!

Él afinaba su cara de zorro, con arrugas y puntos negros de espinillas, como olfateando. ¡Y Leonor aceptó! Habían sido por eso sus lágrimas al ver a Alfredo de vuelta. Le pesaba el nuevo noviazgo. No sabía cómo confesarle este compromiso... Pero Alfredo exigía saber. Supo, y lo destruyó con su acostumbrada violencia. Darío no alcanzó ni a reclamar. Leonor se fue con su zambo, sin casarse ni nada, al departamento que él le arrendó, al que muy poco después se vino la madre, y donde el amor y los días le habían llenado el vientre y los ojos.

III

Esquivando el aliento del horno, Alfredo atrajo con la pala la brazada de pan. Olía bien. Era la última: con ella se completaban las dos canastas que su socio sacaba del centro y lo que se vendía por el contorno, que era poquísimo, debido a lo despoblado de aquel extremo de arrabal. Amanecía: el viento despertaba, remeciendo las latas de la covachita que se achataba junto al horno, y trayendo a echar encima el olor sabroso del pan, el vaho a chamuscado de la colina de desperdicios, humeante día y noche, del basurero de Puerto Duarte.

—¿Te vas ya, Samborondeño? Todavía no clarea.

—Pero ya mismo. Y mejor es que el día me coja ya por las calles donde la gente está saliendo a ver los molletes para el café.

—Hombre, café ¿no quieres otro pocillo?

—Apenitas hace que tomé, cuando me dio sueño.

Con una de las grandes canastas a cada brazo, envuelto en el delantal que lo hacía destacarse, se alejó el Samborondeño. No pregonaba aún por ser demasiado temprano porque no le gustaba que lo oyera Alfredo: este lo aburría a bromas acerca de su voz y dictándole dichos burlescos que le aconsejaba gritar. Claro que no era con ánimo de mortificarlo. Se estimaban como hombres. Manejaban sin pelear el mísero negocio, repartiéndose las ganancias como hermanos. El Samborondeño había sido obrero en La Cosmopolita y respetaba y quería a don Baldeón, habiéndose hecho entonces amigo íntimo de Alfredo: supo cuando él le botó el trabajo al viejo Rivera y lo fue a buscar espontáneamente:

—¿Qué fue, zambo? ¿Cierto que le dejaste tirado el trabajo al raposo ese de Rivera?

—Ajá, con la última rebaja que hizo, yo ya no pude soportármela callado: el jornal quedaba a un sucre cincuenta por la noche entera. Figúrate: con eso no se tiene ni la mitad de lo que hay que darle a la hembra para la plaza.

—¿Y solo vos te alzaste?

—¡Ajo, me admiro lo aguantona que es la gente! ¡Yo íngrimo!

—Por eso yo no aguardé ni eso: apenas La Cosmopolita se acabó y regresó a manos del raposo, fui enrollando mi petate y buscando la manga.

—Hiciste bien. Yo no creía: cuando vine de Lima, antes que estar buscando en otra parte, entré allí por trabajar cerca del veterano que se había quedado de maestro. ¡Me arrepiento, maldita sea! Si entro a otra panadería, otro gallo me cantara: el condenado del Rivera, caliente por lo que me salí de su chiquero, me ha tirado bandera negra con los demás patrones.

—¿Cómo así?

—No me dan trabajo en las panaderías: que hay malos informes, que soy alzado, que doy mal ejemplo... ¡Los chismes! Y de mecánico no he conseguido tampoco: he ido donde Mano de Cabra, donde trabajé antes, y donde Falcón, donde el negro Carrión, donde Margary, a toditos los talleres: ¡y están botando a los que tienen!

El Samborondeño concluyó proponiéndole:

—¡Si vos quieres, vente a trabajar conmigo!

Él no había querido depender de nadie: quería ser libre. Su madrastra, Mercedes Reyes, años atrás, tuvo una pequeña panadería allá lejísimos, cerca de Puerto Duarte. Como no había negocio, abandonó el solar, el ranchito de latas y el horno. El Samborondeño compuso el horno que tenía el cielo desconchado y ladrillos sólidos; cogió las goteras y remendó las paredes de la casucha; limpió el solar, entre cuyos bledos habían esparcidas millares y millares de defecaciones del vecindario, y se instaló.

Al principio no tumbaba ni medio saco de harina. Trabajaba en una soledad de volverse loco. Llegaba cargando al hombro y con la ayuda de algún chico los materiales de su tosca panificación: leña, manteca, harina, y hasta agua, pues el sitio carecía de grifo. Había iniciado el trabajo a salidas de invierno. El viento convertía la choza en una matraca, sacudiéndole las latas. Los vecinos, y los traperos, que merodeaban en el inmediato basurero, lo creerían brujo o un diablo, removiendo candela del horno, íntegras las noches, solitario, emperrado. Durante las mañanas, vendía su pan en canastas. En las tardes dormía.

—¡Chócala, hermano! —saltó Alfredo, estrechándole la mano—. ¡Seguro que trabajo con vos: una cosa así es lo que yo necesitaba!

Ahora eran socios y panificaban todo lo que el Samborondeño alcanzaba a meter en sus canastas por dos veces. No se harían ricos, pero, sin morirse de hambre, defendía lo que ellos llamaban su malgenio y no dejarse de ningún arrastrado.

El rancho tenía dos piezas. Leonor acabó por venirse a vivir allí. Arreglaron el asunto arrendando a pocas cuadras un cuarto para el Samborondeño. La mujer de Alfredo y la señora Panchita acomodaron hasta dejarlo irreconocible el montón de latas destartaladas. En bacinillas recogidas del basurero, cultivaron plantas. El solar nevó de ropa lavada, tendida en cordeles. Ellas les preparaban café para la vigilia y los acompañaban hasta tarde. Criaron unas pocas gallinas. Quien más se contentaba era Leonor: le gustaba la caballeriza en cuya vecindad residía de soltera, porque le parecía el campo: esto sí que era campo y campo suyo, donde trabajaba cerca de su hombre, cerca de su madre, donde crecería, sano y bien macho como su taita, el hijo que tanto le pateaba la barriga.

Al venírseles las lluvias comprarían hule para cubrir las canastas de la venta y confeccionarle una especie de poncho al Samborondeño. Ya habría nacido Alfredo chico. Tendrían que reparar más la covacha y fabricar una ramada que tapara el horno. Lo que comenzaba a preocuparles era la marcha del negocio. ¿Cómo seguirían los tiempos?

Sus compradores eran de los barrios pobres de las entradas de los lugares de trabajo. Y había ya días en que el Samborondeño retornaba con las canastas sin terminar y los grillos y las cucarachas, como llamaban a los medios y reales, considerablemente en menor número que en meses anteriores. El verano de fuego traía jornadas como jamás conociera Guayaquil.

—¡Yo no sé qué es que pasa! La gente está sin plata: las mismas caseras no quieren coger ni al fiado. Otros se han ido al hospital. ¡Ajo, parece mentira que no vaya a quedar quien compre una triste semita de chicharrón o un medio de roscas!

El Samborondeño se pasaba los dedos por los ralos pelos de sus bigotes achinados. Fruncía en una mueca su bocaza desdentada y bondadosa. Con ambas manos levantaba sus pantalones, que la piola con que los sujetaba dejaba caer enseguida de nuevo sobre la verija, dándole su facha descachalandrada, que lo hacía suponer siempre borracho. Y se plantaba ante su socio.

—¿Qué dices vos que hagamos, zambo?

Alfredo no le contestaba; no sabía qué contestarle. Él comprendía que la baja de su negocio no era cosa pasajera: provenía de la maldición general, de esa como brujería que había traído la mala para todos, para los hombres.

Iba los más de los días, a la hora de hallar despierto a su taita, a conversar con la familia. En esa covacha y en las demás del barrio y de otros barrios, hombres desnudos de medio cuerpo arriba, revueltos los pelos, bostezaban y cogían sol. Los habían botado de sus trabajos. No tenían ni con qué emborracharse. Hechos carretas sin uso, permanecían en los patios, conversando de hembras y lanzando bromas en palabrotas a las lavanderas. Las mujeres hacían novenas a los santos, traían agua bendita los lunes de San Vicente, y procuraban calmar a los chicos que no comían ni guineos. Las secas calles se aventaban en polvaredas sobre los covacheríos, míseros siempre y hoy hambreados.

—Vecinita, ¿me presta unos pedacitos de carbón? ¡Jesús! ¡Hoy no he prendido ni candela!

—El pobre Juancho fue a la curtiembre donde trabajaba antes y que le han ofrecido pega: ¡ojalá consiga!

—Dios quiera, comadrita.

—¡Dos noches ya que acuesto a los chicos sin verde asado ni café puro siquiera!

—¡San Vicente lindo, el mundo se va a acabar!

De allí nacía la ruina de la venta: y contra eso no había remedio o Alfredo no lo conocía. A él no le había importado nunca la vida ajena. Lo que estaba ocurriendo, sin querer, daba grima, rabia, ahogo. Al regresar, antes de que oscureciera, para empezar la labor nocturna, podía ver lo peor: los muchachos. Por aquellas calles apartadas, jugaban todavía porque todavía no habían muerto. Quizás era la primera vez que se fijaba en ellos. No eran como los de su época. El pellejo moreno se les hacía gris. Andaban medio desnudos, con las panzas hinchadas y las perinolas de los ombligos brotadas. Movían sus brazos y piernas resecas como los escuálidos tallos de los bledos, con torpe tanteo de arañas. De niños, hijos de los hombres, no les quedaban sino los ojos: excesivamente blancos y con la gotita de luz del miedo, bajo los pelambres piojosos. ¿Su hijo sería así? Una angustia nueva le estranguló las costillas.

Iba a nacer en el diciembre que venía; Leonor y él lo esperaban como el juguete de Navidad que les pondría el Niño Dios. ¡En diciembre, en diciembre, igual que él, que nació ese mes, el 900, con el siglo! La maldición se le apagaba en la boca. ¿A quién maldecir?

—Buenos días, hijo —lo saludó, apareciendo en la puerta, la señora Panchita—. Dejé una ropa almidonada al sereno y no sé por qué me pareció que con el día iba a garuar.

Le respondió suavemente, ensimismado. Ahora percibió la madrugada deliciosa, fría: la sangre le corrió más duro y se desperezó. Aunque no hubiera dormido, se despertaba con la tierra. Y era tierra viva, hasta en aquel rincón donde lo había traído la suerte, rincón dominado por la presencia del basurero.

Visto desde donde él estaba, era una colina sombría, veteada de serpientes fulgurantes. De unos lados se quemaba a fuego lento; de otros en rápido llamear. Era un montón de restos informes, cáscaras, sobras de comidas podridas, trapos, pedazos de muebles, fierros torcidos, todo revuelto, medio enterrado en su propio polvo. De lejos, repelía solamente; lo que Leonor y Alfredo hallaban intolerable era su contigüidad. Las cucarachas de las grietas, en la abundancia, adquirían tamaños gigantes. Alacranes, salamanquesas blancuzcas, chinchorros carnudos, hormigas pugnaban allí, con una pululante audacia, contra los perros, los chanchos hocicones, vueltos salvajes por el vagabundeo, los gallinazos hediondos y los mendigos, viejos o chicuelos.

—¡Si pudiéramos irnos un par de cuadras más adentro: el muladar es lo que friega aquí!

—¡Pero allá adentro el arriendo nos come vivos: los dueños de casa son peor que las ratas del muladar!

Al anochecer, al alejarse las carretas, estallaba la lucha por la basura recién volcada, que traía más vida. La quemazón alumbraba azufrada, electrizada, rojiza. Los chanchos, arqueando el lomo, gruñendo, peleaban a mordiscos con los perros. Un anciano de cara de santo, a cuyas barbas y calva solo faltaba un halo, sentado sobre su alforja, roía un hueso, buscando con torva ojeada de bestia, quien se lo disputaba. Era una tarde en que Alfredo se había aproximado, atraído por curiosidad del rumoreo más elevado que otros instantes. Ni la costalada de cadáveres comidos por los gallinazos del playón de Camarones le produjo igual choque: ¡y eso que apestaba a muerte!

—¡Barajo, que haya esto en Guayaquil y que la gente

duerma tan fresca en el centro!

Ratas de dientes de espina de pescado tiraban, arrancándose a trozos, el cadáver de un gato de angora. Los muchachos rebuscaban en pandilla: separarse hubiera significado ser víctima de los perros y chanchos feroces, o de los mendigos adultos, no menos bestializados. No había adolescentes: allá adentro, en la ciudad, los varones eran rateros y las chiquillas mecas.

Había ido solo. El Samborondeño no aceptó unírsele por no descuidar el leudo del amasijo. Alfredo habría querido hablar con alguien. Dio un puntapié a una bacinilla desportillada, que rodó cantando campanazos lúgubres. Ojos de rescoldo se volvieron hacia el intruso. No distinguían su overol limpio, sus gruesos zapatos ni su sonrisa fuerte, que por ellos se plegaba en amargo rictus antes desconocido.

—¿Qué jue? ¡Si vienes a la rebusca, sigue más adelante!

—¡Aquí no queda puesto ni para uno!

—Esto está lleno de chanchos y hombres...

—¡Hombres que fueron! —concluyó la primera voz, cascada y con dejo de cholo.

Avanzó Alfredo. Ya no podía detenerse. ¿Lo atacarían los mendigos? Qué va: si tuvieran fuerza, trabajarían o robarían. Dio vuelta, contorneando las laderas irregulares del muladar. El agua bruñida de sol final, del corte del Salado, metía lengüetazos dorados entre los terrosos escombros. Los manglares de las orillas, negros encima del reflejo aún diurno de la corriente, se dormían en la calma de la tierra sin hombres, emanando húmedos vahos a mar lejana y a tinta salvaje. Alfredo miró hacia el cielo lila encapullado de luceros: pensaba en Dios.

Cuchicheos en el suelo, al lado de él, lo hicieron virar la cara y, aguzando la vista, columbrar bultos que se agitaban en un hueco de la basura. ¡Al ver cabal, quedó estupefacto! ¿Era posible?

La pordiosera tuerta, a la que le daban ataques, se acostaba ahí, de espaldas, jadeante, babosa, echándose encima al mayor de los chicos de la pandilla, uno paliducho, de camisa rota y gorra de visera de cartón. A ambos los había conocido merodeando por los contornos.

Un cacho de luna rasgaba la noche azulada.

IV

¡Alfredo se resolvió: iría a buscarlo, a requintearlos si fuera necesario! Tenía tiempo: ellos no salían hasta las tres. Aún no acallaba el sueño el rumor del basurero. Altas estrellas se quemaban en el horno hondo que era el cielo sin viento. Debía dejar poco por hacer sin su ayuda, el Samborondeño. Sería desconsideración arrimarle el peso de la tarea. Pero iba a hablarles. ¿Por qué se quedaban atrás? ¿Qué tenían de menos para ser los únicos en aguantar? Desde la primera huelga, la de los ferroviarios de Durán, pensó en ellos. ¡Qué desgracia que el gremio anduviera así aplanado! Su taita y su tío Adolfo le habían conversado cómo eran los obreros de panadería de otros años. Recién estaba fundada la Sociedad. Fue la época de los garroteros del Albuquerque, centroamericano que organizó a los trabajadores de Guayaquil para luchar por la revolución de Alfaro. Los panaderos marcharon en primera fila, con el sombrero a lo patriota y el corazón sin miedo. ¿Iban los de hoy desdecir a los mayores?

Claro que, al comenzar, él mismo no creía mucho en estos ajetreos. La lucha ferrocarrilera solo se sintió en la escasez de víveres de la Sierra. Alfredo casi mantenía la opinión de cuando trabajaba donde Mano de Cabra: antes de declararse en huelga es preferible darles una pateada a los patrones. Lo que siguió, le pareció increíble y lo sacudió más y más.

Pararon los tranviarios y basureros: el vientecillo húmedo del día de difuntos removió desperdicios entre los obligados peatones. Los huelguistas aprovecharon el ocio yéndose a la romería del panteón, a comer mazamorra morada y ofrendar coronas de papel picado a sus deudos. De negro hasta la camisa, como era de rigor, Alfredo fue a dejar flores a la cruz de palo, perdida entre los cascajos, a la som-

211

bra de los ciruelos tranquilos, donde yacía un hermanito de Leonor, muerto chico. En el suelo, ante la puerta, había regados miles de pétalos de ramas de ficus. Una chiquilla, de talle cimbreño y ojos reidores, se cruzó con él: llevaba una rosa cogida entre los labios y canturreó:

> *Noviembre, dichoso mes,*
> *que empieza con Todosantos*
> *y acaba con San Andrés…*

Entre los hormigueantes romeros, se encontró con un conocido, vagonero de los carros de mulas, quien le contó lo compacto y firme del paro, y le anunció que se extendería, abarcando el puerto entero. Un vago olor a flores marchitas y a savia pasó en el aire. Alfredo movió la cabeza:

—¡Si así llueve, que no escampe: ese es otro cantar! Lo que me ha disgustado siempre de las huelgas es que se friegan unos pocos y la mayoría recula ni borregos…

—¡Ahora se han calentado de veras y toditos! ¿Y los panaderos?

Allí dio una respuesta cualquiera, pero el desasosiego ya no lo soltó. Compró los periódicos todas las mañanas: las huelgas están como los granos de una mazorca de maíz flojo. Cada una era un golpe adentro de su pecho. Los de las curtiembres hedían a mangle podrido. Las manos de los de las jabonerías eran langostas: las cocinaba la lejía. Los párpados de los de las piladoras, lagrimeaban, esmerilados por el tamo. De los talleres mecánicos le sonreían, aceitosos y amigos, el Pirata, Mesa, el tímido Daniel y hasta el pejesapo de Malpuntazo. Envidiaba los cuerpos de matapalo grande de los cacaoteros. Las cigarreras, antiguas compañeras de su mujer, también habían plantado. El silencio soplaba desde las pétreas fauces de las canteras. El artilleo de las construcciones calló: carpinteros y albañiles, silbando, metían las manos en los bolsillos. ¿Y los panaderos?

—¿Y qué sabes vos, Samborondeño? ¿Se unirán al paro los del gremio de nosotros?

—Algunos andaban medio alborotados, según supe. Pero en serio todavía dizque no hay nada. Quién sabe, pues. ¡Como son así!

Él debía acercarse a hablar, o averiguar. Le era imposible cruzarse de brazos. Esto no era una huelga en que únicamente se romperían los más hombres; era más que una huelga: era que todos se habían vuelto más hombres. ¡Todos, ante la vida esclava, los salarios ínfimos y el hambre, levantaban la voz y la mano, exigiendo vivir!

Dos días antes había leído que fuerza armada ocupó los aljibes potables, deteniendo la garra de la sed. A la planta eléctrica llegó tarde: había ya parado, junto con la de gas. A la ciudad penetró la noche, como regresando de los montes circunvecinos, con el aliento de los pueblecillos tenebrosos, haciendo volver a la viuda del Tamarindo, al Tintín, y la memoria de olores de janeiro, a bosta y a cacao.

—Oye, Samborondeño, me voy al centro.

—¡Al centro! ¿A qué?

—Voy a ver qué mismo pasa con los panaderos.

—Ya vas a meterte en cangrejadas. ¿A vos qué te va ni qué te viene? ¿Para eso no hemos parado casa aparte? Si a ti te meten preso o te largan tu tarrajazo, ¿crees que nadie va a darle de comer a tu mujer ni a tu hijo, de que ella para?

En lo oscuro, el Samborondeño no columbraba la cara de Alfredo, fue solamente en su voz que notó una extraña seriedad, un metal desconocido, que lo hizo convenir, no por indiferencia sino por sorpresa. El zambo se sacudió las manos y se puso en pie.

—Paramos casa aparte por no aguantar a los industriales ladrones: no para meternos como tortuga en el carapacho. ¿No has visto cómo rebaja y rebaja la venta del pan de tus canastas? Me he convencido de una cosa, ¡carajo!, ¡mientras quede uno solo teniendo hambre, todos tendremos hambre! Convéncete vos hermano. Ya vuelvo.

En la soledad de las sombras de las calles, el chirriar del polvo bajo sus zapatos, se crecía. Notó extrañas las Cinco Esquinas, al pasar. Allí había sido su primera pelea a puñetazos, todavía estudiaba donde los legos. Era por una flaquita, cabellos de pelusa de choclo, que vivía tras las ventanitas sin pintar, en el portal de tablas. La falta de alumbrado resucitaba cosas muertas en las calles.

Golpeó con el puño la puerta de la chingana de Anormaliza, donde sabía que los encontraría, pues allí se reunían los panaderos a jugar y a tomar café con leche, al salir, con desvelados ojos de lechuza, de su labor nocturna.

—¿Qué fue? ¡Quién toca!

Se oía un entrevero de voces conocidas y ruido de platos y de vasos: había acertado: allí estaban.

—Abre, Anormaliza, soy yo, Baldeón.

Se quejó el cerrojo y lo acogió la cara bostezante del fondero, que lo hizo pasar junto al mostrador hediondo a ceviche y a sesos de chivo acedo.

—¡Hola, Baldeón, a qué buen tiempo llegas hermano!

—¿Dónde te enmontas vos que nunca se te ve?

—Se ha casado y le corre al trago y a la guitarra...

—¡De veras qué a buen tiempo! Si este ha sido azote de los industriales. ¡Le botó el trabajo al raposo Rivera!

Lo cogían del brazo de una y otra de las mesas, de palo, alrededor de las cuales se sentaban. El tumbado, bajo, oprimía casi las cabezas. Una linterna hacía bailar las sombras: apenas se distinguía los rostros brillosos, los pelos caídos sobre las frentes, los ojos con las venillas rojizas incendiadas de alcohol, las bocas hipantes. El aire era viscoso, pesado de tufos de aguardiente, sudor, babas puchos de cigarro y vómitos. Cuando se sentó, al azar, voces quebradas lo reprocharon:

—¡Esas son desigualdades, Rana, ya ni conoces a tus ñaños!

—¡En La Cosmopolita me desvirgué de panadero, ajo!

—¡Viva el paro!

—¿Qué hay del paro? —preguntó Alfredo.

—¡Que ya nos alzamos, pues, maldita sea!

—¡Al fin se resolvieron a ser hombres!

—Desde de día estábamos aconchavados... hip... Andaban comisiones de la Gremial del Astillero... hip... hip... A las once comenzó el paro en toditas las pa... hip... Desde ahora estamos jalando trago... ¿Dices que no somos hombres?... hip... ¡Togo... hip... ¡Tómate este lapo, si vos eres hombre, Baldeón!

—Lo tomo porque mañana no demos la pata y reculemos. Lo tomo por el paro hasta ganar: o hasta morir.

Era un buen aguardiente, cosa rara en esa chingana: el fondo del sabor le trajo a la memoria los cañaduzales, el monte, Daule, su madre.

FUEGO CONTRA EL PUEBLO

I

La agitación se comunicaba a través de la gente en grandes oleadas. Su contacto venía a sacudir la tensión de Alfonso. No hallando puesto en las bancas se arrimó de espaldas a un balcón. Alfredo, con quien vino a la asamblea, tuvo que subir a sentarse a la mesa del comité de huelga: representaba a los de su ramo.

Desde donde estaba, codo con codo con la multitud, Alfonso lo veía, entre los otros dirigentes, imperturbable la sonrisa y más inquieta que nunca su cabeza de gallo.

Al entrar, le había preguntado:

—¿Así que vos no creíste hallar tanta gente?

—No me figuré.

—Claro, a mí me pasaba lo mismo: y peor cuando solo sabía del paro por los periódicos. ¡Alharacas, decía: porque para alharaquientos búsquennos! Pero es algo más.

También Alfonso lo creía ya. Empezaba a respirar fuerte. La sangre le corría más. A su alrededor, dentro del salón de la Sociedad de Cacaoteros «Tomás Briones», y fuera, en la oscura plazoleta de San Agustín, la muchedumbre se estriaba de impulsos, con la unanimidad de las espigas del arroz en las vegas. Cuanto lo rodeaba era inverosímil e intenso como los sueños.

Las paredes de tablas sin pintar, encrudecidas por la luz de las linternas, las reconocía, viejamente vistas, ignorando dónde. Pendían de ellas retratos de los fundadores de la institución, anónimos héroes obreros de duras mandíbulas y frentes curtidas. Asomaba entre ellos, sin diferenciarse, la cara de viejo criollo exaltado del general Alfaro.

No, no era Alfonso un extraño allí. Cada minuto lo sentía mejor. Como gato en tempestad, sus ademanes se hacían espantadizos y seguros: ¡a sus anchas! Viró hacia el ruedo de casas de la plazoleta. El suelo, de lomos y bajío, marcaba la desigual colocación de las miles de personas. Los movimientos y las voces bullían. Trepaban las torres inconclusas de la iglesia hacia las nubes de garúa. Arriba del andamiaje, brotaba una erizada cabellera de espigones de fierro.

¿Extraño? ¡Qué iba a serlo! Por lo que le había contado Alfredo, se le hacía pasión lo que discutían los del comité. Y tanto en sus rostros de impreciso barro humano, contraídos por el esfuerzo que ponían en la tarea desacostumbrada de pensar, como en los demás apiñados llenando el salón, descubría borrados el miedo y la apatía de los ojos. Eran los mismos hombres a quienes el exceso de trabajo embrutecía, cuyo horizonte terminaba incendiado en un vaso de aguardiente, cuyo entusiasmo solo estallaba como espectadores del boxeo de Vizcaíno y Chinique; eran los mismos, pero con el chispazo de otra llama en la mirada.

Alguna vez Antonio le había dicho que solo encontraría su propia alma y su propia música en su pueblo. Vaga, la idea se le quedó. Era ahora, en el balcón de la «Tomás Briones», que de verdad la comprendía. Únicamente el pueblo es fecundo. Su gente se alzaba y él ascendía en su marea. Hallaba en sí mismo las raíces que, como con su madre, lo unían con su tierra.

Cuando era chico, los otros muchachos empapelaban sus cometas con banderas francesas o alemanas.

—¡Ve a Cortés, ya fue a forrar el abejón con bandera ecuatoriana, que es una pendejada!

—Pero es la de nosotros.

—¿Y eso qué hace? ¿Qué guerras has ganado, qué ha hecho, qué es el Ecuador?

Alfonso no sabía qué contestar, pero seguía empapelando sus cometas color iris, y remontándolas con una mezcla de humillación y orgullo. Ante todo lo propio de su tierra surgía en él igual oscuro sentimiento.

Las palabras pueblo y libertad las aprendió en los libros de Montalvo, que le legó el abuelo, en quien veía un lector de ellos y un rompedor de la montaña brava. También pensó en don Leandro, el padre de Violeta, cabalgador de la sabana y hoy como desterrado en la ciudad. ¿Y no coincidían las infancias de su madre y de Violeta mismas, en haberse deslizado, nutridas de dulces savias, allá en el fondo de los campos que son la patria? Y su amistad con Baldeón, venciendo diferencias aparentes, ¿no provenía de una afinidad que los acercaba más allá de lo cotidiano?

—¡La sangre jala!

Pero si le venían tales pensamientos, era porque en la agitación de este instante aprendía a encontrar la patria en el pueblo, Baldeón le había repetido una frase que oyó en Lima:

—¡Los que se avergüenzan de ser pueblo no son hombres!

La multitud tenía alma, tenía alas. Acaso Alfonso volaba con ellas. Se liberaba de la rutina diaria. Vencía de veras la soledad. Cada una de las fisonomías innúmeras, de hombres, de mujeres, talladas en guayacán o en roble opalino, saltaba del nebuloso anonimato a la cercanía de la voluntad compartida.

La causa de ellos era su propia causa. Y también sería suyo el fracaso que se perfilaba ya: invisible aún para la gente desprevenida, pero no por eso menos inexorable. ¿El destino? Para los pueblos como para los individuos, el destino lo constituían las propias fuerzas y los propios límites. Lo llevaban en las sienes y en los puños.

Alfredo le había contado las interioridades del movimiento. El zambo, quemándose de ansia, olfateaba derrota. ¡Y era ínfimo lo que podía hacer contra ella!

Meses antes, Alfonso había hecho a Baldeón amigo de Sierra. Aunque casi de los mismos años que ellos por el temple de su carácter y la amplitud de su experiencia y su cultura, él influyó decisivamente en Alfonso y Alfredo. Con él, Baldeón sin perder su empuje, había aprendido a reflexionar. En estos días, la furia de las ideas lo hacía morderse ambos labios a un tiempo.

El paro carecía de unidad. La tendencia independiente era minoritaria. Dominaban los viejos mutualistas. Abundaban los agentes patronales, del gobierno y de los políticos de oposición. La lucha interna se entablaba precisamente acerca de los objetivos. Las huelgas habían comenzado reclamando mejores salarios y menos horas de trabajo: cumplimiento de la ley de ocho horas. Alegando que el alza de salarios no serviría de nada ante la desvalorización de la moneda, se pedía que el paro exigiese al gobierno la baja del cambio.

—¡La causa real del hambre es que el dólar ha subido de dos a cinco sucres, casi de golpe!

Los independientes replicaban que tal demanda solo era útil a ciertos banqueros y políticos de oposición y que la lucha obrera a cada alza del costo de la vida debía replicar exigiendo nuevas alzas de jornales. En el comité las dos tendencias balanceaban.

Alfredo creía que lo urgente era combatir el hambre ya. Adivinaba que la fuerza del pueblo podía y tenía que aspirar a más. Pero como de costumbre, no lo satisfacían sino los hechos. Además, en el caso actual, conocía el turbio origen del pedido de la baja del cambio. ¡Luchaba: ah, si no hubiera sido tan joven!

Los contrarios lo llamaban bolchevique. Él, en sus caras, los afrentaba de traidores. En una sesión, llegó a esgrimir una silla contra dos de los jefes de Confederación Obrera que, se aseguraba, estaban sobornados por uno de los bancos de la ciudad.

—¡Si el comité hace suyo el reclamo del cambio, ahí sí que nos salamos! —le había dicho a Alfonso.

Por quinta vez se discutía el asunto. Hoy ya no más a puertas cerradas, sino en asamblea popular. Ventaja, pues la multitud era un cielo tempestuoso, cargada de anhelo de lucha y peligro: por la debilidad de la tendencia independiente y la demagogia de los provocadores.

Así era el choque del que Alfonso escuchaba los ecos de un tronar, y en el cual, en esta noche húmeda y cálida, poblada de una inmensa espera, participaba arrebatadamente.

Conversaba con confianza con gentes a quienes nunca viera. Le corría el sudor, cosquilleándole, en las cicatrices de la espalda. Se quitó el saco. Rechiflaba y aplaudía. Pensaba en Violeta. Sus pestañas eran una noche como esta. Apretaba los puños. ¿Qué iba a resolver el pueblo? Desconocidos, figuras humildes, hablaban. Era un balbuceo casi infantil que, a veces, en un acento, en una palabra perdida, mostraba el fondo de una angustia eterna.

Del público brotaban gritos:

—¡Pan es lo que hay que exigir!

—¡Que suban el jornal esos caimanes!

—¡Queremos la baja del cambio!

—¡No! ¡No! ¡No!

—¡No! ¡Fuera esos vendidos!

—¡Abajo el hambre!

En la marejada que lo envolvía, nada conseguiría asombrar a Alfonso: no le extrañó, entre un grupo de mujeres que entraban al salón, reconocer la cara de Margarita. ¿Salía de él mismo, de su fiebre, esa cara? Era ella. ¿Y qué le ocurría? Casi no la reconoce. No era la chiquilla abejucada de años antes. Estaba más alta, más gruesa, hermoseada. Atraían la atención, por lo pintados, sus labios, sus mejillas y sus ojos.

—¿Quiénes son esas gallas?

—Del Rosa Luxemburgo.

Cada jornada se fundaban comités populares de sostén de las huelgas: Vengadores de Eloy Alfaro, Luz y Acción, Pueblo Monterista, otros. Entre ellos nació uno, de obreras, al cual el viejo artesano Mena, que lo asesoraba, le puso el nombre de la jefa de la revolución alemana de hacía tres años, leído con remota pasión en los diarios. Las del Rosa Luxemburgo hacían colectas para las familias de los huelguistas, cosían banderas rojas, acudían a las asambleas y desfilaban en manifestaciones, cantando el himno «Hijos del Pueblo». El cristal femenino de sus voces dulcificaba el canto viril y hacía más hombres a los hombres.

Al aproximarse la delegación del Rosa Luxemburgo, desde un grupo delantero en las bancas, barbotaron pifias y silbidos, y luego una disputa de voces contenidas. Al fin se desencadenó un coro agresivo:

—¡Fuera la Hamaca Montiel!

—Esa meca profana la asamblea.

—¡Anda, vete, Margarita, que te aguardan en el burdel de Generoso!

Ahora caía Alfonso en el porqué del colorete y los andares de la antigua lavanderita de su barrio. Vestía de rojo, como era su ilusión de muchacha. No logró disimular. Se detuvo, enfrentó, con el llanto al borde de los párpados tiznados, a los que la vejaban, y, quebrando el brazo en gesto obsceno, les escupió:

—¡Maricones!

Sin más, en inesperada estampida, huyó hacia la escalera, rompiendo campo a codazos y empellones, y dejando atrás un alboroto de risas relinchantes. El viejo que presidía llamó a silencio y retó:

—¿Se creen que es mala porque es de la vida? Durísimo que trabaja en el comité: ¡y es de corazón! Pero ¡así es la desgracia!

Sus ojos ancianos resbalaron la mansa mirada sobre la gente, como calmándola. Sartenejales de arrugas le recorrían la parda frente, limitada por el corto cabello de blancura de algodón. Una sonrisa de suavidad increíble le plegaba la boca atabacada. Detrás de su cabeza, el péndulo del reloj, por la brecha de silencio que se había formado, introducía su palpitar monótono. Todos volvieron a las discusiones.

II

—Me llevan asado los discursos.

—¡Y a mí, hermano!

El polvo, enfurecido del sol, mordía los pies. Para más

222

de resolver si se botaban en manifestación, los del comité palabreaban dos horas. ¡Claro, como a ellos los guarecía el techo! La poblada era la que se achicharraba. Si Gallinazo se hubiera figurado esto, se habría quedado a echar la siesta, en la hamaca, con la hembra. A él no le gustaban muchas palabrerías: no era una comadre de solar.

Manoteaba el hombro del Loco Becerra, a quien se remolcó al salir de la covacha, después de almuerzo. El día anterior había terminado su prisión. ¿A dónde ir? Volvió a la quinta, a su cuarto con la Julia, aunque hubiera sido por ella que hirió al pipón Fantasía y le cayó sumario. Gallinazo lo entusiasmó:

—Véngase hermano, que le estamos haciendo roncha al blancaje.

—¿A dónde?

—A la manifestación, a la plaza de San Agustín. De la «Tomás Briones» va a arrancar la gente.

Becerra nada tenía que hacer en la tarde. Mirarse las caras, con la Julia, le daba no sé qué. Salieron por las callejuelas, en cuyo polvo caía casi morada la sombra de las estacas de las cercas o del encaje floreado de los algarrobos. Mujeres y muchachos se asomaban a las puertas. Hombres en camiseta o con las cotonas entreabiertas seguían el mismo camino que ellos.

—¡Al centro! ¡Al centro!

—¡Al centro de una vez!

—¡El dólar a dos sucres!

Gallinazo silbó rabioso. Él era de los que querían que se luchara por los jornales, no por el cambio.

—¿Qué tenemos que meternos en negocios de blancos? ¡Allá entre ellos que se entiendan, como dice el dicho! Con ellos es de balde cabildear: ¡o nos matan o los matamos!

Pero no sabía qué lo retenía en San Agustín: tal vez el roncar del pueblo. Sonaban como el mar los millares de seres apretujados en la plaza caldeada. El vocerío golpeaba los paredones mohosos de la iglesia, volaba hacia el centro o iba a estrellarse contra la ladera del Santa Ana, entre cuya verdura se destacaban casuchas y el edificio amarillo del hospital. De un tirón se abrió la camisa, para dar aire al sudor del pecho.

—¡Ajo que charlan ni loras mangleras!

El que hablaba ahora era uno de los de la Federación Regional, en la que él confiaba; y atendió. Y se rascó la cabeza. No entendía: la Regional, que era siempre la organización más resuelta, pedía que no se hiciera la manifestación, prevenía cuidado al pueblo. Cuando el orador se retiró de la chaza, alzando los brazos como quien cae al río y no alcanza pie, a Gallinazo se le opacó el día.

¿Sería traición? ¡Imposible! Quizá era miedo. ¿Quién es el valiente que no ha reculado una vez en su vida? El que no reculaba, ahora, era el pueblo. Lo habían convencido: el aguaje humano se arrojaba con empuje de ganado por las bocacalles hacia la avenida Nueve de Octubre.

—¡Los presos! ¡Los presos!

—¡Viva la baja del cambio!

—¡A la gobernación!

El gentío les rodeaba los hombros como el agua al nadar. Avanzaban en silencio, preñado del inmenso mover de pies, solo a momentos roto en gritos. El empedrado les tendía su tablero. No lo habían soñado. Lo hacían y no lo creían: ¡como dueños pisaban el centro con sus patas descalzas y terrosas! ¡Y nadie lo impedía!

Los dos lados de las casas, de tres y cuatro pisos, de mampostería o maderas pintadas de claro, mantenían cerradas sus hileras de ventanas. Las criadas, atrancando los zaguanes, chillaban:

—¡Cierrapuertas, San Vicente lindo, cierrapuertas!

Era demasiada gente. Nunca se había lanzado tanta de golpe a las calles. Gallinazo suponía que era todo Guayaquil, menos los ricos. Iban tan apretados que no se diferenciaban los zarrapastrosos pantalones, las camisas mojadas de sudor, las oscuras bocas con los dientes bañados de sol y risa. Las mujeres, recogiéndose las faldas, empujaban con los puños, buscando sitio en las primeras filas; los pilluelos, ágiles como ratones de pulpería, brillosa la piel morena, se cruzaban entre las piernas, blandiendo palos, azuzando.

De repente, adelante, sostenida por muchas manos, sobre las cabezas que se levantaban a mirarla, se irguió una asta de caña y flotó una bandera, una bandera roja.

La plaza de San Francisco, sin autos, sin coches, sin público, inundada de luz en sus baldosas, en el bronce de la pila, en los follajes secos, los aguardaba para que la llenaran. Becerra y Gallinazo se ahogaban, confundidos, perdidos en la gente; en su sudor olían el sudor de todos. Hombros, codos, costillas, los echaban y los traían. ¿Qué hora era? Decían que la punta de la manifestación escuchaba un discurso del gobernador. ¿Cuántas cuadras colmaba la poblada? Esas ventanas de barajas, ese poste, ese cartelón con letras azules del Edén ¿de qué esquina eran? Lejos, descargas de fusiles formaron insensiblemente parte del calor. Las preguntas pasaban de unos a otros.

—¡Allá están dando bala!

—¿Disparan al aire?

—¡Nos matan, carajo!

¡Podía suponer que barrieran la manifestación a sablazos, pero que tiraran a dar a gente desarmada!

—Vamos, Loco, a ver qué es.

—¡No friegues! ¿No oyes lo que dicen?

—Si la cosa anda fea, corremos.

—¡Si vos vas, yo voy, pero vea que vos eres!

Increíble, pero era: lo vieron allá adelante donde llegaron marchando en contra de los que venían huyendo. Sobre el cuadriculado de piedras que el sol tostaba, hombres, chicos, mujeres rodaban, tiesos ya, o aun retorciéndose. Eran gente, gente como ellos, que salían de iguales covachas y comían la misma hambre. ¡Y eran chicos muchísimos! Eran zapateadores de rayuela, vendedores de diarios, betuneros, chicos, como hoy sus hijos y como ellos un día.

La marea de la multitud en fuga los arrastró.

—¡No son pacos, son milicos!

—¡Pupos del Marañón!

225

—¡Criminales del Cazadores de Los Ríos!

III

Del empedrado del patio subía un vaho húmedo, a basura y orines de caballo. Guitarreaban miríadas de moscas en la boñiga de los rincones. De todas las puertas, la tropa se precipitaba a formar. A Gabriel le recordaba los enjambres de escarabajos en los trigos de la sierra.

—Pero no habrá orden de fuego, ¿verdad general?

—Recuerde, capitán, que no preguntan a los superiores en acción.

—Pero, mi general...

—¡Silencio, capitán Basantes, o lo hago arrestar!

Del parque sacaban ametralladoras. Solo hacía media hora, al venir de la Zona al Marañón, Gabriel había empezado a preocuparse.

—¡Son puras novelerías! —le explicaba a Aurea, en días anteriores.

No era matar lo que podía desagradarle. El militar se ha hecho para matar. Matar inermes era lo que rechazaba. Aunque sin sol, la tarde ardía. Soldados, clases, oficiales corrían, mandaban, respondían, en mezcla pataleante.

—Oye, Gabriel, acércate.

—General.

Sudoroso, desabotonada la casaca, Panza le puso la mano en el hombro. Lo miró con sonrisa franca:

—¿Qué pendejadas se te están ocurriendo? ¡No seas loco! Bien sabes que, además de tu jefe, soy tu amigo. Pero no me vengas con vainas cuando tengo que cumplir órdenes superiores.

Gabriel asintió. ¿Para qué seguir? Oscuramente sentía marchar lo inevitable. Al apartarse, el general se dedicó a pasear por el corredor. Un sutil tufo de polvo viejo emanaba de los cuartos del edificio de quincha. En la comandancia tecleaban una máquina de escribir. Volaban trozos de conversaciones. Abajo, el enredo se transformaba en filas firmes, armas al hombro.

Desde chico, Gabriel soñaba en la guerra. El clarín, los gatillazos de los cierres de los rifles, la bandera, todo en este instante, le encrespaba la sangre en un ciclón que iba a estrellarse contra el remordimiento de ametrallar civiles. Una voz, como ajena, le martilló las sienes desde dentro:

—¡Si fuera contra los peruanos!

Todo macho tropical se cría esperando su hora de empuñar el fusil a repeler a los del sur. Las madres aceptan y las muchachas incitan. La pasión de defensa incendia más a los que han nacido para el oficio de combatir.

Acosado por su íntima pugna, Gabriel se allegó a uno de los grupos de oficiales.

—¡No se la aguardan, los zambos estos alzados!

—Los vamos a coger cagando, como dicen.

—¡Hay que comerse a algunos, para que el resto se le quite las ganas de joder la pita!

—¡Si dizque lo que quieren es saquear, incendiar, tirarse a las mujeres!

El capitán Mora, veterano de los combates de Tumbes y Angoteros, que en veinte años no pasaba de capitán, cortó calmosamente:

—¿A quién crees que le cuentas cachos, Recalde? A ti y a mí juntos nos leyó el general el oficio del Ministerio en el que mandaban a rodar esa bola. ¡No hay tales incendiarios! El baleo es orden superior.

¿Volvería Gabriel a intervenir ante Panza? Lo conocía: no era una bestia ni un malvado. Tal vez lograra conmoverlo. Iba a hablarle, cuando una oleada de fuego le ascendió a la cabeza. Sin un trago, lo encendía un arranque de vértigo. A su alrededor, las caras, convirtiéndosele en mascarones, le guiñaban grotescas muecas. Cogiendo a Mora del brazo, le sopló:

—¡Si fuera contra los peruanos!

El otro lo miró sin contestar. El corazón de Gabriel encogió las zarpas. Ahora ya sabía qué iba a hacer. Nada lo detendría. Áurea misma no lo consiguiera. Cuando Áurea estaba con la regla, sus ojos azules se le ponían verdes y de un brillo fulgurante. Por amor a ella, hacía dos meses ya que no se emborrachaba. La furia de quererse renació en ambos, un desborde parecido a las correntadas del río montañero aquel de los recuerdos.

—Áurea, tú me apruebas aunque me maten, ¿no?

Otra vez relinchaba el clarín. Áurea era hija y nieta de viejos alfaristas que vencieron a los godos del obispo Shumaker, fraile gringo de moza y carabina, en lustros de montonera de la Revolución. Aprendió desde la cuna que matar y morir es algo natural.

Al bajar, en la poterna, al lado de la casamata del centinela, se oía ya, hacia el centro, truenos lejanos de descargas.

—¡Adelante, que nos gana el Cazadores de Los Ríos!

Panza estrechó la mano al jefe del Marañón:

—Buena suerte, comandante, y no lo olvide: lo principal es no perder el contacto conmigo. No me moveré de aquí, sin avisarle la dirección de las operaciones.

Los centenares de botas golpearon, marcando el paso. En la esquina, los distintos grupos se separaron a sus rumbos asignados. Con el general entre los de Estado Mayor debía permanecer Gabriel. Mas había jugado su suerte: en el revuelo de la partida, se deslizó en las filas de los que marchaban.

En la avenida Olmedo, el oficial que mandaba dio el alto al pelotón. Desplegados, rodilla en tierra, prepararon y apuntaron.

—Alerta a la orden de fuego... ¡Arr!

Al fondo, en torno a la estatua negruzca, y más allá, hasta el río, la gente se desbordaba, con el ciego empuje de las reses atacadas por el tigre o el oso banderón. El sol, como curioso, bajaba ese rato a lustrar las copas verde oscuras de los ficus y a albear en las piedras. Los pata al suelo se venían. Gabriel, de un salto en que la espada le tintineó en la bota, se irguió delante de los fusiles. Su corazón extendía las garras. Clavando sus ojos en los ojos de los rasos, rugió, con el acento con que los tambores tocan prevención:

—¡Ecuatorianos, no tiremos contra ecuatorianos!

Nació un silencio como el que sigue al estallar de una granada. Gabriel echó atrás la cabeza. La gorra le brincó, derramándole los cabellos. Sonreía dominador. Alzó la mano abierta.

—¡Pendejo! —gruñó el oficial de pelotón.

El tiro de pistola zumbó apenas un chasquido de bejucazo. No irrumpía mancha en el pecho del uniforme azul oscuro. Pero al caer Gabriel, doblándosele las rodillas, en su boca varonil, que se hacía más amplia y como luminosa al amanecer, se notaba que sonreía a la muerte.

—¡Fuego!

Trescientos desarrapados jadeantes, de rostros de ladrillos y actitudes de perros apaleados, a treinta pasos, recibieron la descarga. Una mujer de manta raída y arrugada frente, sonrosada y sudorosa, quizás había visto y comprendido a Gabriel. Levantó como él la mano. Herida, pero sintiéndolo, derrumbándose, arrojó su grito, cuyo final se ahogó en sangriento vómito:

—¡Viva el Marañón a favor del pueblo!

IV

El Paiteño le confió la balsa.

—Ve, Cuero Duro, quédate cuidando. Dizque va a haber bullas y no vale dejar mujeres solas, a mi vieja y a mi zamba. Toma la llave del candado: si pasa algo, te metes a la caseta.

Cuero Duro quedó solo, como los domingos. Todo hacía que el día lo pareciera: la ida de Franco; el sol talamoco que enredaba las crines en los mástiles de las balandras haraposas, donde las cholas cocinaban, empolladas por las velas caídas; el soplo del silencio. No rechinaba una cabria; no se estibaba un saco. La locomotora de la aduana no recorría el malecón, tirando su trenza de plataformas cargadas de fardos. En el puesto de la capitanía, los guardas dormían, arrullados por las moscas y por el roce del río en los pilotes.

Al principio, él le había preguntado:

—¿Qué pasa?

—Es el paro. No se trabaja ni aquí ni adentro, en las fábricas.

—¿Por qué?

—Para obligar a aumentar los jornales.

—¡No diga! Aquí los patrones son más buenos que en el campo.

—¿Cómo así?

—¡Si alguien se alza de trabajar allá, lo meten al cepo o, por lo menos, le dan su paliza!

Las vaciantes arrastraban de la montaña troncos podridos, natas de pólenes, bancos de yerba con martín pescadores o palillos. ¡Querría irse hacia allá! —¡volver!— con las crecientes, en el rollo entrador de limpias aguas. Pero él era una brizna en la repunta. Aún lo retenía la marea muerta, aunque estuviera al filo de la nueva marea. ¿Hasta cuándo tendría que permanecer en Guayaquil?

Las aguas mecían las canoas como hamacas, como mujeres. Oía el arañar de los cangrejitos en los palos de las balsas.

A las tres se acordó de ir a almorzar, a una chingana del Conchero, que se llamaba El Cabotaje. Un sueño de avispero abandonado soporizaba los viejos caserones, los sucuchos de los portales y el cisco mugriento del suelo. La viuda de Garrido le puso un plato en la tabla grasienta de la mesa.

—Hoy, por el paro, solamente hay esto: tres cositas de Piura: pan, queso y raspaduras.

Al salir, oyó las rachas de tiros. ¡Y eran cerca! El agarrón parecía por el Paseo Montalvo. Los rurales colgaban a los peones de los dedos, quemaban las chozas. Allá de donde venía Cuero Duro, lo mismo se le largaba un balazo a una gallina que a un cristiano. Tranquilo atravesó las callejuelas, regresando. En un segundo se halló envuelto en tropeles de fugitivos abaleados. Quiso gritar que no era huelguista, que no era de Guayaquil, que era del monte. ¿Quién iba a oírlo?

Un tiro no dolía: era igual a una pedrada. Cayó redondo a tierra, sin un suspiro, sin un recuerdo más.

V

—¡Si salgo de esta, en agosto que viene le llevo manda a Yaguachi a San Jacinto! —prometió Becerra, mientras corría, entrecortada la voz.

—¿Y sabes lo que le debes llevar de manda? —replicó Gallinazo—. Lo que te está faltando: un corazón.

—¡Solitos nos vinimos a meter!

A Gallinazo lo acusaba la conciencia por Becerra. Fue él quien lo remolcó. Si no lo trae, capaz que, a esa hora, en su casa, ya habría hecho las paces con la Julia y estarían bien empiernados. En cambio, aquí la muerte lo rodeaba. No había ya escape. Del fondo de todas las calles avanzaban soldados disparando. Acorralaban al pueblo hacia el malecón, hacia la ría. No había sido traición de la Regional, sino sospecha. ¡Morir! Si lo viraban, ¿quién mantendría a Juana de Jesús, a los chicos, al lisiadito? Peor lo iban a matar de todos modos. Lo que quería es conseguir un arma con qué morir comiéndose a los que más pudiera.

—Están sacando revólveres en la calle Pichincha... de las tiendas...

—¡Vamos allá, carajo!

Antes de ser cacaotero fue cargador en el comercio. De los cajones de pino que vienen del extranjero, embalados en rubia paja, vio sacar los Colt, los Smith, las escopetas de munición que compran los montuvios. Él y todos sabían en qué almacenes se adquirían.

Becerra corría tras Gallinazo que se arrancaba los últimos jirones de la camisa. Polvo y sudor estriaban su nudosa espalda. Se volvió: le saltaban los ojos en la prieta cara, bajo el nido de colembas de los zambos alborotados. Le gustaría parecérsele. ¡Si él no fuera así, flaco, zapallento! ¡Si siquiera hubiera matado a Fantasía! Ojalá lo tropezara por ahí al pipón maldito.

—¡Merecerlo antes de que me tumben!

Adelantaban en carrera cruzada y por los portales en medio de la gente que fugaba por fugar, sin saber a dónde, enloquecida. Una cuadra atrás, la tropa se venía, disparando al bulto. Pero en la calle Pichincha era peor. Los soldados habían entrado ya por otras esquinas. Hedía al vaho crudo de las matancerías en el momento en que se saca el tripaje a las reses. En toda la anchura del pavimento, yacen cien, trescientos, quién sabe cuántos muertos y heridos, cuyos andrajos ensangrentados parecían humear en el aire pesado.

En vano soñaron en armas. Habían roto las puertas de los almacenes que las tenían, pero demasiado tarde. Los habían sorprendido adentro. Gallinazo, remordido de rabia y horror, vio a los soldados que, como quien dispara en campo de tiro, con calma, a la voz de sus oficiales, hacían fuego por las puertas rotas, a los interiores. Unos apuntaban a las perchas; otros a los rincones. Entre descarga y descarga se iban apagando los alaridos de misericordia de los atrapados.

¿Cómo no lo mataban aún? Imposible seguir el entrevero de insultos, quejas agónicas, súplicas, en el vértigo que hacía girar la calle, las fachadas, el mismo cielo que se creería llovía fuego. Ya no temía. Se contaba como muerto. Todo lo que lo envolvía era borroso, aunque pegado a la piel. Los caídos, los que corrían, los matadores, todos eran muertos. Eran caras rasgadas en muecas, con miradas que no se ven en el mundo. Le recordaban las alimañas de sus sueños de chico, las noches en que le narraban el cuento de la angurrienta y el finado. Pero lo más feo era pisar los cuerpos. Cedían, blandos, comunicándoles frío a las patas. Muchos se removían. Una mano húmeda le cogió un tobillo.

—Agua...

Se soltó y al soltarse brincó. ¿Dónde estaba Becerra? ¿Dónde se le separó? ¡Ya lo tenían que haber matado! ¿Cuál sería entre los innumerables cadáveres tirados en las piedras? Él era culpable, el asesino, porque él lo trajo.

—¡Loco! ¡Loco! ¿Dónde te metes? ¡Loco! ¡Loco Becerra!

232

Casi a su lado se precipitaba una carrera. A un muchacho de unos catorce años, con la camisa desgarrada, acosaban dos milicos. A Gallinazo no lo vieron. ¿Era invisible? El chico se asió, con brazos y piernas, a un poste de alumbrado, y trepó por él. Mostraba un remiendo oscuro en el fundillo del pantalón.

—Deja que llegue arriba y lo palomeo.

—Un tiro cada uno, para ver quién tiene más punto.

Pendía en el aire, remecido en un temblor, el pie moreno, de talón amarillento, manchado de tierra.

Gallinazo se tapó los oídos y viró la cara.

—Magnífica de la Blanca...

Acudía sola a su mente, a su boca, la «Oración al justo juez», plegaria de los perseguidos. Con ella en el corazón, el gran Severo Villamar, en campo abierto, rodeado por todos lados de rurales, se les hacía humo. A traición, sorprendiéndolo dormido, debajo de una canoa, en Playas de Vinces, fue que pudo matarlo Barcia Pico.

Por el portal de la Lusitania, una cincuentena de sobrevivientes escapaba en avalancha. Un pelotón los perseguía, tirándoles.

—¡A la Bomba! ¡A la Belisario, hermanos!

Gallinazo se les juntó. ¿Cuántos llegarían? Al andar, del montón, segundo a segundo, alguno, tocado, daba un traspié y caía en golpe de fardo. Seguro que no les daba asilo. ¿No eran bocas fruncidas los zaguanes, tanto de las mansiones particulares como de las casas posadas donde las mechas aguardaban a los marinos, que componían el barrio del puerto? Las iglesias mismas estaban tapiadas.

—¡Ayudante! ¡Ayudante Malavé! ¡Amparo! ¡Amparo!

Tras la verja entreabierta, Gallinazo vio a un blanco con la casaca roja desabrochada, sin casco, despejada la ancha frente. En el fondo del depósito se hacinaban mangueras, carros, hachas, pitones cobrizos: desde esa sombra Malavé sonrió y se le veían brillar los dientes.

—Pasen y suban al otro piso, aquí no entra ni el papa.

Se volvió. Diez fusiles le apuntaban el pecho. Sin dejar de sonreír, lentamente se abrochó los botones dorados de la casaca. El militar de espada atravesó su rostro mestizo, perlado de sudor.

—Entréguenos enseguida a esos ladrones.

Gallinazo rezaba otra vez, en voz baja, la Magnífica. Malavé, burlando a los que tendían las manos a forzar paso, tranquilamente cerró la verja y puso el candado. Sonreía más.

—No son ladrones, ¿sabe? Es el pueblo.

VI

—Así es que esta tarde, ni un minuto salir de casita... no lo vayas a dejar, hermana.

Más allá de la voz que aconsejaba, Alfonso atendía al gotear —eterno en sus más remotos recuerdos— de la musgosa piedra en el tinajero de filtrar, fluyendo en la paz del comedor. Almorzaban cuando llegó su tío Enrique. Debía ser verídico lo que anunciaba. Él tenía relaciones que eran fuentes de información creíbles.

—Al jefe de zona le han dado orden de darle bala...

—Al pueblo —completó Alfonso.

—El pueblo está engañado, jinchoneado. El jefe de zona tiene ya su plan táctico. Me cuenta que en el plano de la ciudad han señalado con alfileres de colores, las calles por donde acorralar al enemigo. ¡Van a haber muertos, pero se impone el orden!

El ánimo de Alfonso se sublevaba. Lo que proyectaban esos poderosos, era un crimen frío, premeditado. Lo asombraba que su tío Enrique aprobara, pero pensó que estaba ante el palo del cual era astilla Gloria. El viejo se levantó para irse.

—Te repito que no salgas, pues, pianista. ¡Y tú, Leonor, como madre impone! Sé las cosas de buenísima tinta...

La angustia de Alfonso, sin duda, había sido preguntarse qué hacer. Ya lo sabía: tenía que avisarle a Alfredo, para que advirtiera a los del comité, para que siquiera se salvase él.

—Supongo que no pensarás salir, Alfonsito.

¿De dónde sacó fuerzas para resolver? Venció la crisis de llanto y recriminaciones convulsivas de sus hermanas: venció su propio remordimiento por la mirada, el abrazo y las lágrimas mudas de su madre. Era su dignidad lo que procuraba salvar.

Lo impresionaron las calles pobladas solo de sol vago. Hacia las afueras, se cruzó con uno que otro obrero apresurado. ¿Alcanzaría aún a Alfredo en Puerto Duarte?

VII

Metiendo el rostro por la portezuela, tiró el cojín a un lado. Hurgó entre las herramientas, escurridizas de grasa. Oyendo el clamoreo de la manifestación, afuera, Tubo Bajo se cruzó el sacallantas al cinturón: ¡capaz que saltaba el chivo! Al dejar el garaje, el día lo encandelilló. La prisa le entontecía las manos al cerrar el candado. Entre los estantes, el costado del río de gente salido de madre, lo rozó. Se echó en él y, sin pensarlo, halló en su boca los gritos de los otros.

—¡Los presos!

—El gobernador ofreció soltarlos.

—¡A la policía! ¡A la policía!

Las filas delanteras no eran apretadas. Pudo ir en ellas. Cerraban el fondo de la calle los penachos de las palmas del Paseo Montalvo y la torre de San Alejo, fina en la distancia.

Se retrasó después del almuerzo. No estuvo a tiempo en la «Tomás Briones». Siquiera aquí ocupó su sitio. No podía faltar. El paro era cosa suya. Le parecía que las bullas hacían volver las épocas de la Sello Gris y los Corta Nalgas. No le gustaban; cada vez menos le gustaban los blancos. Siempre los vio tragones, abusando de las muchachas pobres, vomitando sus borracheras sobre el pueblo.

Con la llave del garaje se había hecho el gato bravo. El patrón, aguardando soluciones pacíficas, no se resolvía a hacer romper el candado. Dormía allí. Solo a almorzar y merendar iba a la covacha, donde su veterana.

—¡Pero, hijo, vos estás trastornado! ¿A qué te metes? Mira que, hagamos lo que hagamos, los pobres siempre salimos malparados...

Él se reía. No la contradecía. Andaba medio ebrio, como si tuviera varios días bebiendo. Pero era una embriaguez clara y alegre, una vuelta a los dieciocho años: hambre, risas, canciones. Pellizcaba al pasar a las chicas del patio. Pensaba que había que comenzar a zurrar palo a los corbatones.

—¡Cuidado! ¡Cuidado! ¡Tiran!

Chispeaban azulados los fogonazos. Gritaba la descarga en sus oídos. Apenas se les divisaba. Se acomodaban tras los postes. Debía correr. ¿Qué valía su sacallantas contra los rifles?

Abejoneaban dentro de su cabeza los silbidos zumbantes. Bramaba la gente, aterrorizada. Las rodillas le flaquearon. Alrededor se esparcían los caídos. Su aullido era tan desgarrado que semejaba brotar de las entrañas sorprendidas. La veterana tenía el pelo niquelado como radiador de auto. Reverdecía el romero del solar de la covacha. La boca se inundó tibia, salada. Las fogatas en que cocinaban las tortillas de maíz le hacían parecer que todas las noches de su niñez hubieran sido de año viejo, con las calles pobladas de muñecos llameantes. Oyó decir que los patos cuervos, que son de mal agüero, volaban en el puerto. No vería más a su vieja. ¿Por qué se había acostado? La cal, desconchada del alero de esa casa enorme contra el cielo demasiado luminoso, formaba una cara de quincha gris. Nada le dolía. Cerró los ojos.

Rodaba por un derrumbadero de peñas y espinas. Al manotear, tropezaba en piedras planas en que se partía las uñas. ¿Estaría ciego? ¿Le habrían hecho brujería? Tenía que botar el sacallantas que se le incrustaba en las costillas. Deseaba arrastrarse como un ciempiés, meterse debajo de un piso, destapar una alcantarilla y esconderse.

Suelas de palo, de hierro, lo machacaron. Un escalofrío le subió hormigueante: como si pusiera el pie desnudo en una batería de Ford. Esta vez no rodó: cayó en un pozo negro de garaje, que no tenía fondo.

Había quedado mancornado en las tablas cubiertas de paja del muelle donde iba, con su camión, a transportar víveres de la Sierra. Llovía sobre el río. Olía las aguas y las hortalizas podridas. ¿Cómo podían verlo, en semejante noche, los longos cargadores? Le echaban fardos encima.

—¡Cachicaldo! ¡Chivato! ¡Estoy aquí! ¡No me tiren sacos de papas, que me ahogan!

Se horrorizó, porque sus gritos no sonaban. La carga venía dañada: jugos de cebollas pegajosas le chorreaban por la mejilla. El peso de los bultos lo oprimía, lo paralizaba.

—¡Dios mío! ¿Muertos?

A través del yute de los sacos, tocaba hombros, nalgas, narices, zapatos. Adelantó las manos y se le enredaron brazos y piernas elásticas. Parecían pretender aplastarlo, retenerlo. ¡Cadáveres! Como carnero sacó topando la cabeza entre sobacos de vellos ásperos y húmedos, faldas revueltas que hedían a lavazas, carnes flácidas de piel resbalosa, bocas heladas y babeantes en las que chocaba con la dureza repentina de los dientes.

Los ojos le rebosaron de luz. El soldado dijo:

—¡Hemos sudado, mi teniente, con estos pendejos! ¿Para botarlos al agua es que los hemos acarreado acá a la orilla?

—¡Claro, pues, bruto! ¿Para qué si no? Es por si acaso una exumadera, no hallen tantos en el panteón.

—Pero van a flotar.

—¿No ve que, para eso, antes de largarlos, les abrimos la panza? Y aquí adelante hay poza.

Tubo Bajo veía crecer el cielo, rayado de luces de acero, las sombras del oficial y del soldado. Todo el final del muro del malecón, en la extensión tal vez de una cuadra, estaba cubierto de amontonados cuerpos. Sobre ellos se inclinaban, como perros hurgadores, los milicos. Delante de

cada uno, su brazo se quebraba en brusco gesto: así había visto Tubo Bajo, de chico, beneficiar chanchos en el camal.

A dos pasos, abajo, en el lodo y las lechugas de agua, lengüeteaba suavemente la pleamar. Más allá, la confusión de embarcaciones se destacaba negra en las ondas, que absorbían lo que quedaba de fuegos de la tarde. La curva orillera de la ciudad se perdía al sur, en una brumosa línea gris. Quiso gritar. Gritó:

—¡A mí no, que estoy vivo!

Seguramente ahora tampoco sonaba su voz. Luceros lívidos le estallaron en la vista. La cabeza se le desvanecía. El hielo de la punta del yatagán le penetró en el bajo vientre, cerca del ombligo y, desgarrado, corrió hacia el estómago, hacia el pecho. El dolor dividió su ser entero en un hachazo de negrura final.

EL ÚLTIMO VIAJE DE ALFREDO BALDEÓN

I

Desde la hamaca, nada se escapaba a Alfredo. ¿Estaba despierto o lo soñaba? Las latas se entrechocaban a cada soplo de aire. Saturaba el cuartucho el olor inconfundible de fuera: a quemazón, a desperdicios, a manglar. Rondaban los pasos de su suegra, parecidos al roce de las briznas del suelo. Leonor entraba y salía. Al pasar, le mecía la hamaca. Él se estiró con una tibieza serena, que no era sopor. La soga crujió en la viga y ella se detuvo.

—Arrú, ni niño...

Y cambiando el tono de mimo maternal por el de mimo de mujer:

—¡Negro engreído!

La atrajo por el talle. Leonor le hundía los dedos entre los cabellos, reteniendo la frente entre las palmas cálidas.

—Sigue durmiendo o siquiera descansa. Y cuando quieras el café, me avisas: te lo tengo al rescoldo.

Antes pudo confundir su cariño con el orgullo de llevar del brazo a una muchacha blanca, o con el hechizo de las noches en el catre, de las caricias. Ahora lo irreal de que fuera suya se había hecho cotidiano. Y caricias, ya era tan difícil, a causa de su vientre, lo toleraba ella con tan sumiso rubor, que espontáneamente no las buscaba. Quererla era una adhesión de ser a ser. Le quedaba ella contra el despecho con que había regresado abrumado a la madrugada, por el final del paro, que ya se entreveía.

Grupos de panaderos habían recorrido los locales, cuidando que no metieran rompehuelgas. En los galpones a oscuras, los patrones los recibían medio desvestidos, alumbrándose con velas de sebo, maldiciéndolos a ellos y a sus madres. Allí no había trabajo; no faltaban mayores pruebas.

Alfredo y su socio se retiraron juntos. En la calle Santa Elena debían tomar distintas direcciones. El amanecer olía a tierra húmeda. Tras una cerca aulló un perro. El Samborondeño se persignó y, sacándose una de las alpargatas, la puso bocabajo en el polvo.

—¿No oyes a ese maldecido como agüera? Le hago la contra.

—¡Vos estás jumo, ve! Anda, vete a dormir.

—¡No seas increyente, hombre! ¡Fíjate como se calla el hocico!

El perro, como respondiéndole, volvió a aullar. Alfredo iba a lanzarle una broma, mas el Samborondeño se santiguó otra vez, recogió la alpargata, se alejó, meneando la cabeza con persistencia.

Seguía revolviéndose en la hamaca.

—Oye, Leo.

—¿Quieres ya el café?

—No es eso. ¿Te gustaría que nos fuéramos al monte?

—¡Seguro! ¿Lo dices de veras? ¿Dónde tu mama?

Le había prometido llevarla a que la conociera. Hoy pensaba en irse a trabajar a su lado. Desde chico vivió lejos de su vieja. Al fin se acercarían. ¿Congeniaría con Leonor?

—¡Ella tiene su genio! —le había explicado el padre de la separación.

Pero Leonor tenía carácter de ángel. Y luego vendría el nieto. Se veía ya en las calles de Daule, dormidas todos los días, panderetas los domingos, con el río de plata, entre los naranjales. Le placería un rancho en las afueras. Trífila Mina tenía los ojos de venada y el regazo limpio y oloroso a pan caliente. Sobre el techo, junto a la cruz que ampara las casas montuvias, se alzaría la chimenea del horno. El negocio prosperaría. ¡Qué bien se criaría el chico! Alfredo impulsaba la hamaca, más lenta, pues Leonor se había reclinado a su lado.

—¿Te acuerdas de la caballeriza de La Florencia? ¡Me parecía el campo!

—¡A veces salen las cosas que uno sueña!

El calor de los cuerpos acunados se compenetraba. Los fundía en un solo anhelo la presencia en ella del hijo, carne de los dos. Cerraban los ojos. ¿A qué ver las latas herrumbrosas, el candil roto, la cobija remendada? En la puerta sonrió la madre de Leonor.

—Señora, pensamos en irnos a vivir a Daule. ¿Qué le parece? ¿Le gustará?

—En siendo con ustedes, ¿por qué no? Pero no ha de ser hasta que salga esta, supongo.

—Seguro, que nazca guayaquileño.

—Pueden servirse ya, si quieren; ya abrió el arroz.

—Sí, porque yo tengo que irme temprano a la manifestación.

Leonor empequeñeció la voz:

—No vaya negro.

Alfredo se volvió, con la sonrisa que a ella le parecía que le asoleaba los ojos y la dentadura. Sin contestarle, la sacó en peso afuera, a un banco junto al horno. La señora les dio los platos de arroz con fréjoles.

—¿Vas?

—Ha de ser una de las últimas veces. Ya el paro se está acabando.

—¡Gracias a Dios! ¡Y perdona que me entrometa, Alfredito! —intervino la señora—. Vos me conoces que yo no soy una suegra fregada. Pero ni vos ni nadie saca nada de andar en huelgas y bochinches. Siempre le peje grande...

—¡Usted es una gran suegra, señora Panchita: demasiado buena para el mataperro de su yerno y para lo que va a ser el malcriado de su nieto!

Le dolía ver el almuerzo de Leonor sin leche, sin pan. ¿No era su culpa? ¿No fue él quien le botó el trabajo a Rivera? Sobre el basurero volaban gallinazos. El horno enseñaba sus ladrillos en los ijares desconchados. ¿Quién lo mandó a meterse en el paro? El perro ni por la perra se afana; el gallo escarba solo para la gallina.

—¿Sabes, Leo? He resuelto no ir.

Entró y se hundió en el regazo de la hamaca. ¿Durmió? La sombra del cuarto, perforada por el polvo de sol de las rendijas, lo asfixiaba.

—¿Dormiste, mi zambo? —le preguntó Leonor, viéndolo regresar.

—Ya se me fue el sueño. Nunca he podido dormir bien de día.

Se echó agua en la cabeza con un tarro vacío de salmón. No le importaba que otros lo motejaran de cobarde. No podía aguantar que se lo dijera su propio corazón. El sol, ahora a todo fuego, tostaba la sabana. La yerba se encartuchaba, se pulverizaban los terrones. ¿Cómo cambiar con Leonor? Claro que el que monta manda, pero la pobre chiquita nunca pedía a las malas. Él cedió porque se acusó de lo que ella padecía, aceptó que no hay que ocuparse sino de su gente.

—Eso era lo que me decía el Samborondeño...

—¿Qué cosa? Ve, mienta el diablo y se aparece.

Venía sofocado, con la cara chorreando sudor.

—Ahora sí que meten gente extraña a trabajar, Alfredo. Los compañeros te mandan a llamar...

Leonor no necesitó preguntar. Él le puso la mano en el hombro: vio que sus ojos convenían.

—¿Qué van a hacer, Alfredo? ¿Vienes prontito?

—Nada, nada, Leo. Prontito. Hasta luego.

El almuerzo y el calor la sonrosaban. Alfredo no supo por qué le miró el vientre: su delicada redondez elevaba la tela clara del vestido. Querría decirle muchas cosas. Ella, silenciosamente, sonrió y él se llevó la sonrisa.

II

Junto al grifo contra incendios, el viento caliente desparramaba un montón de basura. Aparte del grupo de obreros que los aguardaba en la esquina de La Flor del Guayas, la calle aparecía desierta. ¿Era corazonada remontarse tanto a Esmeraldas? Enantes fue de Trífila. Este rato confundía la nuca parda, sembrada de motas de Mosquera, con la del capitán Medranda.

—¿Los sacamos o no los sacamos a patadas?

—También han metido unos pacos con rifles: ¡van a salir de madrinas!

—¿Te crees que dispararán? ¡Y si disparan, qué carajo!

Era lo que esperaban de él. Un relámpago les chispeó en los ojos. En la entrada de la panadería, Rivera gritó, gangoso:

—¡Ah, Baldeón, desgraciado! ¡Habías de ser vos!

—Este pendejo vive moqueando todo un siempre —y Alfredo lo sentó de un empellón.

El covachón hostil volvía a ser La Cosmopolita. Las perchas, los tubos del gas corroídos, el olor a leudo y a cucarachas eran los de los otros tiempos.

En la sombra en cuyo extremo resplandecía el horno, se rompió la tibieza que desde la mañana lo serenaba. Los soldados jugaban barajas en un banco. Contra la pared, dormían los fusiles. Los rompehuelgas, que de una ojeada conocieron no eran del oficio, amasaban atareados. Entre los golpes y maldiciones de la sorpresa, fogueó el revólver de clase.

—¡Me jodieron! —gritó el Samborondeño, cayendo, crispadas las manos sobre la barriga, donde, en la camisa pringosa, se extendía la rápida araña de sangre.

Alfredo había cogido de un rincón una botella. El clase lo recibió encañonándole a él también el revólver. Sin gorra, le brillaba el cuerpo de la frente. El brazo de Baldeón fue más veloz que la bala. Bajo el botellazo, el cráneo dio un gemido de madera astillada. Cayó cerca del Samborondeño, que, sostenida la cabeza por un compañero, más que ninguna vez tenía cara de borracho.

—¿Ya viste, Alfredo, que fue agorero el perro de anoche?

Boqueó y la mirada se le hizo de vidrio. Las encías en la sonrisa, los bigotes y los pantalones, todo era en él desastrado y alegre. ¡Y cómo le llamó a compartir un pan en Puerto Duarte!

Habían encerrado a los pacos. Los rompehuelgas huyeron. En el piso, las varengas, en las mesas, nevaba la harina. El silencio, en el galpón, se exhalaba de los dos muertos, que empezaban a engarrotarse, que les imponían su presencia, los retenían. Mosquera y otros rezaban. Alfredo estiró un suspiro, henchido el pecho.

—En una tabla podemos llevar al Samborondeño. ¡Pero qué vamos a ir hasta Puerto Duarte! Lo velaremos en casa de mi viejo.

Antes de moverlo, el barrio se encabritó en el cierrapuertas. A los clamores salieron al portal. Grupos dispersos corrían hacia el Astillero.

—¡Baleo! ¡Baleo! ¡Están matando a la gente!

Alfredo supo lo que le anunciaba la corazonada de Esmeraldas. Figurándose lo que se proponía, entró tras Mosquera, que recogió del suelo un fusil de los pacos, y lo miró a los ojos: él asintió.

Mosquera rabiaba, porfiando por rastrillar el arma.

—¡Creo que esta pendejada está dañada!

—Trae, te ayudo. ¿Ya ves? ¡Lo que hay es que cuando la partera es mala, le echan la culpa al coño!

Alfredo se asombró de poder reír. El tiroteo se escuchaba a lo lejos. Los cinco para quienes alcanzaban los fusiles, sin previo acuerdo ni vacilación, fueron allá. La marcha despejaba a Alfredo, le aligeraba los pies. Las bocacalles familiares se le abrían luminosamente acogedoras. Las cortinas de la peluquería Naranjo, los pilares de la Bomba Bolívar, la verdosa estatua de Olmedo parecían venirle al encuentro. Sobre los almendros del parque Montalvo se enredaban copos de humo; le retumbaban en la cara las detonaciones. A media cuadra distinguió los cuerpos tumbados y la tropa que tiraba. ¡Quién le hubiera dicho que acabaría así el paro!

—¡Que nos rajen y que no acostemos ni uno!

Iban a dispararles. Mosquera lo detuvo:

—Aguarda, vamos pasando al centro por Villamil.

Corriendo los callejones de antiquísimas casas, raspando apresurados el carbonoso arroyo, traspusieron al fin el último portal, y se echaron al centro, a la matanza. Aún no llegaban los soldados a la calle Pichincha. El pueblo espantado corría. Las descargas entraban por las bocacalles matando: a uno, a otro, a otro, todavía a otro. En la desesperación que mareaba, estallaron gritos:

—¡A las tiendas de armas!

—¡A coger revólveres!

—¿Y vamos a romper las puertas?

—¿Y vamos a dejarnos tirar como animales?

—Eso es saqueo...

—¡No, mierda: es una defensa!

Un montuvio del Cazadores de Los Ríos fue el primero que Alfredo volteó: cayó de hocico, abriendo los brazos, como si se tirara a nadar delante de sus asombrados compañeros que, aunque avanzaban, se hallaban muy lejos para vislumbrar a los panaderos, apostados tras los pilares. ¡Uno! ¡Había castigado a uno! Y era uno menos asesinando. ¡Si de verdad pudiera el pueblo sacar armas de las tiendas! A breve distancia, un grupo fracasaba en romper las puertas de un almacén.

—Vamos a ayudarles a esos. ¡Habremos más para joder a estos desgraciados!

Unas letras blancas, en fondo rojo oscuro, se les reían. Disponían de segundos. El tronar de las descargas venía a chocar contra sus sienes. Atacaban los candados y las puertas a patadas los calzados; los demás, con piedras, con los puños. A lo largo de la calle, pugnaban ante muchísimas tiendas iguales grupos.

—¡Maldición! ¡Así es imposible!

Alfredo querría ser como el camión de la Eléctrica, que sacaba de raíz los postes de la tierra, con una garra de acero conectada al motor. La culata del fusil no bastaba: se rompería, y él no quería quedar desarmado. Si pudiera hacer como el camión aquel: afirmarse en los pies, empuñar los postes con ambas manos y, encogiendo hombros y riñones, arrancarlos del pavimento. ¡Si pudiera quitarle un estante a una casa, como se arrebata una muleta a un cojo! Aulló:

—¡Los tablones! ¡Las planchas de las balsas!

Ligeras nubes plomizas se plateaban al roce del sol. La marea crecía. Olor de almizcle se aplanaba sobre la cálida pereza dormida en los muelles y embarcaciones del puerto solitario.

Las maderas de las puertas ladraron al rajarse, despidiendo nubarradas de polvo. Veinte hombres impulsaban cada plancha. Las astillas les rasgaban los pellejos al penetrar. A oscuras, tropezándose, rebuscaron en los mostradores, treparon por las escaleras de mano a las perchas elevadas. Después de las calles borrachas de ardor, era agradable la frescura encerrada, olorosa a goma, a barniz, a telas nuevas.

—¡Solo revólveres y balas! ¡Nadie me toca más nada! —roncó Alfredo, y las tablas del tumbado revolvieron sobre sí mismo su voz sonora.

—¡Una gran perra! ¡Hasta las balas se conspiran!

No coincidían los calibres. El jadeante remover se desahogó en maldiciones. ¡En las manos las armas, y que resultaran inútiles!

—¡Estamos salados!

Al conseguir al fin cargar los revólveres, rugieron. Llenándose los bolsillos de proyectiles, se botaban afuera. Alfredo salió también, riendo sudoroso, fusil en mano, acariciando la canana bien provista que juntamente trajo. A tres pasos de Alfredo, de quien no se separaban sus compañeros, una serrana gorda, de manta, pulpera o barraquera, al correr, cayó de rodillas. Su cara cobriza se arrugó como para aguantar un golpe. Un soldado, demasiado próximo, no acertaba a encañonarle el rifle. Ella se le abrazaba a las piernas empolainadas.

—¡Perdoncito! ¡Por su mamita, bonito!

De un envión con ambas manos, el milico le desplomó la culata en la frente. Alfredo oyó crujir del hueso: no vio los hilos de sangre. Tuvo delante las manchas de sudor de los sobacos del uniforme aceitunado, una manga chamuscada. Sus miradas chocaron. Si le hubiera hallado la furiosa ceguera que podía esperar, todavía lo habría creído hombre; pero reía. Alfredo, con la sensación de aplastar un alacrán, le descerrajó el balazo en el pecho. En el zapatazo del fusil, sus dedos cogieron el tranquear de las costillas al romperse. Las bembas del soldado se desgonzaron en una mueca de espanto: luego, a la vista de Alfredo, su bestial cara se volvió de piedra.

—¡Se meten a matar y no saben morir!

En la esquina de Pichincha y Sucre, los cinco panaderos bisoños dieron cara a la tropa de línea. Saltando de estante en estante, esquivando, retrocediendo, les tiraban. La cercanía y no el punto los hacía infalibles; y los alegraba oír que los revólveres restallaban latigazos aislados, entre la gruesa voz de los rifles.

—¡No te adelantes tanto, cuidado! —le advirtió Mosquera, sin dejar de disparar, guiñando un ojo, sonriente.

El corazón de Alfredo se satisfacía de poder devolver golpe por golpe, muerte por muerte. Lo atraía, como en Esmeraldas, la borrachera que es el peligro. Disparaba. Volvían los años; no habían corrido; no había perdido su viejo tino adquirido allá. La cotona rasgada, tempestuoso el pelo, tiznada la mejilla, Alfredo fruncía el ceño bajo el alta frente y, el fusil a la cara, aún sonreía. Tenían que recular a grandes pasos, sí, pero todavía marcándoles blancos. Era un gusto de muchachos, que juegan a la guerra con los peruanos.

En la entrada del parque Montalvo, con balas en el pecho, se doblaron dos de los panaderos. Frente a La Vienesa cayó Mosquera, sin soltar una queja. Ordóñez, agotados sus cartuchos, tiró el rifle, mas no se resolvía a correr abandonando al amigo.

Alfredo comprendía que era inútil huir, y seguía disparándoles, locamente, uno contra treinta. ¡Fue locura venir, pero así es la vida del hombre! Los proyectiles le zumbaban, raspantes, a los lados. Encima de su cabeza, uno arrancó astilla del tronco del fico en que se parapetaba: gotas pegajosas le llovieron, le llenaron de un sabor dulzón los labios. Si escapaba, sabría, en lo sucesivo, que el pueblo debe armarse. ¡Pero qué iba a escapar!

Lo cernían. A sus pies brincaba el polvo como agua apedreada. Los perros arrollados por los tranvías, los serranos del playón de Camarones, las lavanderas tísicas y los niños hambrientos adelantaban sus sombras a recibirlo. También fue corazonada al venir mirar el vientre de Leonor, donde latía su hijo, al que no conocería; corazonada traerse la callada sonrisa con que lo despidió. Por ella y por el chico nada más le importaba. Pues él sabía por qué moría: e iba contento. Libre escogió su camino. Otros lo seguirían mañana. Dejando cerros y cerros de muertos, el pueblo continuaría adelante. Quisiera conversar de esto con Baldeón su viejo, con Alfonso su hermano.

¿Por qué no le acertaban? Ya le disparaban del pedestal de la estatua, a diez pasos. Entre descarga y descarga, podía hacerse oír. Al abrir la boca para insultarlos, el balazo le apagó el grito: el golpe seco en la garganta, sin tocar los dientes, lo precipitó en las tinieblas.

III

Chistaban chagüices entre las altas yerbas. Aunque caía la tarde, el barrio no terminaba de salir del sopor de la siesta. Temprano hubo un ajetreo desusado, pero Rosa, ocupada, no pudo hablar con ninguna vecina ni saber qué era. El rumor de la ciudad llegaba remoto. Sentada a la puerta de su cuarto, se sacaba los piojos con un peine de cacho. Adentro, en el catre, Santiana tosió.

—¿Quieres un jarrito de agua caliente, Cirilo?

—Aguarda, mejor de una vez con la merienda.

—Ya mismo te sirvo.

La tos lo golpeteaba como si su pecho fuera de madera. La atormentaba oírlo, no poder aliviarlo como con la mano, en un segundo. Últimamente ya no escupía sangre: solo gargajos amarillos; eso sí, mucho. Tal vez ya iba a mejorarse. No serían vanos sus sacrificios.

El burro atado frente a la pulpería rebuznó con prolongaciones que para Rosa fueron tristes como el Potrero, como las zarrapastrosas casuchas, como la enfermedad de su hombre, como todo. Un muchacho de la vecindad se detuvo a la orilla de las yerbas. Mirándola con indiferencia se sentó, bajándose los pantalones. La brisa tibia trajo la hediondez y ella se rio y le gritó desde su puerta:

—¡Ajá, Bartolo, con que vos sabes que el bravo no caga lejos!

El chico le sacó la lengua:

—¡Espera nomás que esta noche voy yo también a castizar con vos donde la Dominga!

Rosa calló asustada. ¡Si oyera Cirilo! Porque era cierto. Lo hacía por él; para que no fuera a morir al Calixto, para que tuviera qué comer, para comprarle remedios, iba donde la negra Dominga, por las noches, con pretexto de ganar algo, ayudándole a coser. En la trastienda de la pulpería, ambas se acostaban con peones de las canteras vecinas. Rosa lo hacía por él, pero si él lo supiera, la botaría, le escupiría la mala palabra. ¡Preferiría perecer como perro en basurero, lo conocía, antes que tocar nada de esa plata!

—Rosa, Rosita...

Entró, oyéndose los brincos del corazón. No, no había oído. Encendió el candil. Que nunca lo supiera, que la creyera honrada, solo de él. ¿Y acaso no lo era? Aquello en la tarima chinchosa de la negra, era una obligación sucia, de la que se levantaba apretando los dientes, tambaleándose, borracha sin haber bebido.

Por la puerta entreabierta se reflejó en el interior del cuarto un resplandor violento y afuera rompieron en gritos y carreras.

—¡Hija, creo que es incendio, anda ve! —y Cirilo apartó la cobija.

—No te destapes, que toses.

Nada distinguía en el covacherío y las yerbas, ya casi perdidos en la noche. Después, entre la vocinglería de los perros, vio correr hombres, con esos mecheros de kerosín

251

con que alumbraban los entierros de los bomberos. A distancia, doraban las tapias del cementerio. Dominga se acercaba jadeante, alborotada la cabezota.

—¿Qué pasa, negra?

—¡Es el juicio, mujer! ¡Escapemos! ¡Ya vienen! Andan forzando a las mujeres, ven Rosita.

—Pero ¿por qué? ¿Qué es lo que hay?

—¡Los milicos, te digo! ¡Se han metido por la quinta, acá al Potrero, correteando a los huidos y forzando a toda mujer, hasta a las doncellas y robándoles los vestidos, los trastos y las prenditas!

—¡Ayúdame a sacar a Cirilo!

—¿Te crees que al viejo lo van a forzar? ¡Ven tú, te digo!

—¡Pero lo matan, seguro!

—¡Tanto amor y te revuelcas con otros!

—¡No seas perra, Dominga!

Recordó que se negó a fiarle el real de sebo. Ni cuartillo el daba entonces; intencionalmente para bajarle el orgullo y conseguir que viniera mansita a la tarima, a recibir a los hombres, tal como ella, lo que Rosa le había enrostrado. Dominga sopló, blanqueando los ojos:

—A la gringuita, la hija del italiano de la otra pulpería, que es niña, la han acostado como diez en el patio; ¡yo la vi! ¡Capaz que la matan! ¡Qué grito que pegó!

El kerosín quemado desparramaba tufos de incendio, provocaba broncas toses. Aleteaban las mariposas de fuego de los mecheros. Clareaban sangrientas las covachas. Las sombras de los soldados bailaban contra las cercas, agitando los picos de gallinazos de las viseras de las gorras. En la algarabía se mezclaban maldiciones, lamentos, muebles destrozados, alaridos de perros clavados a bayonetazos.

—¡Bueno, si vos quieres, friégate sola! ¡Mosquita muerta, a lo mejor es de arrecha que te quedas, a gozar de tu parte del fusilico!

La negra se había ido. Rosa se restregó angustiada las manos: tenía que hacer algo. No sufriría ese atropello: ¡mejor morir! Al él lo asesinarían. ¿Qué haría sin él? Dos años llevaba enfermo. ¿A quién cuidaría? Cocinaría, lavaría, ¿para quién? Lo volvía a ver como era cuando sano, la recogió golpeada, hambrienta, podrida. Era un viejo fuerte, de hombros de piedra azul de la cantera: se sujetaba la pava con barbijo; el sol le burilaba la atezada cara.

—¡Ven, Cirilo!

Le explicó, entrecortadamente: y aunque él no quería, se lo echó a la espalda, rodeándolo con la cobija, cuyas puntas en nudo oprimió. Apenas se le templaban las pantorrillas. Salió por la puerta de la cocina. Ya no los alcanzarían. Las voces se extinguían tras ellos, al alejarse.

Marchando entre las yerbas y la noche, a la derecha del camino de La Legua, podían atravesar los lodazales de marea baja del Salado y esconderse en los algarrobos, en la sabana.

IV

Pepina se arrepentía de haber salido. Con felicidad, el baleo no la sorprendió en la calle. Allí, donde las Moreno, no había temor. Más bien todo infundía tranquilidad: la mansión a la antigua, con galería y balcones salientes —por los que se miraba después de la esquina las copas de los ficus de la avenida Olmedo— encerraba un aire de refugio en la penumbra con los viejos retratos y las consolas de su sala. Lo que la inquietaba era el padre. ¿Dónde lo habría cogido la bulla?

—¡Si le hubiera pasado algo, ya se sabría, ñaña! —y Gloria le cogió una mano.

Toda la familia procuraba calmarla. Si bien los tiros no se oían muy lejanos, la calle dormía ante los balcones desde los que ellos atisbaban. En las ventanas de las vecindades también había curiosos.

Don Enrique se pasó un pañuelo de seda por la cara, que el calor le enrojecía. Pensando en su padre, Pepina le clavaba sus ojos atontados. Al verlo gesticular, sus dedos, amarillentos de tabaco, le causaron vago asco.

—¡Esto tenía que ser, tenía que ser! Habían dejado insolentarse al pueblo. Debieron contenerlos a tiempo. Ahora será doloroso, pero es necesario: dura lex...

—¡Tres días sin leche, papá! ¡Dizque en las balsas regaban al río los tarros que llegaban!

—¡El populacho alzado! Negras jetonas desde el arroyo les gritaban a señoras, damas: ¡blanca, pronto vendrás a ser tú mi cocinera!

—¡Han de ser exageraciones! —suavizó Pepina.

—¡No crea, niñita! —replicó don Enrique—. Nuestro pueblo es bueno, pero es bruto. Y ahora lo azuzan los anarquistas y los políticos. ¡Si no se hiciera lo que se está haciendo, qué sería de las familias!

—Pero, como usted dice, debieron con tiempo...

—Eso sí, claro. Aunque sean tan bestias, son gente. A propósito: no sé si tener recelo por Alfonso. A la hora del almuerzo lo fui a prevenir. Le recalqué lo fidedigno de mis informes, que los tengo desde hace días. En guerra avisada... ¡Pero como él es así, capaz que no me hizo caso y anda metido en la pelotera!

Gloria observó:

—Él mismo tendrá la culpa si algo le pasa. Por mi tía Leonor es que es de sentir.

Acaloradamente saltó Pepina:

—¡Tu primo es un gran muchacho y un artista! ¡Sería una lástima, un horror!

Gloria la miró con discreta extrañeza. A Pepina misma le llamó la atención su viveza al responder: sería la nerviosidad. Mas no se le borraba la simpatía de Alfonso, estremeciéndose al pensar que fuese rota esa frente henchida de música, de que yaciesen inertes esas manos que embrujaban el teclado y de las que era familiar el gesto de pudor viril con que trataba de ocultar las uñas, roídas por la máquina de escribir.

—¿No notan? El tiroteo se acerca por la calle de allá, más allá de Industria.

Las descargas parecían casi inmediatas, a dos cuadras

tal vez. Don Enrique dispuso que, si avanzaban más, todos se retiraran a las habitaciones interiores. Pero no se iban. Y al fin por la bocacalle surgió la avalancha en fuga.

—¡Ve, si van hasta chiquitos! —señaló Pepina.

Al correr agitaban los brazos y sus ojos congelados no veían. Detrás aparecieron sus perseguidores con los rifles a la cara o en banderola. Las chiquillas en el balcón querían mirar, querían huir. Con el temblor prohibido con que percibían la desnudez de un hombre, contemplaron una docena de cuerpos rodando por el polvo.

A Pepina, los estampidos, encajonados entre las fachadas, la aturdían. Creyó que fue la sacudida del aire lo que le golpeó el pecho, así como hacía tintinear cual finos diapasones los alambres de teléfonos, que cruzaban a la altura de los aleros. Le habían echado tinta en los párpados. Lejos, oyó a Gloria:

—¡Papá! ¡Papá! ¡Han matado a Pepina!

Tendida, recta, se hundía en negros abismos. Muerta, se sabía muerta. Su padre la llamaba. Pronunciaba su nombre, desgarrado en lamento.

Junto a ella se extendía Alfonso, también muerto. Él dejaría su inmovilidad, la abrazaría, pondría en los suyos sus labios de hielo. Sería un beso más allá de la vida, el beso de Francesca del que ella habló un día. Luego, abrazados, marcharían hacia los soles de los últimos horizontes. Llevarían la glacial dulzura sin fin de su beso. ¿A dónde? Rogaría que los enterrasen unidos, cuerpo contra cuerpo. Que su descomposición se fundiera en un rezumar único, que quizá después retornaría en la savia de los reverdeceres nuevos de la tierra.

—El balazo le ha atravesado el pulmón derecho.

Con Alfonso se unían en la muerte solo por la manera dulce y cruel con que, en la época que visitaba su casa, le miraba los senos, ruborizándola. Pues no se habían amado. ¿No se habían amado?

—El doctor Heinert dice que no vivirá.

Las cortinas del mosquitero celeste semejaban el alba.

255

Un alfiler de oro prendía una estampa de la Virgen. Gloria, pálida, con las gruesas trenzas rubias recogidas en la nuca, arremangados los brazos en cuya blancura restallaban azuladas venas, se inclinaba hacia ella, sonriéndole.

—¡Pepina, ñañita, qué angustia nos has dado!

—¿Dónde estoy?

—En mi dormitorio, en mi cama. No te muevas. Te hirió una bala perdida. Tu papá está aquí, en el cuarto de al lado. Ya viene.

—Oye, ñaña, ¿por qué en el tiempo en que Alfonso iba todos los días a mi casa, nunca se me declaró?

Gloria volvió la cabeza y la mirada, porque lo sabía.

V

Después de buscar inútilmente a Alfredo en Puerto Duarte y en la Sociedad de Cacaoteros «Tomás Briones», a la que supuso habría acudido, Alfonso, sorteando las calles centrales, para acortar, se dirigió a donde vivía Baldeón padre. El veterano se sobresaltó:

—¿Le ha pasado algo al zambo?

—No, pero no está en su casa y dizque no va en la manifestación, que ya ha salido de la «Tomás Briones». Y hay que avisarle enseguida: ¡van a darle bala a la gente! Lo sé seguro.

Baldeón se puso la cotona y se encasquetó la tostada. La mujer y la hija lo retuvieron, llorosas, preguntando por Alfredo.

—¡Estense quedas nomás! Nada le ha pasado. Vamos, blanquito.

No pudieron hallarlo. Les salvó la vida el azar de no haber entrado en el cerco con que las tropas envolvieron al desfile. Pero vieron matar. El padre de Alfredo contraía las cejas. Alfonso obtenía respuesta a las preguntas de su vida, en las horas sangrientas de esa tarde.

A las seis, los soldados marchaban por la avenida Nueve de Octubre, deshonrando en sus clarines «La Marsellesa». Sus mecheros de kerosín bejuqueaban cárdenamente las fachadas. El poniente, por encima de los boscajes sombríos de la plaza del Centenario, se desgarraba en prietas nubes. Entre sus jirones, teñidos de púrpura, en lo alto de la columna de los Padres de la Patria, la Libertad levanta un faro, que se destacaba en negro sobre la última llama de sol. Alfonso clavaba allá la mirada, mordiendo su corazón el sarcasmo del canto y el del bronce.

—Ahora sí creo que me han matado a mi hijo. ¿Dónde más ir? —se quejó Baldeón.

—Vamos al hospital. Allí debimos ir primero.

Esquivaron las patrullas. La soledad, la oscuridad, su temor por Alfredo los espoleaban. El beso de la llovizna se confundía con su sudor. A la puerta del hospital brillaba una lámpara de gasolina. Entraba y salía gente y al pie roncaba un Ford.

—Suba, don Juan, y averigüe. Yo voy hasta el panteón. Aquí nos reuniremos de nuevo. Reconoceré a todos los que pueda, de los que lleven. ¡Veremos quién lo encuentra y quiera Dios que no sea yo!

Las plataformas chirriaban y los cascos de las mulas se ahogaban en el polvo. El escalofrío que los bultos amontonados encima, cubiertos de lonas en las que se distinguían amplias manchas oscuras, fueron la gente matada temprano. Al vaho de tierra mojada del suelo se unía el olor a sangre. Los armatostes de hierro le rodaban en las sienes. Tras las tapias del cementerio, las palmas erguían sus plumeros funerarios.

Junto al cerro se detenían las plataformas. Alumbrándose con linternas, los soldados cargaban los cadáveres por pies y sobacos. Llevar vestidos de casimir y zapatos, no parecer pueblo, facilitó a Alfonso que lo dejaran acercarse.

—¿Qué quiere aquí, ajo?

—Busco a un familiar y pido que me permita reconocerlo.

El militar apestaba a cerveza vomitada. A Alfonso le satisfizo oírse que su voz no temblaba.

—Suba, pues, aunque no va a poder ver nada.

Al ascender, el viento lo acompañaba, remecía el follaje de los ciruelos, traqueteaba las cruces de palo que eran un bosque, entreveradas en la ladera, a la agonía de las linternas. Arriba había cavada una fosa ancha: a un lado, montones de tierra; al otro, los cadáveres. Pidió luz.

—¿Y a quién es que busca?

—A un hermano.

Miedo no le erizaba los vellos: era horror sagrado de esas caras, las de todos los días, caras de paludismo y de la tisis, en que la disolvente miseria guayaquileña respeta solo los ojos. Las horas, los meses, iban a borrarlas, a deshacerlas, confundiéndolas eternizadas en los cascajos del cerro. En esto paraba la esperanza exaltada de la asamblea de la otra noche. Querían pan, alegría para sus hijos: por ello, con su fuerza sin armas, habían luchado. Más que en la ternura, más que en el amor, en estos rostros muertos hallaba Alfonso la solidaridad definitiva.

Sin que la llamara, la música irrumpió en su frente. Hecha dolor pero también promesa, creció hacia la noche, en ondas siempre más altas. No llovía el cielo en cenizas sobre él, como de chico al descubrir que existe la muerte. Al contrario: sabía que morir luchando reafirma la vida triunfal. ¿Qué importaba cada uno, él, como todos, mañana? La vida, el hombre, el pueblo, no solo se libraría aquí de estos gusanos del lodo del trópico, estos presidentes, generales y abogados asesinos. ¡Más! Rompería todo yugo, se erguiría sobre el planeta, lanzaría el puño humano armado de la herramienta, a las ilímites vías lácteas.

Alguien lloraba: no en el soñado lamento de los oprimidos del mundo, sino en cercanas voces de mujeres, quebradas en sollozos. Como se oye al acercarse a un velorio. De los algarrobos de la cima en tinieblas venía un coro de llantos. El oficial maldijo:

—¡Acallen aunque sea a bala a esas gran putas!

—¿Quiénes son?

—¡Madres y viudas! ¡Vienen a rodear las perras por

sus perros!

La mano de Alfonso estremeció la linterna.

Echaban ya al hoyo a los muertos. De pronto vio a Alfredo: su overol, su frente, su pelo. Iba a gritar, reclamándolo, cuando de ese cuerpo claro, distinto, brotó un gemido. Rápido le enfocó la luz: no, no era Alfredo; pero no un muerto, no, no, no. El soldado también había oído: roncó:

—¿Son quejidos o qué jodes? —y aplicándole en las costillas la suela de la bota, antes que Alfonso pudiera intervenir, lo arrojó al hueco.

—¡Mire lo que hace! ¡Ese hombre está vivo! —gritó, sacudiéndolo del brazo.

—Más muerto o menos muerto, ¿qué mierda importa uno de estos?

Se violentó, llamó al oficial, protestó con toda su alma. No logró sacar al herido. Sus oídos se llenaban de otros gemidos. La turba de cadáveres clamaba sordamente a él. Con los ojos desorbitados y el pelo revuelto, bajó y se dirigió a buscar a Baldeón.

—Nada, nada, pero me dicen que vayamos a la Maternidad.

Al hospital de niños, por inmediato a los lugares del baleo, habían llevado centenares de heridos. Les consintieron revisar, ávidamente, filas de camas: tampoco.

—¡Hombre! —dijo un barchilón—. Deben ver, por si acaso, a dos que trajeron por heridos y que resultaron muertos. Los pusimos ahí abajo, hasta ver...

En una ramada de cachivaches, entre santos de bulto, de madera apolillada, reposaban Mosquera y Alfredo. Mosquera tenía una enorme herida en el pecho. Un cuajarón de sangre se prendía a una de las comisuras de la boca de Alfredo.

—¡Mi hijo! ¡Mi zambo!

Los mechones grises del viejo Baldeón se aborrascaban, como Alfonso había visto enantes, en lo alto del cerro, los algarrobos bajo el viento. Sus arrugas repentinas casi, sus gestos tardos, le revelaban el alma. En su hombro y en el de

259

Alfonso se sostuvo la hamaca en que, a falta de camilla, lo condujeron al chalet de Belisario Estrella, para velarlo. La lluvia menuda clavaba sus agujas en la frente de Baldeón.

—¡Lo que son las cosas, blanquito, que el padre tenga que velar al hijo, que el viejo entierre al mozo!

Si la garganta se le anudaba, la voz no se rompió. Sus pasos caían pesados como paletadas de tierra.

Con hostigar de malos sueños vinieron los lloros familiares, los tratos con la funeraria de Ricardo Ortiz, la salida presurosa de Amalia, de Magdalena y los hermanos de Alfredo, Anita y Juan, a dar la noticia a Leonor. ¿Transcurrían minutos u horas? Baldeón miraba al hijo con los ojos colorados pero secos.

Algunos vecinos los acompañaban y poco a poco acudían otros. Contra el empapelado, tieso de engrudo, de las paredes, crepitaban grillos y polillas nocturnas, y en torno a las flámulas de los cirios, que envolvían el cuarto con el vago aceite de su luz, revolaban miradas de menudos bichos. Una comadre de Baldeón murmuró:

—Vea usted el bicherío: la de esta tarde ha sido la primera garúa de entradas de aguas.

Alguien añadió:

—En los campos ya ha de llover duro: en las cabeceras de los ríos.

Una chiquilla después de bostezar dijo con disimulo a uno que se sentaba a su lado:

—Mejor que fuera criaturita el finado, para siquiera bailar. ¡En velorios de mayores no se baila, porque trae la de malas!

Baldeón se preocupaba por la tardanza de los que fueron a ver a Leonor. Alfonso permanecía a su lado; hablaban una que otra palabra. Ambos pensaban en que nunca sabrían las circunstancias inmediatas en que cayó Alfredo, quiénes le dispararon, ni dónde, cuando entró Ordóñez. Único sobreviviente de los cinco, escapado de milagro, apenas pudo alcanzar su casa y lavarse, resolvió ir a contar lo ocurrido con Alfredo al veterano Baldeón. No esperaba encontrar al amigo recobrado y velándose.

Rojos los ojos y brillantes, pero siempre secos, Baldeón persiguió en la cara rosada del serrano, con rala barba rubia, de Ordóñez, los últimos momentos de su hijo. Alfonso apretaba los puños y lo veía inclinar aprobadoramente la cabeza:

—¡No había más: eso era lo que tenían que hacer!

Los tres conversaban delante del féretro. Callaron. Baldeón avanzó un paso, hundido en sí mismo. Lo tenían al fin y no podía irse más tras las mujeres, los viajes o las luchas. Ya no se movería del ataúd de palo, todavía fresco de barniz barato. Tal vez era la mueca del balazo en la garganta; tal vez era una sonrisa la que le asomaba a los labios y se le dormía en los párpados. Sobre la serenidad de la frente, de la nariz afilada, de las facciones todas vueltas guayacán recién tallado, el fulgor de los velones, al flamear, devolvía su vigor a aquella cara donde Baldeón buscaba la mirada ausente.

—¡Sí, sí, yo sé que mi hijo hizo bien en pelear!

Alfonso agachaba las sienes vencidas de recuerdos. Baldeón añadió:

—Yo me bromeaba con él: «¡Zambo cangrejo, vos no tienes conciencia de clase!». Y él se reía. ¡Pero yo sabía que los viajes, las trompizas, las hembras, eran para ocupar su fuerza, y que al fin la emplearía junto a su gente, como yo deseaba, como esta vez!

Laura, su sobrina, fungiéndole las lágrimas en los negros ojos, cortó los pabilos crecidos de los cirios. Finalmente, a media noche, regresó la familia sollozante, con la señora Panchita. Baldeón preguntó por Leonor; la habían dejado malísima en la Maternidad.

—Apenas supo que el zambo estaba en la sala, por más que se lo dijimos con rodeos, la agarraron los dolores... ¡Tu nieto ha nacido muerto! —le explicó su hermana Amalia.

—¡Nada queda de él! —y fue ahora que los ojos de Baldeón se humedecieron.

Alfonso le apretó la mano.

—Nos queda todo de él. Y ya no es solo su hijo y nuestro hermano: pertenece al pueblo. Lo que Alfredo enciende hoy en el alma del pueblo, ya no se apagará. Ni él ni ninguno de los que han caído esta tarde muere en vano.

No hallaba Alfonso cómo expresarse. Lo que pensaba lo ponía en su apretón de manos. En los obreros momentáneamente derrotados, en el Ecuador, vuelto a hundir sin reclamo en la noche de la esclavitud y del hambre. El 15 de noviembre y la lucha de Alfredo quedaban grabados, como la mordedura del hacha en el tronco del guayacán: los lustros ampliarían su huella en las capas de los nuevos años.

A las cinco de la madrugada, lo enterraron en el cerro, cerca de la tumba grande de los otros.

VI

Descendió del tranvía y entró al parque, aún caliente de sol de siesta. Pensativo, se detuvo ante un brocal de cemento, que servía de maceta a una palmera salvaje, de tronco despanojado en cogollos leñosos, y verdes. ¿Vendría Violeta? La aguardó, apretando su carta con dureza de caricia.

Días antes, ella le había dicho:

—No sé, no sé, Alfonso... Te quiero como nunca. Pero es imposible seguir una vida como la mía. ¡Por ti la quería aceptar: no puedo más! Soy como una extraña, peor, una culpable, en mi casa. Mi madre no me habla ni me responde. Y en los ojos de todos mis hermanos hay una acusación. Si no fuera una queja, diría que me martirizan...

Convinieron en que ella reflexionaría todavía. Alfonso nada esperaba ya. Las mujeres que aman, por sus hombres, no solo abandonan a sus padres sino hasta sus dioses, en la lucha de las generaciones. Acababa él de vivir los días de noviembre y hallaba este drama pequeño y vulgar: mas era el suyo, el de su ensueño, el de la mujer a quien amaba su radiante juventud.

Todas cuando aman siguen al que aman... Violeta lo seguiría. De antemano había triunfado el tierno e implacable yugo maternal. No lo asombró la carta que había recibido esa mañana en su oficina: tenía que ser así. Solo era inevitable que lo rompiera, como habría dicho Alfredo. La letra de Violeta en estos renglones se hacía más fina, más vibrante:

Alfonso: Esperas una carta mía. Ella no te llevará, como otras veces, la dulce persuasión de una dicha profunda y tierna, que latía en el ritmo de nuestros corazones y golpeaba lágrimas de emoción a nuestros ojos.

El ambiente grato y tibio de nuestras reuniones familiares ya no existe. Tu voz ya no resuena en esta casa, donde siempre aceleraba los latidos de un amante pecho. Hoy solo estamos frente al más grande sacrificio de nuestras vidas. Y yo te exijo que seas fuerte. Si el destino nos ha señalado víctimas, tenemos que afrontarlo con valentía, igual como defendimos nuestro amor. Le ofrecemos el silencioso sacrificio de dos almas, la mejor enseña del triste caminar.

Quiero saberte sereno ante el designio de una voluntad que no es la nuestra. Cuando mañana se haya callado el corazón, veremos que más grande es la llama de nuestro sacrificio que esas bellas horas de dulzura y regalo con que engañamos a la pobre esperanza alucinada.

Soy una mujer que no vale la pena hayas puesto toda la ilusión de tu vida en amarme, ya que en la hora de prueba no he sabido ser rebelde y sustraerme al pupilaje de los míos. No me quieras; siente solo una inmensa piedad por un ser débil y desvalido como un niño.

Llevo el signo de la cobardía; pero todo lo que te amé y te quiero, no lo mancilles con una maldición o un cruel rencor. Estoy sola como nunca, hostil frente al camino de esta vida con su cosecha de dolor. Te envío el manso ardor de mis manos que tanto amaste. Adiós. Violeta.

Regresó a la oficina como desenterrado del cementerio. El almuerzo se le hacía tierra en la boca. Salió y pidió prestado un teléfono en una pulpería de la vecindad.

—Quiero verte. Decirte adiós es más que morir. ¿Y no se ve los rostros de los muertos queridos, todavía una vez, la jornada que se los vela? Unos minutos, unos segundos más... ¿Quieres?

La voz de Violeta le llegaba frágil, remota:

—Por todos los días que vendrán y en que no nos veremos, sí... ¿Dónde?

—En el rincón de la palabra, allí donde viniste esa ocasión con tu hermana a confirmar de mi boca tu seguridad de que eran mentiras las infamias que, para alejarnos, te había contado que yo había dicho contra ti. ¿A las cuatro?

El cielo se veía muy alto sobre los chalets de la calle Vélez, que Violeta cruzaba. La contempló Alfonso llena de leve gracia, percibiendo todo lo que de la elegancia de ella distanciaba su propia tosquedad. Concordaba su traje, de un matiz azul, con el cielo despejado pero invernal, su carácter, sus finos zapatos y una pequeña gema que llevaba en el dedo y que él le diera en su último cumpleaños. Se estrecharon las manos. A través del abejoneo del parque, se deslizaba hacia ellos el silencio, anticipo de la ausencia.

—Nuestro imposible es más imposible de lo que creíamos...

Por los huecos del follaje veían pasar niñeras con bebés, colegiales retrasados, parejas de enamorados. El sol pegaba de costado, haciendo coger tonos de carne femenina al pedestal de mármol rosa de la columna.

—En este parque nos vimos por primera vez a solas.

—¡Y yo soñaba con la dicha, Alfonso, la dicha de tener una casa contigo, de tener un hijo tuyo y mío!

—También yo soñaba contigo, Violeta. ¡No me sé arrepentir de nada, pero tal vez de esto! Y no es por tu adiós. Es por las cosas que he visto en estos días y que me han cambiado el alma: no profano nuestro dolor, pero hay otros ante los cuales el nuestro es pequeño... ¿Cómo pretender ser felices en un mundo en que reinan el hambre y la muerte? En nuestro infeliz país, toda la alegría se la robamos a alguien. ¡Aquí no podemos ser dichosos sin ser canallas!

264

Un estupor infantil coloreó la frente de Violeta, magnolia que parecía increíble que existiera.

—¿Era malo querernos? Por lo que te oigo me da idea como que ya no me quisieras.

—Seguramente nunca te he querido tanto como hoy, con la desesperación de medir que no es solo tu familia lo que nos separa: es el abismo de nosotros mismos... Tú eres una señorita y yo soy un pedazo de bestia, un pobre diablo que no sabe a dónde va y qué busca en el camino...

—Pero yo te quiero, Alfonso, y soy yo la desesperada. ¿Por qué has cambiado? ¿Por qué no me hablas como enantes en el teléfono? Ah, ya tengo que irme...

—¿Qué te importa que yo te quiera? ¿No me has dicho tú misma «adiós»?

Con los dientes apretados añadió:

—¿Qué te habría dado de regalo de bodas? Nada es mío en el mundo y no quiero que nada sea mío.

—Aparta esa amargura... Te he querido por ti mismo, no por lo que tuvieras o no tuvieras. No tienes derecho a hablarme así.

—Perdona, Violeta.

—Nada tengo que perdonarte. Oye, una última cosa: una vez me dijiste que nunca me darías tu adiós ni me lo responderías si yo te lo diera. ¿Nos decimos adiós?

—No soy yo el que hace que nuestros caminos se alejen opuestamente.

LA ESPERANZA

I

Iba con lentitud, bajo la pesadez de los pensamientos. La campana de San Alejo, cuyos sones aleteaban en la llovizna, sobre el parque Montalvo, fresco de húmedo aroma de flores de almendro, despertaba en Alfonso remotos ecos.

¡Otra vez estaba en Guayaquil!

Aunque tenía más de una semana de haber regresado, todavía tropezaba con novedades. No en vano vuelan los años. Aún lo que seguía igual era y no era lo mismo, alterado por el roce impalpable de los millones de segundos.

—Ñaño —bromeaban las hermanas—. Que no vaya a pasarte como a Tama, ese que le decía Lord Caca, que al volver del extranjero, viendo a la mamá, preguntaba quién era esa señora; y, de los tamales, qué eran esas cosas envueltas en hule.

—¡Descuiden, que yo soy montuvio viejo!

Cuando Alfonso viajó, llevando consigo a su madre, sus dos hermanas habían quedado casadas. Leonor no sabía si reencontraba a sus hijas felices. Alfonso la hacía observar que al menos estaban gordas.

Todas las mañanas, desde que retornaron, dejaba a la madre mimando a los nietos, y salía a sentir la ría, a la Rotonda, que con sus follajes reemplazaba al malecón pedregoso de antes.

Cruzó el portal de una farmacia: el cisco de carbón de las callejuelas coloniales del barrio de Villamil había desaparecido: no más Tahona, taller de Obando, casa de las cien ventanas. Se habían robado el viejo Guayaquil, que dibujó, para mientras haya ojos, Roura Oxandaberro.

Tampoco quedaba nada de las quintas. Antes no las tenía más que por rincones donde beber claro de jora y acostarse con zambas: hoy evocaba el salvaje atractivo de esos barrios esclavos, denominados con los apellidos de sus amos. También como un sueño se habían borrado La Legua, la Puerta de Zinc, el hipódromo viejo, los tranvías de mulas, el puente de tablas del Salado, cambiando por uno de cemento que se llamaba Cinco de Junio.

Las ciudades viejas guardan recuerdos. Para Alfonso Cortés, autor de música sinfónica que expresaba el destino y la esperanza de su gente, ejecutada en América entre el entusiasmo del pueblo y el escándalo rabioso de los críticos, no era de los que se apegan a la carcoma histórica. Se habían robado al viejo Guayaquil, mas eso no era lo importante, sino: ¿qué habían puesto en su lugar? Unos cuantos parques, unos muelles y algunos edificios de mampostería eran todo lo nuevo. Fuera de cincuenta manzanas centrales, la ciudad continuaba achatada en casuchas y covachas, sin agua y azotada de pestes. Subsistían intactos los tugurios de donde salió a reclamar pan y a recibir plomo, el pueblo ceñudo e ilusionado del 15 de noviembre.

Respiró la brisa almizclada de la marea y el olor a pescado frito de las balandras cholas, al desembocar en el malecón, por el Conchero. No debía ser solo Guayaquil la que seguía igual. En los calientes campos costeños, los hacendados y la Rural continuarían manteniendo a balazos la esclavitud de los montuvios, y más adentro, en la sierra, el acial caería siempre, monótono, inacabable, sobre las espaldas de los indios.

En los pocos días después del regreso, leyendo los diarios, conversando con unos y con otros, lo había percibido: su pueblo proseguía a ciegas, a tropezones y caídas, sin hallar su ruta. Ecuador con sus trabajadores oprimidos, sus juventudes asfixiadas, su heroísmo aparentemente muerto. Permanecía eso que, al separarse, le dijo a Violeta: una tierra en que reinan el hambre y la muerte, donde aspirar a ser feliz es una canallada.

Arreciaba la llovizna. Al cruzar el malecón, espejeaba el pavimento pulido. Los cargadores se cubrían los hombros chorreantes, con sacos de crudo. Los transeúntes se refugiaban en los portales. En fría vaharada, crecía el olor del río.

Alfonso amaba el aguacero: siempre había despertado en su pecho salvajes fuerzas. Sobre sus sienes, aún jóvenes, donde los últimos años nevaban rápidas canas, le resbalaban mechones mojados.

Llegó a la barandilla final. El espacio se abrió ante él. El Guayas hinchaba su rugoso lomo de vaciante. Lo marcaba el azote de la lluvia. Arrastraba troncos podridos e invernales bancos de yerbas. Corría. Arriba había sido puro. Precipitándose en ventisqueros por los pétreos costillares del Chimborazo. En su camino se mezclaba con sudor y sangre. Pero corría; dejaba atrás lodosos sedimentos; corría a volverse amarga y pura agua de océano.

De repente, por el extremo de los muelles, más allá de canoas y barcas, Alfonso vio recortarse un grupo de negras cruces. Se erguían, flotando sobre boyas de balsa. Eran altas, de palo pintado de alquitrán. Las ceñían coronas de esas moradas flores del cerro, que se consagra a los difuntos.

A su alrededor, el agua se hacía claridad líquida, pareciendo querer serles aureola.

—¿Viendo las cruces, blanco?

Un zambo cargador, de cejas hirsutas y desnudo tórax nudoso, reluciente de agua de lluvia, se había acercado. Puso la mano sobre el fierro de la barandilla. Alfonso se volvió:

—¿Qué significan esas cruces?

—¿Cómo no sabe, jefe? ¿No es de aquí?

—De aquí soy, pero he pasado algunos años fuera.

—Ahí debajo de donde están las cruces hay fondeados cientos de cristianos, de una mortandad que hicieron hace años. Como eran bastantísimos, a muchos los tiraron a la ría por aquí, abriéndoles la barriga con bayoneta, a que no rebalsaran. Los que enterraron en el panteón, descansan en sagrado. A los de acá ¿cómo no se les va a poner la señal del cristiano, siquiera cuando cumplen años?

Entonces, Alfonso reparó en la extraña coincidencia: ese día era 15 de noviembre.

—¿Quién las pone?

—No se sabe: alguien siempre se acuerda.

—¿Las ponen siempre?

—Todos los años, hasta hoy ni uno han fallado.

Las ligeras ondas hacían cabecear bajo la lluvia, las cruces negras, destacándose contra la lejanía plomiza del puerto. Alfonso pensó que, como el cargador lo decía, alguien se acordaba. Quizás esas cruces eran la última esperanza del pueblo ecuatoriano.

Guayaquil, enero-abril, 1941.

ÍNDICE

TÍTULOS PUBLICADOS EN
ARIEL CLÁSICOS ECUATORIANOS